21世纪高等院校公共课精品教材

经济法基础

Fundamentals of Economic Law

（第六版）

孔令秋　郭海霞　主编

东北财经大学出版社　大连
Dongbei University of Finance & Economics Press

图书在版编目（CIP）数据

经济法基础 / 孔令秋，郭海霞主编．—6版．—大连：东北财经大学
出版社，2024.6
（21世纪高等院校公共课精品教材）
ISBN 978-7-5654-5263-5

Ⅰ．经…　Ⅱ．①孔…②郭…　Ⅲ．经济法-中国　Ⅳ．D922.29

中国国家版本馆CIP数据核字（2024）第101706号

东北财经大学出版社出版
（大连市黑石礁尖山街217号　邮政编码　116025）
网　　址：http://www.dufep.cn
读者信箱：dufep@dufe.edu.cn
大连雪莲彩印有限公司印刷　　东北财经大学出版社发行
幅面尺寸：185mm×260mm　　字数：385千字　　印张：17
2024年6月第6版　　　　　　2024年6月第1次印刷
责任编辑：石真珍　周　晗　　责任校对：何　群　刘贤恩
封面设计：原　皓　　　　　　版式设计：原　皓

定价：45.00元

第六版前言

"经济法"课程是经济学类、管理学类和法学类各专业的必修课，其目标在于通过学习，使学生不断提高自己的法治素养，理解和掌握我国常用的现行经济法律法规，能运用所学知识分析、解决现实中的经济法律问题。为此，本教材注重强调立德树人，以培养技术应用能力为主线设计学生的价值观、知识、能力、素质结构和培养方案，以应用为主旨和特征构建课程和教学内容体系，重视对学生的法治观与技术应用能力的培养。本教材自首次出版以来，受到用书院校及读者的支持和肯定，在教学实践中也获得了好评，这成为编者修订再版和完善本教材的动力。

本教材第六版仍坚持以解决实际经济法律问题为根本目的，在修订过程中结合党的二十大精神，将社会主义法治观念贯穿在教材中，坚持知识传授与价值引领相结合，紧紧围绕经济法律实践工作流程，将实体法与程序法有机结合起来，以保证本教材的实用性和知识的全面性。在内容安排上，由于近年来经济法律更新速度较快，我们根据最新出台的经济法律法规重写或更新了相关章节，并更换了大部分案例和相关栏目的内容。

为了方便教学，在体例安排上，本教材在侧重对经济法的基本理论、基本知识、基本技能进行阐述的同时，强调对学生综合素质和实践能力的培养，力求将理论知识与实践能力紧密结合在一起。为了便于教学，本教材设计了以下栏目：

知识目标：这是在充分分析教学中重点和难点问题的基础上要求学生掌握的内容，同时也是考查学生对知识的掌握程度的重要标尺。

思政目标：立德树人是教育的根本任务，本教材的思政目标在于以明确的法治育人目标为引领，将思政与经济法课程内容有机融合，实现育人和育才相统一的目标。编者在各章内容中融入思政元素，同时适当加入党的二十大报告相关内容。

引导案例：本教材每章根据教学目的和教学内容的要求，将一些经典案例编入教材中，激发学生的学习兴趣，带动学生将经济法的基本理论知识运用到具体案例当中，通过对案例的分析和讨论提高学生将理论知识运用于实践的能力。

知识链接：本教材每章在必要之处添加"知识链接"栏目，将一些相关的知识编入教材，培养学生对相关知识融会贯通的能力，进而有助于学生综合素质的培养。

法律小贴士：为了帮助学生对相关法律条文的全面了解和掌握，避免学生对不同部门法律知识学习的碎片化和片面化，本教材设计了"法律小贴士"栏目，为学生对相关法律知识的掌握形成一个完整的链条提供了条件。

本次修订编者将自测题的单项选择题和多项选择题及答案部分制作成二维码，以数字化资源方式呈现给大家。

思考题与案例分析：每章最后设计思考题与案例分析，通过简答题、论述题及案例分析题的形式检验学生对每章重要知识点的掌握程度，教师也可以了解学生对经济法律知识的掌握情况，对教学方案进行及时调整，使教与学达到最优状态。

另外，本教材在正文内还设置了"案例分析""案例聚集"等栏目，从而使教材的形式更加生动活泼，提高了教材的趣味性，有利于学生思考能力和应用能力的提升，有利于教学互动。

为紧跟教育数字化转型趋势，根据本课程特点和教学需要，本教材还提供电子课件、模拟试卷及参考答案等数字资源。授课教师可登录东北财经大学出版社网站（www.dufep.cn）查询和下载。

本教材由孔令秋、郭海霞任主编并负责全书统稿工作，唐旋、冀春光任副主编。具体分工如下：孔令秋（苏州城市学院，法学博士）：第一、五、十章；郭海霞（苏州城市学院，法学博士）：第二、六、七章；唐旋（苏州城市学院）：第三、八、十一章；冀春光（苏州城市学院）：第四、九章。

本教材在编写和修订过程中参考和借鉴了大量的相关书籍、报纸、学术论文和网站，在此向相关作者表示感谢。由于经济法本身是一门不断发展的课程，加之编者水平有限，本教材中的缺点和错误在所难免，恳请专家、读者不吝赐教。联系邮箱为：klq2006@126.com。

编　者

2024年4月

目　录

经济法概述

知识目标

掌握经济法的概念；理解经济法的特征；掌握经济法的形式；了解经济法的调整对象；掌握经济法律关系的概念及要素；掌握经济法律责任的概念、特征和承担方式。

思政目标

确立社会主义市场经济法治意识，培养法治思维能力，养成心中有法、自觉守法、遇事找法、解决问题用法、化解矛盾靠法的良好习惯，成为具有较高法律素质的社会主义事业建设者和接班人。党的二十大报告强调，"青年强，则国家强。当代中国青年生逢其时，施展才干的舞台无比广阔，实现梦想的前景无比光明"。

【引导案例】

党的二十大报告明确了坚持全面依法治国，推进法治中国建设的任务要求。第十四届全国人大常委会立法规划紧紧围绕党的二十大战略部署，既坚持急用先行，又着眼长远谋划，将立法项目分为三类：第一类项目为"条件比较成熟、任期内拟提请审议的法律草案"，共79件（制定32件、修改47件）。第二类项目为"需要抓紧工作、条件成熟时提请审议的法律草案"，共51件（制定28件、修改23件）。上述两类项目中，制定法律60件、修改法律70件。第三类项目为"立法条件尚不完全具备、需要继续研究论证的立法项目"，并对贯彻落实党中央决策部署需及时开展的相关立法、修法项目作出兜底性安排。

中国正是因为坚持科学统筹、合理安排立法工作而取得了举世瞩目的成就：中国特色社会主义法律体系已经形成，涵盖社会关系各个方面的法律部门已经齐全，各个法律部门中基本的、主要的法律已经制定，相应的行政法规和地方性法规比较完备，法律体系内部总体科学、和谐、统一。中国特色社会主义法律体系是以《中华人民共和国宪法》（以下简称《宪法》）为统帅，以法律为主干，以行政法规、地方性法规为重要组成部分，由《宪法》相关法、民法、商法、行政法、经济法、社会法、刑法、诉讼与非诉讼程序法等多个部门法组成的有机统一体。

问题：（1）中国特色社会主义法律体系是如何划分的？

（2）经济法为什么能成为独立的部门法？

第一节　经济法的含义

一、经济法的概念

（一）"经济法"词源

经济法源于法国空想社会主义者摩莱里1775年的著作《自然法典》。《自然法典》中的"经济法"一词只是针对分配领域的一种设想，并没有引起人们的广泛注意。空想共产主义者德萨米在1842年出版的《公有法典》主张的经济法主要是对社会分配关系的调整。德萨米认为经济法应当包含国家干预社会经济生活的法律思想，但这也仅仅是个人的法律设想，当时并没有此类立法实践。1916年，德国学者赫德曼在《经济学字典》中使"经济法"概念化并迅速成为各国通用的法律概念，他认为经济法是经济规律在法律上的反映，揭示了经济法产生的客观必然性。此后，经济法的概念流行开来，并被越来越多的人所接受和使用，经济法从此成为通用的法律概念。

（二）经济法的定义

1.我国学者对经济法所下的不同定义

经济法作为我国新兴法律部门，学者们对其有不同的认识，影响较大的经济法学说主要有如下几种：

（1）国家协调经济法论。杨紫烜教授认为，经济运行需要国家的协调，经济法就是调整国家在协调本国经济运行过程中所发生的经济关系的法律规范的总称，它是一个独立的法的部门。

（2）经济管理和经营协作经济法论（纵横统一论）。刘文华教授认为，经济法是对社会主义商品经济关系进行整体、系统、全面和综合调整的一个法律部门，但它并不调整全部经济关系，而是调整一定范围的经济关系。

（3）社会公共性论。王保树教授认为，经济法是调整发生在政府、政府经济管理机关和经济组织、公民之间的，以社会公共性为根本特征的经济管理关系的法律规范的总和。其调整对象的范围包括市场管理关系、宏观经济管理关系、对外经济管理关系。

（4）国家干预经济法论。李昌麒教授认为，经济法是调整需要由国家干预的经济关系的全部法律规范的总称。经济法调整的对象有4个，即微观经济调控关系、市场调控关系、宏观经济调控关系和社会分配关系。

（5）国家调节经济法论。漆多俊教授认为，经济法是调整国家调节社会经济过程中所发生的各种社会关系，以保障国家调节，促进社会经济协调、稳定和发展的法律规范的总称。

2.本教材对经济法的定义

经济法是调整因国家对经济活动的管理所产生的社会经济关系的法律规范的总称。首先，经济法是调整经济关系的法律规范；其次，经济法所调整的经济关系发生在国家的经济管理和经济协调活动过程中；最后，经济法是一系列法律规范的总称。

【知识链接1-1】经济法与民法、行政法的关系如下：

民法调整平等主体的自然人、法人和非法人组织之间的人身关系和财产关系。

经济法是政府对经济的管理手段，其调整国家和企业之间以及企业内部等纵向经济关系或者行政管理关系，不是平等主体之间的经济关系，主要由有关经济法、行政法调整，民法基本上不作规定。

行政法的行政是指国家行政机关进行的执行、管理活动。经济法调整的经济管理关系和行政法调整的行政管理关系都是纵向的管理关系。经济法中的经济管理关系大多是由行政机关作为管理主体形成的行政管理关系，行政法中的行政管理关系中亦有相当部分涉及经济领域，并具有经济性的内容，因此这部分行政管理关系亦可称为经济管理关系。

本教材考虑到经济管理专业学生专业知识需求的特殊性，仍将部分调整平等主体间财产关系的法律列入本教材之中。

（三）经济法的调整对象

1.宏观调控关系

市场经济中市场在资源配置中起基础性作用，为此，市场经济具有平等性、竞争性、法制性和开放性等特征。当经济运行达到一定复杂与发达程度时，"市场之手"就会暴露出很多缺陷，为了促进经济的健康发展，就需要有国家宏观调控的配合。国家引导和促进市场经济发展的关系就是宏观调控关系。

宏观调控关系一般指国家通过计划与产业政策的制定和实施，通过经济预算及对投资的引导，以及通过税收、金融、物价调节、土地利用规划、标准化管理等活动对市场运行进行干预和控制所产生的经济关系。

2.经济管理关系

经济管理关系是指国家为了建立社会主义市场经济秩序，维护国家、市场经营者和消费者的合法权益，在金融证券监管、税收征管、物价监督、贸易管制、企业登记管理及交易秩序管理等活动中所产生的经济关系。国家必须通过法律手段对市场经济进行管理，具体方式主要是通过制定反不正当竞争法、消费者权益保护法、产品质量法等对市场经济运行过程中的不正当行为进行规制。

3.经济组织内部经济关系

经济组织内部经济关系是指以企业为主体的各类经济组织在经济活动中发生的各种内部经济管理关系，具体包括经济组织的主体资格类型及各类型的内部组织管理、财务会计、投资立项、劳动用工、工资制度、奖惩措施和安全管理等。这些关系主要通过企业法、劳动法等法律制度进行调整。健全和完善的经济组织内部经济关系是保证社会经济关系健康有序发展的前提。

二、经济法的特征

（一）经济性

经济法反映社会生活的基本经济规律，以经济关系为基本的调整对象。经济法往往把经济制度、经济活动的内容和要求直接规定为法律。经济法反映了经济生活的基本规律，并服务于经济基础，受经济基础的决定和制约。

（二）综合性

经济法的综合性主要体现为经济法律规范的构成综合性和调整范围综合性。经济法律规范的构成综合性包括：从表现形式上看，经济法律规范既包括各种法律，也包括法令、条例、细则和办法等许多规范形式；从内容上看，经济法律规范既包括实体法规范，也包括程序法规范等。经济法律规范的调整范围综合性是指经济法既调整宏观经济领域的管理和调控关系，也调整微观经济领域的管理和协作关系。从调整的领域来看，经济法律规范包括工业、农业、财政、税收、金融，以及统计、审计、会计、海关、物价、环保、土地等各个领域。

（三）政策性

经济法的很多内容实际上就是国家政策的法律化。经济法成为国家自觉地对经济活动进行调控的重要手段，其重要任务是实现一定经济体制和经济政策的要求，其内容也会随着经济体制和国家政策的变动而进行相应的调整。

（四）行政性

为了保证市场经济的发展，防止破坏市场秩序、影响公平竞争的行为发生，国家须以经济立法手段来调控和管理市场经济秩序，对违法行为进行惩治。为此，经济法更倾向于法的强制性、授权性、指导性，并多以限制或禁止性规定来规范主体作为或不作为，体现出明显的行政主导性。

三、经济法的形式

经济法的形式是指经济法的存在或表现形式。我国的经济法属于成文法，但没有法典这一法律表现形式。经济法的形式主要有：

（一）宪法

《宪法》是我国的根本大法，具有最高法律效力。经济法以《宪法》为渊源，除与其他法律、法规、规章、命令、指示等一样，不得与之相违背之外，主要是从中吸收有关经济制度的精神。例如，《宪法》对经济法的相关规定有，"中华人民共和国的社会主义经济制度的基础是生产资料的社会主义公有制，即全民所有制和劳动群众集体所有制""国家在社会主义初级阶段，坚持公有制为主体、多种所有制经济共同发展的基本经济制度，坚持按劳分配为主体、多种分配方式并存的分配制度"等。《宪法》的规定为其他形式的经济立法提供了依据。

（二）法律

法律是由全国人民代表大会及其常务委员会制定的规范性文件，在地位和效力上仅次于《宪法》。以法律形式表现的经济法主要有《中华人民共和国合伙企业法》《中华人民共和国公司法》《中华人民共和国反不正当竞争法》《中华人民共和国产品质量法》《中华人民共和国消费者权益保护法》《中华人民共和国食品安全法》《中华人民共和国个人所得税法》《中华人民共和国商业银行法》等。

（三）行政法规

行政法规是国务院制定的规范性文件，其地位和效力仅低于《宪法》和法律，如《中华人民共和国消费者权益保护法实施条例》《中华人民共和国专利法实施细则》《中华人民共和国发票管理办法》《中华人民共和国市场主体登记管理条例》《中华人民共和国企业所得税法实施条例》等。

（四）地方性法规和地方政府规章

地方性法规是地方的立法机关与行政机关制定的规范性文件，它不得与《宪法》、法律和行政法规相抵触。例如，江苏省人民代表大会2024年制定并颁布的《江苏省食品安全条例》《江苏省生态环境保护条例》等。

（五）部门规章

部门规章是指国务院的组成部门及直属机构在其职权范围内制定的规范性文件，如中国证券监督管理委员会发布的《公司债券发行与交易管理办法》和《上市公司独立董事管理办法》、国家金融监督管理总局颁布的《商业银行资本管理办法》、中国人民银行颁发的《人民币银行结算账户管理办法》和《支付结算办法》等。

（六）司法解释

司法解释是最高人民法院发布的指导性文件和法律解释，是经济法的重要形式之一。《最高人民法院、最高人民检察院关于办理危害税收征管刑事案件适用法律若干问题的解释》《最高人民法院关于适用〈中华人民共和国反不正当竞争法〉若干问题的解释》《最高人民法院、最高人民检察院关于办理侵犯知识产权刑事案件具体应用法律若干问题的解释（三）》等都属于司法解释。

（七）国际条约或协定

国际条约或协定是指我国作为国际法主体同外国或地区缔结的双边、多边协议和其他具有条约、协定性质的文件。上述文件生效以后对缔约国的国家机关、团体和公民就具有法律上的约束力，因而国际条约或协定便成为经济法的重要形式之一。比如，我国为加入世界贸易组织与相关国家签订的协议，如《农业协议》《与贸易有关的投资措施协议》《补贴与反补贴措施协议》等。

第二节　经济法律关系

一、经济法律关系概述

（一）经济法律关系的概念

经济法律关系是指经济关系被经济法律规范确认和调整之后所形成的权利和义务关系，即经济法主体根据经济法律规范产生的、经济法主体之间在国家管理与协调过程中形成的权利与义务关系。

（二）经济法律关系的特征

经济法律关系是诸多法律关系中的一种，既具有法律关系的一般特点，也有其本身的特征。

1.经济法律关系是经济管理关系和经济协作关系相统一的法律关系

经济法调整的经济管理关系和经济协作关系之间虽然有差别，但它们又是有机联系、相互统一的，是社会经济关系中两个不可分割的方面。

2.经济法律关系是以经济权利和经济义务为内容的

任何法律关系都以当事人之间一定的权利和义务为内容。经济权利和经济义务是经济法律关系中两个不可分割的方面，直接反映当事人之间的经济利益。因此，经济法律关系的产生、变更，一般要采用法定的书面形式来表示，以体现经济法律关系的稳定性和严肃性，并作为将来可能发生的争议的处理依据。

3.经济法律关系由三要素构成

经济法律关系要素是指构成经济法律关系的必要条件，它由经济法律关系的主体、经济法律关系的内容和经济法律关系的客体3个要素构成。

（三）经济法律关系的分类

1.按经济内容分类

按经济内容，经济法律关系可分为计划法律关系、经济合同法律关系、税收法律关系、信贷法律关系等。

2.按法律性质分类

按法律性质，经济法律关系可分为组织法律关系和财产法律关系等。

3.按结构形态分类

按结构形态，经济法律关系可分为经济管理法律关系和经营协调法律关系等。

二、经济法律关系的主体

（一）经济法律关系的主体的概念

经济法律关系的主体简称经济法的主体，是指在经济法律关系中享有权利、承担义务的当事人或参加者。

要理解经济法律关系的主体，需注意以下几点：一是经济法律关系的主体能够以自己的名义独立地参加经济法律活动；二是经济法律关系的主体是经济权利的享有者和经济义务的担当者；三是经济法律关系的主体能够独立地承担经济法律责任。

（二）经济法律关系的主体资格

经济法律关系的主体必须具备一定的主体资格，只有具有经济法律关系的主体资格的当事人才能参加经济法律活动，享受经济权利和承担经济义务。经济法律关系的主体资格通过以下两种方式取得：一是法定取得，即依据法律的直接规定而取得；二是授权取得，即依据有授权资格的机关的授权，取得可以对社会经济生活实施某种干预的资格。

没有取得经济法律关系主体资格的任何主体都不能参与经济法律关系，不享有经济法律权利和承担经济法律义务，不受经济法律、法规的保护。

经济法律关系的主体要具有进行经济活动的资格，它就必须具有经济法上的权利能力和行为能力。经济权利能力是指经济法律关系的主体依照法律规定，享有经济权利和承担经济义务的资格。按照权利主体的不同，权利能力可分为自然人的权利能力和法人与社会组织的权利能力。经济行为能力是指经济法律关系的主体能以自己的行为行使权利和履行义务的资格。

（三）经济法律关系的具体主体

1.国家机关

国家机关是指国家行政机关中的经济管理机关，是行使经济管理职权、参与经济法律关系的主体，在市场管理和宏观经济调控过程中发挥着重要的作用。国家机关主要包括以下两类：一是综合性经济管理机关，主要负责对国民经济全局进行宏观调控，如财政部、中国人民银行等；行业性经济管理机关，主要负责对国民经济特定部门、行业进行管理，如交通运输部、农业部等；二是职能性经济管理机关，如国家税务总局、市场监督管理总局、审计署等。此外，国家也可作为一般的经济法的主体参加经济法律关系，如发行国债、以政府名义与外国签订经济贸易协定或国内采购合同。

2.法人

法人是具有民事权利能力和民事行为能力，依法独立享有民事权利和承担民事义务的组织。简言之，法人是具有民事权利主体资格的社会组织。法人具有以下特点：法人是一种社会组织；法人依法成立；法人具有民事权利能力和民事行为能力；法人能够独立承担民事责任。

【法律小贴士1-1】《中华人民共和国民法典》第58条规定：法人应当依法成立。法人应当有自己的名称、组织机构、住所、财产或者经费。法人成立的具体条件和程序，依照法律、行政法规的规定。

3.非法人组织

非法人组织是不具有法人资格，但是能够依法以自己的名义从事民事活动的组织。非法人组织包括个人独资企业、合伙企业、不具有法人资格的专业服务机构等。非法人组织应当依照法律的规定登记。设立非法人组织，法律、行政法规规定须经有关机关批准的，依照其规定。非法人组织可以确定一人或者数人代表该组织从事民事活动。

4.自然人

自然人从出生时起到死亡时止，具有民事权利能力，依法享有民事权利，承担民事义务。自然人的能力包括民事权利能力和民事行为能力。民事权利能力是指国家通过法律赋予民事主体享有权利和承担义务的地位和资格。享有民事权利能力就可以参加民事活动，享有民事权利，承担民事义务。依据我国法律，自然人的民事权利能力始于出生，终于死亡，并且地位平等。民事行为能力是指民事主体能够以自己的行为参加民事活动，享有民事权利，承担民事义务的地位和资格。作为经济法律关系主体的形式，我国有关法律、法规对从事经营活动的公民主要规定为个体工商户和农村承包经营户。其中，自然人在法律允许的范围内，依法经核准登记，从事工商业经营的，为个体工商户。个体工商户有两种类型：一是自然人一人经营，以自然人个人财产承担债务；二是家庭经营，以家庭财产承担债务。农村集体经济组织的成员，在法律允许的范围内，按照承包合同规定从事商品经营的，为农村承包经营户。农村承包经营户的类型及承担债务的方式与个体工商户相同。

18周岁以上的自然人为成年人。不满18周岁的自然人为未成年人。成年人为完全民事行为能力人，可以独立实施民事法律行为。

16周岁以上的未成年人，以自己的劳动收入为主要生活来源的，视为完全民事行为能力人。

8周岁以上的未成年人为限制民事行为能力人，实施民事法律行为由其法定代理人代理或者经其法定代理人同意、追认，但是可以独立实施纯获利益的民事法律行为或者与其年龄、智力相适应的民事法律行为。

不满8周岁的未成年人为无民事行为能力人，由其法定代理人代理实施民事法律行为。

三、经济法律关系的客体

经济法律关系的客体是指经济法律关系的主体享有的经济权利和承担的经济义务所共同指向的对象和目的，或者说是经济法律关系主体通过经济法律关系所追求的经济目标和经济利益。经济法律关系如果没有客体，就失去了设立的意义和必要。因此，经济法律关系的客体是经济法律关系中不可缺少的因素。

不同的经济法律关系的权利、义务所要达到的具体要求和目标不同，因而反映的客体特征也有很大差异。经济法律关系的客体主要有以下几类：

1.物

物是指现实存在的、能为人们所控制和支配的、具有经济价值和实物形态的物品，以及可以充当一般等价物的货币和有价证券。物是经济法律关系中使用较为广泛的一种客体。根据传统法学理论，按照不同的标准，物可分为以下几种：生产资料和生活资料；流转物、限制流转物和禁止流转物；种类物和特定物；可分物和不可分物；固定资产和流动资产。

2.行为

行为是指经济法主体为达到一定经济目的，实现其权利与义务而进行的有意识、有意志的活动。经济行为包括经济管理行为和完成工作行为两种。经济管理行为是指经济法主体行使经济管理权或经营管理权的行为，如经济决策行为、经济命令行为、审查批准行为、监督检查行为等；完成工作行为是指经济法主体的一方为对方完成一定的工作任务或为对方提供一定的劳务或服务，而对方根据完成工作或提供服务的数量和质量支付一定报酬的行为。

3.智力成果

智力成果又称无形资产，是指人们通过脑力劳动所创造的无形财产。可以成为经济法律关系客体的智力成果主要有发明、实用新型、外观设计、商标、商业秘密、计算机软件、非专利技术、商誉及其他经济信息等。

四、经济法律关系的内容

经济法律关系的内容是指经济法律关系的主体依法享有的经济权利和经济职权，以及依法承担的经济义务和经济职责。它是经济法律关系的基础和核心，是经济法律关系的基本要素。经济法律关系的内容包括经济权利和经济义务两个部分。

（一）经济权利

经济权利是指经济法律关系主体在国家干预经济过程中依法具有的自己为或不为一定行为和要求他人为或不为一定行为的资格。

经济法律关系主体享有经济职权和其他经济权利。

1.经济职权

经济职权是指国家经济管理机关进行经济管理时依法享有的权利。对于国家机关来说，这种职权既是权利又是义务。经济职权必须依法行使，不得滥用；同时，经济职权亦不可随意转让和放弃。经济职权包括经济决策权、命令权、审批权、确认权、许可权等。

2.其他经济权利

除经济职权以外的经济权利可以统称为其他经济权利，主要包括所有权、经营管理权、法人财产权、经济债权、工业产权等。

（二）经济义务

经济义务是指经济法律关系主体在国家干预经济的过程中依法必须为一定行为和不为一定行为的责任。

理解经济义务的含义需注意以下几点：经济法律关系的义务主体应根据权利主体的要求，依法为和不为一定的行为，以保证权利主体的权益得到实现；义务主体必须履行的义务限制在法定或约定的范围内；义务主体应自觉履行义务，不履行或履行不当将受到法律的制裁。

五、经济法律关系的发生、变更和消灭

经济法律关系的发生、变更和消灭需要具备以下条件：一是经济法律规范，这是经济法律关系产生的基本依据；二是经济法主体，即权利与义务的实际承担者；三是经济法律事实，是指能引起经济法律关系发生、变更和消灭的客观现象。

法律事实是一种客观存在的社会生活中的事实，而不是当事人主观的内心意思。根据法律事实的发生是否具有直接的人的意志性，法律事实可以分为事件与法律行为。

事件是指不以经济法主体的主观意志为转移而产生的法律事实，包括自然现象（如自然灾害）和社会现象（如战争、会计政策变更等）。

法律行为是指以经济法主体意志为转移，能够引起经济法律关系发生、变更和消灭的有意识的活动，包括合法行为和违法行为。

法律事实能否引起一定的法律后果或者引起何种特定的法律后果，最终都取决于法律的规定。只有为法律规范所支配的事实才是法律事实。有的法律关系的发生、变更和消灭只需一个法律事实出现即可，有的法律关系的发生、变更和消灭则需要两个或者两个以上法律事实同时具备。引起某一法律关系发生、变更和消灭的数个法律事实的总和称为事实构成。法律事实出现时有如下法律后果：一是引起经济法律关系的产生。只有出现了法律事实，才能使经济法律所规定的权利和义务转化为当事人实际享有的权利和承担的义务。二是引起经济法律关系变更。这通常包括主体变更、内容变更、客体变更。三是引起经济法律关系消灭，使主体之间的权利和义务不再存在。

第三节 经济法律责任

一、经济法律责任的概念

法律责任是指因违反了法定义务或约定义务而由行为人承担的不利后果。在国家干预和调控经济的过程中，经济法律关系主体如果因为故意或者过失而违反经济法律、法规，给自然人、法人和非法人组织造成损失的，也应当承担不利的后果。所以，经济法律责任是指在国家干预和调控社会经济过程中，因主体违反经济法律、法规而依法应承担的具有强制性的不利的法律后果。

二、经济法律责任的特征

（一）经济性

经济性是经济法的重要特征，也是经济法律责任的重要特征。经济法律责任发生在国家对经济管理和经济协调活动的过程中，主要表现为经济法律关系主体违反经济法定义务，要承担相应的责任。虽然经济法律责任的实现方式包括经济制裁、行政制裁和刑事制裁，即制裁方式并非都具有经济性，但经济制裁是一种重要的责任方式。

（二）否定性

经济法律责任是由于违反经济法律规范所规定的法定义务和当事人之间的约定义务，给对方造成了一定的直接或间接损失，并对整个经济秩序的有序运行造成了一定的影响，法律对这种行为给予否定性评价，对违反法定或约定义务的一方给予相应的惩罚。

（三）单向性

权利和义务是对等的，没有无权利的义务，也没有无义务的权利；不能要求一方只享有权利而不承担义务，也不能要求另一方只承担义务而不享有权利。在经济法律关系中，权利和义务同样具有对等性，但经济法律责任作为一种否定性的义务只能由违反经济法律、法规所规定的法定义务或约定义务的一方承担，具有单向性特征。事实上，经济法律责任的单向性与权利义务的对等性并不矛盾，因为经济法律责任是经济法律关系主体一方因没有履行法定义务或约定义务而应承担的第二义务或后续性义务。

（四）强制性

法律的强制性是法律与其他社会规范的重要区别。法律的强制性主要体现在法律责任的承担上。经济法律责任也是一种法定的强制性义务，其具体形式由经济法律规范予以明文规定，并由国家强制力保证实施。

三、经济法律责任的构成

经济法律责任的构成是认定经济法律责任时必须考虑的因素。由于经济法律责任会给责任主体带来法定的不利后果，因此必须科学、合理地确定法律责任的构成，保证当事人双方的合法权益，以维持社会秩序、促进社会经济的发展。一般认为，经济法律责任的构成包括责任主体、违法行为或违约行为、损害结果、因果关系、主观过错5个方面。

（一）责任主体

经济法律责任的实现必须有承担者。在经济法律活动中，经济法律责任主体是由于违反法律、违约或违反其他法律规定的事由而承担法律责任的自然人、法人或其他社会组织，经济法律责任主体必须具有一定的权利能力和行为能力。由于经济法律责任产生于国家对经济进行宏观调控和管理的过程中，所以国家也是经济法律责任的主体。例如，当国家机关以国家名义不正确地行使权力，实施错误吊销营业执照或超额罚款等行为给当事人造成损失时，国家就会成为经济法律责任主体，承担国家赔偿责任。

（二）违法行为或违约行为

经济法律责任的核心构成要素是违法行为或违约行为。违法行为或违约行为包括作为和不作为两类。作为是指行为主体以积极的行动，实施了法律所禁止或合同所不允许的行为；不作为是指行为主体以消极的行动，不履行法律所规定的或合同所约定的义务。例如，行为人违反产品质量法或知识产权法的规定，生产伪劣产品或销售侵权产品的行为，以及国家机关擅自审批、擅自减免税款的行为就是以积极的行动实施了法律所禁止或合同所不允许的行为，即以作为的方式触犯了相应的法律规定，因而产生了相应的法律责任；而纳税主体不履行纳税义务，偷税漏税，或者国家机关工作人员玩忽职守、不履行法定义务的行为就是不作为，同样要承担法律责任。

（三）损害结果

损害结果是法律所保护的合法权益遭受了侵害的证明，经济法律责任承担主体的行为必须给国家、社会或个人造成了损害结果。损害结果是指违法行为或违约行为侵犯他人或社会的权利和利益所造成的损失和伤害。损害结果既包括实际损害，也包括间接损害；既包括有形的损害，也包括无形的损害；既包括对国家和社会的损害，也包括对个人的损害。

（四）因果关系

因果关系是违法行为或违约行为与损害结果之间的必然联系。经济法律责任的承担要求行为与损害事实之间必须具有内在的、必然的引起和被引起的关系。因果关系是归责的基础和前提，是认定经济法律责任的基本依据。因果关系对于认定经济法律行为责任主体和决定经济法律责任范围都具有重要意义。因果关系必须是客观存在的，不能以人的意志为转移。在经济法律活动中，因果关系极为复杂，一个结果可能由多个原因造成，即一果多因；一个原因也可能导致多个结果，即一因多果。无论是哪种情况，在认定事实的时候，都必须分析哪些原因是与法律责任认定有关的因素，并排除一些偶然的因素，正确认定因果关系。一般情况下，如果违法行为仅是损害事实产生的外部的、偶然的条件，则不应要求经济法主体承担经济法律责任。

（五）主观过错

经济法律责任的承担不仅要具备客观条件，还必须具备主观条件。主观条件就是指行为人在实施某种行为时是否有主观过错。主观过错是指行为人实施违法行为或违约行为时的主观心理状态。它是法律责任构成的要件之一。不同的主观心理状态与认定经济法律关系主体是否承担经济法律责任及承担何种经济法律责任有着直接的联系。主观过错包括故意和过失两类。故意是指明知自己的行为会发生危害社会的结果，希望或者放任这种结果发生的心理状态；过失是指应当预见自己的行为可能发生危害社会的结果，因为疏忽大意而没有预见，或者已经预见但轻信能够避免，以致发生这种结果的心理状态。当然，也有个别的经济违法行为适用无过错责任原则，但这是特殊原则，适用范围较小，法律对哪些行为适用无过错责任原则有明确的规定。

四、经济法律责任的承担方式

根据法律的规定，经济法律关系主体对其违法行为必须承担经济法律责任。由于经济法律是由国家制定的具有强制性的规范性文件，所以经济法律责任只能由国家通过对违法主体实施一定的强制性措施和强制要求其承担一定的不利后果而实现。概括起来，经济法律责任的承担方式主要有经济责任、行政责任和刑事责任。

（一）经济责任

经济责任是指对违反经济法律、法规并依法应承担经济法律责任的国家机关、自然人、法人或非法人组织所采取的具有经济和财产权益内容的惩罚性措施。经济责任是经济法律责任的主要实现方式，具有惩罚性和补偿性双重功能。对于国家机关的经济违法行为（如滥用行政权力），侵犯自然人、法人或者非法人组织的合法权益的，要求其承担赔偿责任，即国家赔偿；对于自然人、法人或者非法人组织在经济活动中的违法行为，则要求其承担没收违法所得或罚款的经济责任。

（二）行政责任

行政责任是指国家行政机关对违反经济法律、法规并依法应承担经济法律责任的行为人依行政程序而要求其承担的不利后果。行政责任包括行政处罚和行政处分。行政处罚主要适用于公民、法人或其他组织在国家干预经济过程中因不履行义务、不当履行义务或有违法行为时而对其所采取的制裁措施，如责令停产停业、吊销营业执照等；行政处分主要适用于行政机关工作人员在宏观调控和经济管理过程中因违反经济法律、法规而产生的经济法律责任，如警告、记过、记大过等。

（三）刑事责任

刑事责任是经济法律责任中最为严厉的一种责任形式，是指经济法律关系主体严重违反经济法律、法规，根据法律规定已经构成犯罪，并依法应当承担限制人身自由、剥夺财产，甚至剥夺生命的强制性刑事责任。

【法律小贴士1-2】《中华人民共和国行政处罚法》规定，行政机关对应当依法移交司法机关追究刑事责任的案件不移交，以行政处罚代替刑事处罚，由上级行政机关或者有关机关责令改正，对直接负责的主管人员和其他直接责任人员依法给予处分；情节严重构成犯罪的，依法追究刑事责任。

《中华人民共和国刑法》规定，单位为谋取不正当利益而行贿，或者违反国家规定，给予国家工作人员以回扣、手续费，情节严重的，对单位判处罚金，并对其直接负责的主管人员和其他直接责任人员，处3年以下有期徒刑或者拘役，并处罚金；情节特别严重的，处3年以上10年以下有期徒刑，并处罚金。因行贿取得的违法所得归个人所有的，依照本法第389条、第390条的规定定罪处罚。

党的二十大报告指出：构建高水平社会主义市场经济体制。坚持和完善社会主义基本经济制度，毫不动摇巩固和发展公有制经济，毫不动摇鼓励、支持、引导非公有制经济发展，充分发挥市场在资源配置中的决定性作用，更好发挥政府作用。深化国资国企改革，加快国有经济布局优化和结构调整，推动国有资本和国有企业做强做优做大，提升企业核心竞争力。优化民营企业发展环境，依法保护民营企业产权和企业家权益，促进民营经济发展壮大。完善中国特色现代企业制度，弘扬企业家精神，加快建设世界一流企业。支持中小微企业发展。深化简政放权、放管结合、优化服务改革。构建全国统一大市场，深化要素市场化改革，建设高标准市场体系。完善产权保护、市场准入、公平竞争、社会信用等市场经济基础制度，优化营商环境。健全宏观经济治理体系，发挥国家发展规划的战略导向作用，加强财政政策和货币政策协调配合，着力扩大内需，增强消费对经济发展的基础性作用和投资对优化供给结构的关键作用。健全现代预算制度，优化税制结构，完善财政转移支付体系。深化金融体制改革，建设现代中央银行制度，加强和完善现代金融监管，强化金融稳定保障体系，依法将各类金融活动全部纳入监管，守住不发生系统性风险底线。健全资本市场功能，提高直接融资比重。加强反垄断和反不正当竞争，破除地方保护和行政性垄断，依法规范和引导资本健康发展。

自测题

第一章单项选择题

第一章多项选择题

思考题与案例分析

一、简答题

1.经济法的调整对象是什么？

2.经济法的形式有哪些？

3经济法的特征是什么？

4.经济法律责任的特征是什么？

5.简述经济法律责任的承担方式。

二、论述题

1.论述经济法律关系及其内容。

2.论述经济法律责任的构成。

三、案例分析题

2023年11月17日，郭某向某经营部购买某品牌白酒2件12瓶，支付货款11 160元。2023年11月23日，郭某再次向某经营部购买某品牌白酒2件12瓶，支付货款

10 937元。后郭某怀疑其购买的白酒为假酒，遂向当地市场监督管理部门举报。某白酒公司出具"鉴定证明书"，表明上述某品牌白酒并非该公司生产，属于假冒注册商标的产品。郭某起诉某经营部，要求退还购酒款并支付购酒款10倍的赔偿金。

审理法院认为，郭某购买白酒属于生活消费行为，其请求支付价款10倍的惩罚性赔偿金，于法有据，应予支持，故判决某经营部退还郭某货款22 097元并支付郭某赔偿金220 970元。

问题：（1）请分析本案中的法律关系主体、客体和内容分别是什么。

（2）某经营部以哪种方式承担法律责任？

第二章

经济纠纷的解决途径

知识目标

了解经济纠纷的概念，掌握经济纠纷解决方式的种类；掌握经济仲裁法律关系的范围、仲裁协议的效力；了解仲裁程序，掌握经济诉讼案件的受案范围与管辖；了解经济诉讼审判程序，能够解决简单的经济和民事纠纷。

思政目标

树立正确的法治观，懂得遵循正确的程序实施法律行为、通过法定程序解决经济法律纠纷，增强厉行法治的积极性和主动性，弘扬社会主义法治精神，形成守法光荣、违法可耻的氛围。党的二十大报告强调，"引导全体人民做社会主义法治的忠实崇尚者、自觉遵守者、坚定捍卫者"。

【引导案例】

1.基本案情

某仲裁委员会受理环星公司与张某因"主播独家合作经纪协议书"引起的合同纠纷一案，于2022年4月作出仲裁裁决。张某主张其在收到法院执行通知书后才得知该仲裁裁决，但其与环星公司之间没有任何关系，仲裁委员会所作裁决依据的主要证据"主播独家合作经纪协议书"并非张某所签，且案涉协议中银行收款账户户名虽与张某的名字一致，但该银行账户户主身份证号码与张某的身份证号码不符，环星公司向仲裁庭所提供的联系电话也并非张某的手机号码，致使张某没有收到开庭通知及仲裁文书，未能参加仲裁庭庭审，丧失了辩论的机会，张某以案涉仲裁裁决所根据的证据是伪造的，请求撤销该仲裁裁决。

2.裁判结果

福建省厦门市中级人民法院认为，因张某提供证据证明，其本人身份信息可能被人冒用并用于和环星公司签订案涉合同，而确认案涉合同上签名及手印是否为张某本人所为，需通过鉴定才能确定。从纠正仲裁程序瑕疵、尽快解决双方争议角度考虑，法院通知仲裁庭在一定期限内重新仲裁，同时裁定中止撤销程序。后该仲裁委员会重新仲裁，法院遂裁定终结撤销程序。仲裁庭在重新仲裁过程中，申请人环星公司撤回了仲裁申请。

3.典型意义

人民法院在仲裁当事人身份可能存在错误、仲裁程序存在瑕疵的情况下以通知仲裁机构重新仲裁的方式，给予仲裁庭弥补仲裁程序瑕疵的机会，较好地平衡了仲裁程序瑕疵与仲裁裁决终局性之间的关系，对于类案的处理提供了可资借鉴的思路。

问题：（1）仲裁作为解决经济纠纷的主要方式，具有哪些特点？

（2）结合本案分析仲裁程序的主要内容。

在市场经济条件下，经济法律关系主体为实现经济目标，不可避免地会发生各种经济权益争议，产生经济纠纷。为了维持社会主义市场经济秩序，保护当事人的合法权益，必须利用有效手段，及时解决这些纠纷。

经济纠纷是指经济法律关系主体之间因经济权利和经济义务的矛盾而引起的争议。它包括平等主体之间涉及经济内容的纠纷和自然人、法人或者其他组织作为行政管理相对人与行政机关之间因行政管理所发生的涉及经济内容的纠纷，具体包括：经济合同纠纷，如买卖合同纠纷、借款合同纠纷等；经济侵权纠纷，如专利权、商标权侵权纠纷，所有权侵权纠纷，经营权侵权纠纷等。其中，合同纠纷是经济纠纷的主要部分。

【法律小贴士2-1】为了保护当事人的合法权益，维持社会经济秩序，必须利用有效手段，及时解决这些纠纷。在我国，解决经济纠纷的方式主要有协商、调解、仲裁、民事诉讼、行政复议和行政诉讼。

近年来，随着我国经济的高速发展，经济纠纷日益增加，在实践中，解决经济纠纷的方式主要有仲裁、行政复议和诉讼等。仲裁是由双方当事人选定的仲裁机构对纠纷进行审理并作出裁决。行政复议是指公民、法人和非法人组织认为行政机关的具体行政行为侵犯其合法权益，依法向特定行政机关提出申请，由受理该申请的行政机关对原具体行政行为依法进行审查并作出行政复议决定的活动。一般而言，经济诉讼适用于民事诉讼法，所以经济诉讼是民事诉讼的组成部分。民事诉讼是指法院在当事人和其他诉讼参与人的参与下，以审理、判决和执行等方式解决民事纠纷的活动，以及由这些活动所产生的各种诉讼关系的总和。

第一节　仲裁

一、仲裁和仲裁法概述

（一）仲裁的含义与特点

仲裁是指发生争议的双方当事人，根据其在争议发生前或争议发生后所达成的协议，由一定的机构或个人以第三者的身份居中作出具有约束力的裁决，解决当事人之间争议的一种制度。

仲裁作为解决经济纠纷的主要方式，具有以下特点：

1. 自愿协商

仲裁以双方当事人自愿协商为基础，并由双方当事人自愿选择的中立第三者进行裁判。因此，仲裁是最能体现当事人意思自治原则的争议解决方式。

由于仲裁充分体现当事人的意思自治，仲裁中的具体程序可以由双方当事人协商确定，因此，与诉讼相比，仲裁更加灵活，更具有弹性。

2. 一裁终局制

仲裁实行一裁终局制，仲裁裁决一经仲裁庭作出即发生法律效力。这样，当事人之间的纠纷能够迅速得以解决，这使得仲裁所需费用相对较少。更重要的是，由于仲裁的自愿性、专业性，当事人之间隔阂较小，且商业秘密不必公之于世，这对双方当事人之间今后的商业机会影响较小。

仲裁这种纠纷解决方式比诉讼更简单、更快捷，也更容易降低纠纷的解决成本。

3. 专业性

经济纠纷多涉及诸多专业知识，仲裁机构都备有分专业的、由专家组成的仲裁员名册供当事人进行选择，专家仲裁由此成为经济仲裁的重要特点。仲裁是不公开进行的，仲裁员负有保密义务。

4. 独立性

仲裁机构独立于行政机构和其他机构，仲裁机构之间也无隶属关系。在仲裁过程中，仲裁庭独立进行仲裁，不受任何行政机关、社会团体和个人的干涉，也不受仲裁机构的干涉，显示出极大的独立性。

（二）仲裁法的概念

仲裁法是指由国家制定或认可的，规定仲裁的范围和基本原则、仲裁机构的地位及设立、仲裁庭的组成和仲裁程序的进行、当事人和仲裁机构在仲裁活动中必须遵守的行为规则、仲裁裁决的效力及执行等内容以及调整由此引起的仲裁法律关系的法律规范的总称。

仲裁法有广义和狭义之分。狭义的仲裁法即仲裁法典，是国家最高权力机关制定颁布的关于仲裁的专门法律。1994年8月31日第八届全国人民代表大会常务委员会第九次会议通过的《中华人民共和国仲裁法》（以下简称《仲裁法》，2017年9月1日全国人民代表大会常务委员会对该法进行了修正）即为狭义的仲裁法。广义的仲裁法除指仲裁法典外，还包括所有涉及仲裁制度的法律中的相关法律规范。

（三）我国仲裁法的特点

1. 机构仲裁

《仲裁法》规定，当事人订立仲裁协议时，应当选定具体的仲裁委员会，对仲裁委员会没有约定或者约定不明确的，可以补充协议；达不成补充协议的，仲裁协议无效。这表明，在我国只能采取机构仲裁的方式，而不能进行临时仲裁。

2. 当事人自愿选择

《仲裁法》规定，当事人采用仲裁方法解决纠纷，应当双方自愿，达成协议，并规定当事人达成仲裁协议，一方向人民法院起诉的，人民法院不予受理。自愿选择是《仲裁法》最基本的原则，即当事人如没有达成协议，仲裁机构无权受理纠纷；若当事人达成协议，该协议不但对当事人，而且对人民法院也有约束力。如一方当事人不按协议提交仲裁解决，而是向人民法院起诉，人民法院则不予受理。

3.仲裁和调解相结合

《仲裁法》明确规定，仲裁庭在作出裁决前，可以先行调解。当事人自愿调解的，仲裁庭应当调解；调解不成的，仲裁庭应及时作出裁决。调解达成协议的，仲裁庭应当制作调解书或者根据协议的结果制作裁决书。调解书与裁决书具有同等法律效力。

4.对涉外仲裁进行特别规定

基于涉外仲裁自身的特点，《仲裁法》以专章对涉外仲裁的特定事项作出了有别于国内仲裁的特别规定，其中包括涉外仲裁机构的设立、仲裁员资格、采取保全措施的法院、涉外仲裁裁决的撤销、不予执行等。

二、仲裁范围

《仲裁法》规定，平等主体的公民、法人和其他组织之间发生的合同纠纷和其他财产权益纠纷，可以仲裁。

下列纠纷不能提请仲裁：（1）关于婚姻、收养、监护、扶养、继承纠纷；（2）依法应当由行政机关处理的行政争议；（3）劳动争议和农业集体经济组织内部的农业承包合同纠纷。

【案例分析2-1】A县市场监督管理局从B办公用品商店购买了一批办公用品，后因质量问题与该商店发生纠纷。同时，A县市场监督管理局又因征收市场管理费与B办公用品商店发生争议。请问这两项争议是否可以通过仲裁方式解决？

分析提示：在前一争议中，由于双方处于平等主体地位，所发生的争议属于平等主体之间发生的财产纠纷，双方的纠纷可以通过仲裁方式解决。在后一争议中，双方属于行政管理与被管理的关系，所发生的争议属于行政争议，不属于《仲裁法》的适用范围，双方的纠纷不能通过仲裁方式解决。

三、仲裁原则

仲裁原则是指在仲裁过程中仲裁机构和当事人应当遵循的基本原则，具体包括以下几方面：

（一）自愿原则

当事人有权自由选择仲裁委员会和仲裁员，有权自由决定仲裁事项。

仲裁的自愿原则主要体现在：（1）当事人是否将他们之间发生的纠纷提交仲裁，由双方当事人自愿协商决定；（2）当事人将哪些争议事项提交仲裁，由双方当事人自行约定；（3）当事人将他们之间的纠纷提交哪个仲裁委员会仲裁，由双方当事人自愿协商决定；（4）仲裁庭如何组成、由谁组成，由当事人自主选定；（5）双方当事人还可以自主约定仲裁的审理方式、开庭方式等有关的事项。

（二）独立仲裁原则

仲裁应当依法独立进行，不受行政机关、社会团体和个人的干涉。独立仲裁原则体现为仲裁与行政脱钩，仲裁委员会独立于行政机关，与行政机关没有隶属关系，仲裁委员会之间也没有隶属关系。同时，仲裁庭独立裁决案件，仲裁委员会及其他机关、社会团体和个人不得干预。

（三）当事人权利平等原则

在仲裁过程中，不论是公民还是法人，也不论法人的所有制性质及相互之间有无隶属关系，在适用实体法和程序法上一律平等，不允许任何人、任何组织享有法律之外的特权。

（四）以事实为依据、以法律为准绳、公平合理解决纠纷的原则

仲裁庭在处理争议时，要依照法律的规定查明案件的事实真相；要认真听取当事人双方的陈述，全面收集、调查、审查和判断证据；要以法律、法规作为评判当事人之间的是非曲直，确定其权利义务关系的标准。在法律没有规定或者规定不完备的情况下，仲裁庭可以按照公平合理的一般原则来解决纠纷。

四、仲裁机构

我国的仲裁机构包括仲裁委员会和仲裁协会。

（一）仲裁委员会

由于仲裁委员会由当事人协议选定，仲裁不实行级别管辖和地域管辖，为此，仲裁委员会可以在省、自治区和直辖市人民政府所在地的市设立，也可以根据需要在其他设区的市设立，不按行政区划层层设立。

【知识链接2-1】根据《仲裁法》的规定，仲裁委员会由主任1人、副主任2~4人和委员7~11人组成。

仲裁委员会的主任、副主任和委员由法律、经济贸易专家和有实际工作经验的人员担任。在仲裁委员会的组成人员中，法律、经济贸易专家不得少于2/3。

【法律小贴士2-2】仲裁委员会应当从公道正派的人员中聘任仲裁员。仲裁员应当符合下列条件之一：

（1）通过国家统一法律职业资格考试取得法律职业资格，从事仲裁工作满8年的；

（2）从事律师工作满8年的；

（3）曾任法官满8年的；

（4）从事法律研究、教学工作并具有高级职称的；

（5）具有法律知识、从事经济贸易等专业工作并具有高级职称或者具有同等专业水平的。

仲裁委员会按照不同专业设仲裁员名册。

（二）仲裁协会

中国仲裁协会是社会团体法人。中国仲裁协会实行会员制。各仲裁委员会是中国仲裁协会的法定会员。中国仲裁协会是仲裁委员会的自律性组织，根据由全国会员大会制定的章程对仲裁委员会及其组成人员、仲裁员的违纪行为进行监督；根据《仲裁法》和《中华人民共和国民事诉讼法》（以下简称《民事诉讼法》）的有关规定制定仲裁规则和其他仲裁规范性文件。

五、仲裁协议

（一）仲裁协议的概念

仲裁协议是指当事人双方自愿将已经发生的或将来可能发生的纠纷提交仲裁机构进

行裁决的共同意思表示。

仲裁协议包括合同中订立的仲裁条款和以其他书面形式在纠纷发生前或者纠纷发生后达成的请求仲裁的协议。其他书面形式包括以合同书、信件和数据电文（包括电报、电传、传真、电子数据交换和电子邮件）等形式达成的请求仲裁的协议。

（二）仲裁协议的内容

一份完整、有效的仲裁协议必须具备法定的内容，否则仲裁协议将被认定为无效。根据《仲裁法》的规定，仲裁协议应当包括下列内容：

1.请求仲裁的意思表示

请求仲裁的意思表示是仲裁协议的首要内容，因为当事人以仲裁方式解决纠纷的意愿正是通过仲裁协议中请求仲裁的意思表示体现出来的。对仲裁中意思表示的具体要求是明确、肯定，当事人应在仲裁协议中明确地肯定将争议提交仲裁解决的意思表示。

2.仲裁事项

仲裁事项即当事人提交仲裁的具体争议事项。在仲裁实践中，当事人只有把订立于仲裁协议中的争议事项提交仲裁，仲裁机构才能受理。同时，仲裁事项也是仲裁庭审理和裁决纠纷的范围，即仲裁庭只能在仲裁协议确定的仲裁事项范围内进行仲裁，超出协议范围进行仲裁的，所作出的仲裁裁决经一方当事人申请，法院可以不予执行或者撤销。

3.选定的仲裁委员会

仲裁委员会是受理仲裁案件的机构。由于仲裁没有法定管辖的规定，因此，仲裁委员会是由当事人自主选定的。如果当事人在仲裁协议中不选定仲裁委员会，仲裁就无法进行。

仲裁的意思表示、仲裁事项和选定的仲裁委员会这3项内容必须同时具备，仲裁协议在内容上才符合《仲裁法》的规定而成为有效的仲裁协议。

（三）仲裁协议的效力

仲裁协议一经依法成立，即具有法律约束力。仲裁协议独立存在，合同的变更、解除、终止或者无效，不影响仲裁协议的效力。

【法律小贴士2-3】有下列情形之一的，仲裁协议无效：（1）约定的仲裁事项超出法律规定的仲裁范围的；（2）无民事行为能力人或者限制民事行为能力人订立仲裁协议的；（3）一方采取胁迫手段，迫使对方订立仲裁协议的。

仲裁庭有权确认合同的效力。当事人对仲裁协议的效力有异议的，可以请求仲裁委员会作出决定或者请求法院作出裁定。一方请求仲裁委员会作出决定，另一方请求法院作出裁定的，由法院裁定。当事人对仲裁协议的效力有异议的，应当在仲裁庭首次开庭前提出。

当事人达成仲裁协议，一方向法院起诉未声明有仲裁协议，法院受理后，另一方在首次开庭前提交仲裁协议的，法院应当驳回起诉，但仲裁协议无效的除外；另一方在首次开庭前未对法院受理该案提出异议的，视为放弃仲裁协议，法院应当继续审理。

六、仲裁程序

仲裁程序主要包括申请和受理、仲裁庭的组成、开庭和裁决等环节。

（一）仲裁的申请和受理

1.仲裁申请

当事人申请仲裁应当符合下列条件：有仲裁协议；有具体的仲裁请求和事实、理由；属于仲裁委员会的受理范围。

当事人申请仲裁，应当向仲裁委员会递交仲裁协议、仲裁申请书及副本。

仲裁申请书应当载明下列事项：（1）当事人的姓名、性别、年龄、职业、工作单位和住所，法人或者其他组织的名称、住所和法定代表人或者主要负责人的姓名、职务；（2）仲裁请求和所根据的事实、理由；（3）证据和证据来源、证人姓名和住所。

2.受理

仲裁委员会收到仲裁申请书之日起5日内，认为符合受理条件的，应当受理，并通知当事人；认为不符合受理条件的，应当书面通知当事人不予受理，并说明理由。

【案例聚焦2-1】甲公司与乙公司签订一份承揽合同，并在合同中单独规定了仲裁条款，约定双方发生合同争议时提请某仲裁机关仲裁（假定该仲裁条款合法有效）。事后，甲公司发现在订立合同时对有关事项存在重大误解。本案中，甲公司可以向某仲裁机构申请撤销合同。根据《仲裁法》的规定，仲裁协议合法有效的，具有排除诉讼管辖权的作用，对双方当事人诉讼权的行使产生一定的限制。当事人双方发生协议约定的争议时，任何一方只能申请仲裁，而不能向人民法院起诉。当事人向人民法院起诉的，人民法院应当不予受理。

（二）仲裁庭的组成

仲裁庭可以由3名仲裁员或者1名仲裁员组成。由3名仲裁员组成的，设首席仲裁员。当事人约定由3名仲裁员组成仲裁庭的，应当各自选定或者各自委托仲裁委员会主任指定1名仲裁员，第3名仲裁员由当事人共同选定或者共同委托仲裁委员会主任指定。第3名仲裁员是首席仲裁员。仲裁委员会应当将仲裁庭的组成情况书面通知当事人。当事人也有权提出回避申请。

（三）开庭和裁决

仲裁应当开庭进行。当事人协议不开庭的，仲裁庭可以根据仲裁申请书、答辩书以及其他材料作出裁决。仲裁不公开进行。当事人协议公开的，可以公开进行，但涉及国家秘密的除外。

当事人应当对自己的主张提供证据。仲裁庭认为有必要收集的证据，可以自行收集。证据应当在开庭时出示，当事人可以质证。

当事人申请仲裁后，可以自行和解。达成和解协议的，可以请求仲裁庭根据和解协议作出裁决书，也可以撤回仲裁申请。当事人达成和解协议，撤回仲裁申请后反悔的，可以根据仲裁协议申请仲裁。仲裁庭在作出裁决前，可以先行调解。当事人自愿调解的，仲裁庭应当调解；调解不成的，应当及时作出裁决。调解达成协议的，仲裁庭应当制作调解书或者根据协议的结果制作裁决书。调解书经双方当事人签收后，即发生法律效力。

在调解书签收前当事人反悔的，仲裁庭应当及时作出裁决。裁决应当按照多数仲裁员的意见作出，少数仲裁员的不同意见可以记入笔录。仲裁庭不能形成多数意见时，裁决应当按照首席仲裁员的意见作出。

【知识链接2-2】当事人提出证据证明裁决有下列情形之一的，可以向仲裁委员会所在地的中级人民法院申请撤销裁决：一是没有仲裁协议的；二是裁决的事项不属于仲裁协议的范围或者仲裁委员会无权仲裁的；三是仲裁庭的组成或者仲裁的程序违反法定程序的；四是裁决所依据的证据是伪造的；五是对方当事人隐瞒了足以影响公正裁决的证据的；六是仲裁员在仲裁该案时有索贿受贿、徇私舞弊、枉法裁决行为的。

人民法院经组成合议庭审查核实裁决有前款规定情形之一的，应当裁定撤销。人民法院认定该裁决违背社会公共利益的，应当裁定撤销。

当事人应当履行裁决。一方当事人不履行的，另一方当事人可以依照《民事诉讼法》的有关规定向法院申请执行。受理申请的法院应当执行。当事人申请执行仲裁裁决案件，由被执行人住所地或者被执行的财产所在地的中级人民法院管辖。

【法律小贴士2-4】涉外经济贸易、运输和海事中发生的纠纷的仲裁，适用《仲裁法》中关于涉外仲裁的特别规定。

涉外仲裁委员会可以由中国国际商会组织设立。涉外仲裁委员会由主任一人、副主任若干人和委员若干人组成。涉外仲裁委员会的主任、副主任和委员可以由中国国际商会聘任。涉外仲裁委员会可以从具有法律、经济贸易、科学技术等专门知识的外籍人士中聘任仲裁员。

涉外仲裁的当事人申请证据保全的，涉外仲裁委员会应当将当事人的申请提交证据所在地的中级人民法院。

涉外仲裁的仲裁庭可以将开庭情况记入笔录，或者作出笔录要点，笔录要点可以由当事人和其他仲裁参与人签字或者盖章。涉外仲裁委员会作出的发生法律效力的仲裁裁决，当事人请求执行的，如果被执行人或者其财产不在中华人民共和国领域内，应当由当事人直接向有管辖权的外国法院申请承认和执行。

第二节　行政复议

一、行政复议的概念

1999年4月29日，第九届全国人民代表大会常务委员会第九次会议通过了《中华人民共和国行政复议法》（以下简称《行政复议法》），该法自1999年10月1日起施行，是行政复议活动进行的基本法律依据。2009年、2017年和2023年全国人民代表大会常务委员会对其进行了三次修正。

行政复议是指公民、法人或者其他组织不服行政主体作出的具体行政行为，认为行政主体的具体行政行为侵犯了其合法权益，依法向法定的行政复议机关提出复议申请，行政复议机关依法对该具体行政行为进行合法性、适当性审查，并作出行政复议决定的行政行为。它是公民、法人或其他组织通过行政救济途径解决行政争议的一种方法。行政复议有以下特征：

第一，行政复议所处理的争议是行政争议。这里的行政争议主要是指主体在行政管理过程中因实施具体行政行为而与相对人发生的争议，争议的核心是该具体行政行为是否合法、适当。

第二，行政复议主要采用书面审查的方式，必要时也可以通过听证方式审理。

第三，行政复议以具体行政行为为审查对象，并附带审查部分抽象行政行为。行政主体作出的行政行为可以分为具体行政行为和抽象行政行为。

二、行政复议的范围

（一）行政复议受理的范围

有下列情形之一的，公民、法人或者其他组织可以依照《行政复议法》申请行政复议：

第一，对行政机关作出的行政处罚决定不服；

第二，对行政机关作出的行政强制措施、行政强制执行决定不服；

第三，申请行政许可，行政机关拒绝或者在法定期限内不予答复，或者对行政机关作出的有关行政许可的其他决定不服；

第四，对行政机关作出的确认自然资源的所有权或者使用权的决定不服；

第五，对行政机关作出的征收征用决定及其补偿决定不服；

第六，对行政机关作出的赔偿决定或者不予赔偿决定不服；

第七，对行政机关作出的不予受理工伤认定申请的决定或者工伤认定结论不服；

第八，认为行政机关侵犯其经营自主权或者农村土地承包经营权、农村土地经营权；

第九，认为行政机关滥用行政权力排除或者限制竞争；

第十，认为行政机关违法集资、摊派费用或者违法要求履行其他义务；

第十一，申请行政机关履行保护人身权利、财产权利、受教育权利等合法权益的法定职责，行政机关拒绝履行、未依法履行或者不予答复；

第十二，申请行政机关依法给付抚恤金、社会保险待遇或者最低生活保障等社会保障，行政机关没有依法给付；

第十三，认为行政机关不依法订立、不依法履行、未按照约定履行或者违法变更、解除政府特许经营协议、土地房屋征收补偿协议等行政协议；

第十四，认为行政机关在政府信息公开工作中侵犯其合法权益；

第十五，认为行政机关的其他行政行为侵犯其合法权益。

（二）不得行政复议事项

第一，国防、外交等国家行为；

第二，行政法规、规章或者行政机关制定、发布的具有普遍约束力的决定、命令等规范性文件；

第三，行政机关对行政机关工作人员的奖惩、任免等决定；

第四，行政机关对民事纠纷作出的调解。

三、行政复议程序

（一）行政复议机构

县级以上各级人民政府以及其他依照《行政复议法》履行行政复议职责的行政机关

是行政复议机关。

行政复议机关办理行政复议事项的机构是行政复议机构。行政复议机构同时组织办理行政复议机关的行政应诉事项。

行政复议机关应当加强行政复议工作，支持和保障行政复议机构依法履行职责。上级行政复议机构对下级行政复议机构的行政复议工作进行指导、监督。

（二）行政复议申请

1.申请行政复议主体

依照《行政复议法》申请行政复议的公民、法人或者其他组织是申请人。有权申请行政复议的公民为无民事行为能力人或者限制民事行为能力人的，其法定代理人可以代为申请行政复议。同一行政复议案件申请人人数众多的，可以由申请人推选代表人参加行政复议。申请人以外的同被申请行政复议的行政行为或者行政复议案件处理结果有利害关系的公民、法人或者其他组织，可以作为第三人申请参加行政复议，或者由行政复议机构通知其作为第三人参加行政复议。

2.申请行政复议的期限

公民、法人或者其他组织认为具体行政行为侵犯其合法权益的，可以自知道或者应当知道该行政行为之日起60日内提出行政复议申请，但是法律规定的申请期限超过60日的除外。因不可抗力或者其他正当理由耽误法定申请期限的，申请期限自障碍消除之日起继续计算。

【法律小贴士2-5】申请人申请行政复议，可以书面申请；书面申请有困难的，也可以口头申请。

书面申请的，可以通过邮寄或者行政复议机关指定的互联网渠道等方式提交行政复议申请书，也可以当面提交行政复议申请书。行政机关通过互联网渠道送达行政行为决定书的，应当同时提供提交行政复议申请书的互联网渠道。

口头申请的，行政复议机关应当当场记录申请人的基本情况、行政复议请求，以及申请行政复议的主要事实、理由和时间。

行政机关作出行政行为时，未告知公民、法人或者其他组织申请行政复议的权利、行政复议机关和申请期限的，申请期限自公民、法人或者其他组织知道或者应当知道申请行政复议的权利、行政复议机关和申请期限之日起计算，但是自知道或者应当知道行政行为内容之日起最长不得超过1年。

【知识链接2-3】因不动产提出的行政复议申请自行政行为作出之日起超过20年，其他行政复议申请自行政行为作出之日起超过5年的，行政复议机关不予受理。

行政复议申请已被行政复议机关依法受理的，或者法律法规规定应当先向复议机关申请行政复议、对行政复议决定不服再向人民法院提起行政诉讼的，在法定行政复议期限内不得向人民法院提起行政诉讼。申请人向人民法院提起行政诉讼，人民法院已经依法受理的，不得申请行政复议。

3.行政复议管辖

县级以上地方各级人民政府管辖下列行政复议案件：

（1）对本级人民政府工作部门作出的行政行为不服的；

（2）对下一级人民政府作出的行政行为不服的；

（3）对本级人民政府依法设立的派出机关作出的行政行为不服的；

（4）对本级人民政府或者其工作部门管理的法律、法规、规章授权的组织作出的行政行为不服的。

除前款规定外，省、自治区、直辖市人民政府同时管辖对本机关作出的行政行为不服的行政复议案件。

省、自治区人民政府依法设立的派出机关参照设区的市级人民政府的职责权限，管辖相关行政复议案件。

对海关、金融、外汇管理等实行垂直领导的行政机关、税务和国家安全机关的行政行为不服的，向上一级主管部门申请行政复议。

对履行行政复议机构职责的地方人民政府司法行政部门的行政行为不服的，可以向本级人民政府申请行政复议，也可以向上一级司法行政部门申请行政复议。

（三）行政复议受理

行政复议机关收到行政复议申请后，应当在5日内进行审查。对符合下列规定的，行政复议机关应当予以受理：

（1）有明确的申请人和符合《行政复议法》规定的被申请人；

（2）申请人与被申请行政复议的行政行为有利害关系；

（3）有具体的行政复议请求和理由；

（4）在法定申请期限内提出；

（5）属于《行政复议法》规定的行政复议范围；

（6）属于本机关的管辖范围；

（7）行政复议机关未受理过该申请人就同一行政行为提出的行政复议申请，并且人民法院未受理过该申请人就同一行政行为提起的行政诉讼。

对不符合前款规定的行政复议申请，行政复议机关应当在审查期限内决定不予受理并说明理由；不属于本机关管辖的，还应当在不予受理决定中告知申请人有管辖权的行政复议机关。

行政复议申请的审查期限届满，行政复议机关未作出不予受理决定的，审查期限届满之日起视为受理。

（四）行政复议审查和决定

1.行政复议审查

行政复议机关受理行政复议申请后，依法适用普通程序或者简易程序进行审理。行政复议机构应当指定行政复议人员负责办理行政复议案件。行政复议机关依照法律、法规、规章审理行政复议案件。上级行政复议机关根据需要，可以审理下级行政复议机关管辖的行政复议案件。

证据经行政复议机构审查属实，才能作为认定行政复议案件事实的根据。被申请人对其作出的行政行为的合法性、适当性负有举证责任。

2.行政复议决定

行政复议机关依照《行政复议法》审理行政复议案件，由行政复议机构对行政行为进行审查，提出意见，经行政复议机关的负责人同意或者集体讨论通过后，以行政复议机关的名义作出行政复议决定。

适用普通程序审理的行政复议案件，行政复议机关应当自受理申请之日起60日内作出行政复议决定；但是法律规定的行政复议期限少于60日的除外。情况复杂，不能在规定期限内作出行政复议决定的，经行政复议机构的负责人批准，可以适当延长，并书面告知当事人；但是延长期限最多不得超过30日。

第三节　民事诉讼

经济诉讼一般适用于民事诉讼法，经济诉讼是民事诉讼的组成部分。

一、民事诉讼法概述

（一）民事诉讼法概念

民事诉讼法是国家制定的规范法规和诉讼参与人的各种诉讼活动及由此产生的各种诉讼关系的法律规范的总称。

1991年4月9日第七届全国人民代表大会第四次会议通过了《民事诉讼法》，该法于2007年、2012年、2017年、2021年和2023年分别进行了修正。

（二）民事诉讼法的特征

1.民事诉讼法是部门法

它调整的是民事诉讼关系和民事诉讼活动，这种调整对象是特有的，是其他部门法无法调整的。

2.民事诉讼法是保证民事实体法贯彻实施的程序法

民事诉讼法是关于民事诉讼活动时应遵守的法律规定，其主要内容是民事诉讼主体的诉讼权利和诉讼义务，以及保障民事诉讼主体诉讼权利和落实诉讼义务的规定。

3.处分原则和调解原则的特有性

处分原则和调解原则是民事诉讼法的特有原则，这是由民事活动本身所决定的，也是与其他诉讼法律相比最明显的特征。

4.民事诉讼法具有广义性

民事诉讼法的广义性是与民事诉讼的广泛性相适应的。由于民事诉讼广泛适用于民事、经济、劳动争议、专利、商标、海事、债务催偿和法律规定的其他特殊类型的案件，因此民事诉讼法也就广泛地适用于民事诉讼范围内的各类案件的诉讼。

（三）民事诉讼法的适用范围

具体而言，人民法院受理公民之间、法人之间、其他组织之间以及它们相互之间因财产关系和人身关系提起的民事诉讼，适用民事诉讼法的规定。

（1）因民法、婚姻法、收养法、继承法等调整的平等主体之间的财产关系和人身关系发生的民事案件，如合同纠纷、房产纠纷、侵害名誉权纠纷等案件；

（2）因经济法、劳动法调整的社会关系发生的争议，法律规定适用民事诉讼程序审理的案件，如企业破产案件、劳动合同纠纷案件等；

（3）适用特别程序审理的选民资格案件和宣告公民失踪、死亡等非诉案件；

（4）按照督促程序解决的债务案件；

（5）按照公示催告程序解决的宣告票据和有关事项无效的案件。

二、民事诉讼法基本制度

（一）公开审判制度

公开审判制度，是指人民法院的审判活动除合议庭评议案件外，还应向群众和社会公开的制度。公开，一是向群众公开，即允许群众旁听法院对案件的审判；二是向社会公开，即允许新闻记者对案件审理的情况进行报道，将案情公布于众。依照法律的规定，除不予公开和可以不公开审理的案件外，一律依法公开审理。同时，不论是否公开审理，案件宣判时一律公开进行。公开审判是相对于秘密审判而言的，公开审判取代秘密审判是诉讼制度文明进步的表现。

（二）合议制度

合议制度是相对于独任制而言的，是指由3名以上单数审判人员组成合议庭对民事案件进行审理的制度。

合议制度是民主集中制原则在民事审判工作中的体现和具体运用。实行这一制度，有利于充分发挥集体的智慧和力量，防止审判人员认识上的主观片面性，保证案件审理的质量。除法律规定的特殊情况外，民事案件的审判均实行合议制。

（三）回避制度

回避制度，是指审判人员和其他有关人员遇到法律规定不宜参加案件审理的情形时，退出案件审理活动的制度。

回避制度对于保证案件的公正审判具有十分重要的意义，各国民事诉讼法均规定了回避制度。回避制度一般包括回避方式、回避原则、回避制度适用的对象、回避的程序问题。

（四）两审终审制度

两审终审制度，是指一个民事案件经过两级法院的审判，案件的审判即宣告终结的制度。根据该制度，一个民事案件经第一审人民法院审判后，当事人如果不服，有权依法向上一级人民法院提出上诉，上一级人民法院对上诉案件审理后作出的判决和裁定，是终审判决、裁定，当事人不得再提起上诉。

三、民事诉讼管辖

（一）级别管辖

级别管辖就是上下级法院在受理第一审民事案件的分工和权限，一般按案件影响的大小、繁简程度和诉讼标的金额大小来确定级别管辖。

基层人民法院管辖第一审民事案件，法律另有规定的除外。

中级人民法院管辖下列第一审民事案件：一是重大涉外案件，是指争议标的额大，或案情复杂，或居住在国外的当事人人数众多的涉外案件；二是在本辖区有重大影响的案件。

高级人民法院管辖的第一审民事案件为在本辖区有重大影响的第一审民事案件。

最高人民法院管辖的第一审民事案件为在全国有重大影响的案件。

（二）地域管辖

地域管辖是指同级人民法院间在各自辖区受理第一审民事案件的分工和权限。

在地域管辖问题上一般采用"原告就被告"原则，即通常由被告住所地人民法院管辖；被告住所地与经常居住地不一致的，由经常居住地人民法院管辖。

《民事诉讼法》规定，下列民事诉讼，由原告住所地人民法院管辖，原告住所地与经常居住地不一致的，由原告经常居住地人民法院管辖：一是对不在中华人民共和国领域内居住的人提起的有关身份关系的诉讼；二是对下落不明或者宣告失踪的人提起的有关身份关系的诉讼；三是对被采取强制性教育措施的人提起的诉讼；四是对被监禁的人提起的诉讼。

因继承遗产纠纷提起的诉讼，由被继承人死亡时住所地或者主要遗产所在地人民法院管辖。有动产、不动产的，以不动产所在地为主要遗产所在地；动产有多项的，价值高的动产所在地为遗产所在地。

【法律小贴士2-6】两个以上人民法院都有管辖权的诉讼，原告可以向其中一个人民法院起诉；原告向两个以上有管辖权的人民法院起诉的，由最先立案的人民法院管辖。

因合同纠纷提起的诉讼，由被告住所地或者合同履行地人民法院管辖。因保险合同纠纷提起的诉讼，由被告住所地或者保险标的物所在地人民法院管辖。

因票据纠纷提起的诉讼，由票据支付地或者被告住所地人民法院管辖。

因公司设立、确认股东资格、分配利润、解散等纠纷提起的诉讼，由公司住所地人民法院管辖。

因铁路、公路、水上、航空运输和联合运输合同纠纷提起的诉讼，由运输始发地、目的地或者被告住所地人民法院管辖。

因侵权行为提起的诉讼，由侵权行为地或者被告住所地人民法院管辖。

因铁路、公路、水上和航空事故请求损害赔偿提起的诉讼，由事故发生地或者车辆、船舶最先到达地、航空器最先降落地或者被告住所地人民法院管辖。

【案例分析2-2】福建省三江制衣有限公司在井冈山市投资办厂，经注册登记成立井冈山市制衣有限公司（即本案的原告）。2018年12月30日，原告井冈山市制衣有限公司与被告（所在地为福建省福州市台江区）签订建设工程设计合同，合同未约定交付设计图纸的地点。合同签订后，被告多次到井冈山市实地勘验，最后把设计完成的一部分设计图纸交给原告井冈山市制衣有限公司的总部福建省三江制衣有限公司（所在地为福建省福州市台江区），一部分交给原告井冈山市制衣有限公司的筹建办公室（所在地为江西省井冈山市）。由于被告未按期交付全部设计图纸，且交付的图纸有的为无效图纸，双方就此引发了纠纷。经双方多次协商未果，原告井冈山市制衣有限公司选择以合同履行地确定管辖法院，并以江西省井冈山市为合同履行地，向江西省井冈山市人民法院起诉要求解除合同。本案中法院能否支持原告的诉讼请求？

分析提示：《民事诉讼法》规定，因合同纠纷提起的诉讼，由被告所在地或合同履行地人民法院管辖。本案的被告所在地为福建省福州市，合同履行地为福建省福州市和江西省井冈山市，根据《民事诉讼法》的规定，"两个以上法院都有管辖权的诉讼，原告可以向其中一个人民法院起诉"，福建省福州市台江区人民法院和江西省井冈山市人民法院对本案都有管辖权。

四、民事诉讼时效

（一）民事诉讼时效与民事诉讼时效期间

民事诉讼时效是指权利人经过法定期限不行使自己的权利，依法律规定其胜诉权便归于消灭的制度。

民事诉讼时效期间是指权利人请求人民法院保护其民事权利的法定期间。

根据《中华人民共和国民法典》（以下简称《民法典》）的规定，向人民法院请求保护民事权利的诉讼时效期间为3年。法律另有规定的，依照其规定。

诉讼时效期间自权利人知道或者应当知道权利受到损害以及义务人之日起计算。法律另有规定的，依照其规定。但是，自权利受到损害之日起超过20年的，人民法院不予保护；有特殊情况的，人民法院可以根据权利人的申请决定延长。

当事人约定同一债务分期履行的，诉讼时效期间自最后一期履行期限届满之日起计算。

诉讼时效期间届满后，义务人同意履行的，不得以诉讼时效期间届满为由抗辩；义务人已经自愿履行的，不得请求返还。

民法所称的期间按照公历年、月、日、小时计算。

按照年、月、日计算期间的，开始的当日不计入，自下一日开始计算。按照小时计算期间的，自法律规定或者当事人约定的时间开始计算。

按照年、月计算期间的，到期月的对应日为期间的最后一日；没有对应日的，月末日为期间的最后一日。

期间的最后一日是法定休假日的，以法定休假日结束的次日为期间的最后一日。期间的最后一日的截止时间为24时；有业务时间的，停止业务活动的时间为截止时间。

（二）诉讼时效的中止、中断与延长

诉讼时效的中止是指在诉讼时效进行中，因发生一定的法定事由而使权利人不能行使请求权，暂时停止计算诉讼时效期间，以前经过的时效期间仍然有效，待阻碍时效进行的事由消失后，继续计算诉讼时效期间。在诉讼时效期间的最后6个月内，因下列障碍，不能行使请求权的，诉讼时效中止：（1）不可抗力；（2）无民事行为能力人或者限制民事行为能力人没有法定代理人，或者法定代理人死亡、丧失民事行为能力、丧失代理权；（3）继承开始后未确定继承人或者遗产管理人；（4）权利人被义务人或者其他人控制；（5）其他导致权利人不能行使请求权的障碍。自中止时效的原因消除之日起满6个月，诉讼时效期间届满。

诉讼时效的中断是指在诉讼时效进行中，因发生一定的法定事由，致使已经经过的时效期间统归无效，待时效中断的法定事由消除后，诉讼时效期间重新计算。有下列情形之一的，诉讼时效中断，从中断、有关程序终结时起，诉讼时效期间重新计算：（1）权利人向义务人提出履行请求；（2）义务人同意履行义务；（3）权利人提起诉讼或者申请仲裁；（4）与提起诉讼或者申请仲裁具有同等效力的其他情形。

【法律小贴士2-7】下列请求权不适用诉讼时效的规定：（1）请求停止侵害、排除妨碍、消除危险；（2）不动产物权和登记的动产物权的权利人请求返还财产；（3）请求支付抚养费、赡养费或者扶养费；（4）依法不适用诉讼时效的其他请求权。

五、民事诉讼证据

（一）证据的概念和特征

民事诉讼证据是指能够证明民事案件真实情况的一切事实。证据具有如下特征：

1.客观性

证据是证明待证事实的根据或者方法，必须是可靠、可信的。证据事实必须是客观存在的材料，而不是任何人的猜测或者主观臆造的产物。

2.关联性

关联性是指作为证据的事实必须是一种客观存在，而且必须是与案件所要查明的事实存在逻辑上的联系，从而能够说明案件事实。正因为如此，证据才能以其自身的存在单独或与其他事实一道证明案件真实的存在或者不存在。

3.合法性

证据的合法性是指证据必须由当事人按照法定程序提供，或者由法定机关、法定人员按照法定的程序调查、收集和审查。

（二）民事诉讼证据种类

根据《民事诉讼法》的规定，我国民事诉讼证据的表现形式可以分为书证、物证、视听资料、证人证言、当事人的陈述、鉴定结论、勘验笔录、电子数据8种。证据必须查证属实，才能作为认定事实的根据。

1.书证

书证是指以文字、符号、图形等所记载的内容或表达的思想来证明案件真实的证据。

书证具有以下3个特征：（1）书证并不是一般的物品，而是用文字符号记录和表达一定思想内容的物品。（2）书证把一定的思想内容固定下来，以此表达人们的思想，并能为一般人所认知或了解，证明有关的案件事实。（3）书证是固定在一定的物体上的思想内容，所以有较强的客观性和真实性，不像言词证据那样，容易因为有关人员主观意识的改变而改变，也不存在因时间久远造成记忆模糊而影响其证明力的现象。

2.物证

物证是指以其存在的形状、质量、规格、特征等来证明案件事实的证据。

同其他证据相比，物证有如下特征：（1）稳定性。物证是客观存在的物品或者痕迹，只要及时收集，用科学的方法提取和固定，就具有较强的稳定性。（2）可靠性。物证是以其自身的客观存在的形状、规格、痕迹等证明案件事实，不受人们主观因素的影响和制约，只要判明物证是真实的，它就具有很强的可靠性和较强的证明力。

3.视听资料

视听资料是指利用录音、录像、电子计算机储存的资料和数据等来证明案件事实的一种证据。它包括录像带、录音片、传真资料、电影胶卷、微型胶卷、电话录音、雷达扫描资料和电脑储存数据及资料等。

4.证人证言

证人是指知晓案件事实并应当事人的要求和法院的传唤到法庭做证的人,证人就案件事实向法院所作的陈述称为证人证言。

需要注意以下几点:(1)不能正确表达意志的人,不能作为证人。(2)诉讼代理人不能在一个案件中既作代理人又作证人。(3)审判员、陪审员、书记员、鉴定人、翻译人员和参与民事诉讼的检察人员不能同时在自己参与的案件中作为证人。

5.当事人的陈述

当事人的陈述是指当事人在诉讼中就与本案有关的事实,向法院所作的陈述。

6.鉴定结论

鉴定结论是指鉴定人运用专业知识、专门技术对案件中的专门性问题进行分析、鉴别、判断后作出的结论。

7.勘验笔录

勘验,是指人民法院审判人员,在诉讼过程中,为了查明一定的事实,对与案件争议有关的现场、物品或物体亲自进行或指定有关人员进行查验、拍照、测量的行为。就查验的情况与结果制成的笔录叫勘验笔录。

8.电子数据

根据《最高人民法院关于民事诉讼证据的若干规定》,电子数据的常见形态为:

(1)网络平台发布的信息,包括网页、博客、微博客等网络平台发布的信息,还包括抖音短视频、朋友圈、贴吧、论坛、网盘等发布的信息。

(2)网络应用服务的通信信息,包括手机短信、电子邮件、即时通信(如微信、QQ)、通信群组等通信信息。

(3)记录类信息,包括用户注册信息、身份认证信息、电子交易记录、通信记录、登录日志等。

(4)电子文件,包括电子文档、电子图片、音视频、数字证书、计算机程序等。

(5)其他以数字化形式存储、处理、传输的能够证明案件事实的信息。

六、民事诉讼当事人及诉讼代理人

(一)民事诉讼当事人的概念

民事诉讼当事人是指因民事上的权利义务关系发生纠纷,以自己的名义进行诉讼,并受人民法院裁判拘束的利害关系人。一般来说,同时符合以下3个条件的主体可以成为民事诉讼当事人:

第一,以自己的名义起诉或者应诉,实施诉讼行为。

第二,向法院请求解决争议,保护民事权益。

第三,接受法院裁判的约束。

(二)民事诉讼当事人的分类

根据民事诉讼当事人在诉讼中所处的地位和享有的诉讼权利、承担的诉讼义务不同,民事诉讼当事人可以分为原告、被告、共同诉讼人、诉讼代表人、第三人。

1.原告

原告是认为自己的民事权益受到侵害,或者与他人发生争议,为维护其合法权益而向人民法院提起诉讼，引起诉讼程序发生的人。

2. 被告

被告是指被诉称侵犯原告民事权益或与原告发生民事权益争议，被人民法院通知应诉的人。

3. 共同诉讼人

当事人一方或双方各为2人以上，其诉讼标的是共同的，或者是同一种类，人民法院认为可以合并审理并经当事人同意的民事诉讼为共同诉讼。共同诉讼人是指共同诉讼中的当事人一方或双方为2人以上共同起诉或共同应诉的人。

4. 诉讼代表人

诉讼代表人是指众多当事人的一方，推选出的代表，为维护本方的利益而进行诉讼活动的人。诉讼代表人代表本方当事人进行诉讼，不同于共同诉讼人。诉讼代表人是本案实体法律关系的主体，而不同于法定代表人和诉讼代理人。

5. 第三人

民事诉讼的第三人，是指对他人争议的诉讼标的有独立的请求权，或者虽无独立的请求权，但案件的处理结果与其有法律上的利害关系而参加诉讼的人。第三人分为有独立请求权的第三人和无独立请求权的第三人。

【法律小贴士2-8】对污染环境、侵害众多消费者合法权益等损害社会公共利益的行为，法律规定的机关和有关组织可以向人民法院提起诉讼。

人民检察院在履行职责中发现破坏生态环境和资源保护、食品药品安全领域侵害众多消费者合法权益等损害社会公共利益的行为，在没有前款规定的机关和组织或者前款规定的机关和组织不提起诉讼的情况下，可以向人民法院提起诉讼。前款规定的机关或者组织提起诉讼的，人民检察院可以支持起诉。

（三）民事诉讼代理人

民事诉讼代理人，是指根据法律规定或者当事人的委托，代当事人进行民事诉讼活动的人。诉讼代理人具有以下特征：

第一，具有诉讼行为能力。诉讼代理人的职责是在代理权限范围内代理当事人实施诉讼行为和接受诉讼行为，维护当事人的合法权益，这就要求诉讼代理人必须有诉讼行为能力。

第二，以被代理人的名义，并且为了维护被代理人的利益进行诉讼活动。诉讼代理人不是案件的一方当事人，不能以自己的名义，为了维护自己的利益进行诉讼活动。

第三，在代理权限范围内实施诉讼行为。诉讼代理人在代理权限范围内实施的诉讼行为才是诉讼代理行为，才产生诉讼代理的法律后果。

第四，诉讼代理的法律后果由被代理人承担。诉讼代理人超越诉讼代理权实施的诉讼行为则不是诉讼代理行为，其法律后果只能由诉讼代理人自己承担，除非被代理人对越权的诉讼代理行为予以追认。

第五，同一案件中只能代理一方当事人。在诉讼中，双方当事人的利益是对立的，若同时为双方当事人的代理人，可能会损害一方当事人的利益。

《民事诉讼法》规定的诉讼代理人可以分为两类：法定诉讼代理人和委托诉讼代理人。前者是指根据法律规定，代理无诉讼行为能力的当事人为诉讼行为的人；后者是根据当事人或者其法定代理人委托，代当事人为诉讼行为的人。

【法律小贴士2-9】委托诉讼代理人包括律师、当事人的近亲属、社会团体和当事人所在单位推荐的人，以及经人民法院许可的公民。无民事行为能力人、限制民事行为能力人或者可能损害被代理人利益的人以及人民法院认为不宜作诉讼代理人的人，不能作为诉讼代理人。

七、民事诉讼程序

（一）第一审普通程序

第一审普通程序是人民法院审理第一审民事案件所适用的最基本的程序。它具体包括起诉、受理、审理前的准备、开庭审理。

1.起诉

起诉，是指原告依法向人民法院提出诉讼请求的行为。起诉必须具备的条件有：原告是与本案有直接利害关系的公民、法人或其他组织；有明确的被告；有具体的诉讼请求和事实、理由；属于人民法院受理民事诉讼的范围和受诉人民法院管辖。

2.受理

受理，是指人民法院经过审查起诉，认为符合法定条件，予以立案的诉讼活动。人民法院收到民事诉状或者口头起诉后，经审查，符合起诉条件的，应当在7日内立案，并及时通知当事人；不符合起诉条件的，应当在7日内裁定不予受理。原告对裁定不服的，可以提起上诉。

3.审理前的准备

审理前的准备，是指人民法院在受理案件后进入开庭审理之前所进行的准备工作。审理前的准备主要有以下几项：送达起诉状副本和提出答辩状；告知当事人诉讼权利义务及合议庭组成人员；审阅诉讼材料，调查收集必要的证据；追加当事人。

4.开庭审理

（1）开庭准备。人民法院确定开庭日期后，应当在开庭前3日通知当事人和其他诉讼参与人。通知当事人用传票，通知其他诉讼参与人用通知书。对于公开审理的案件，人民法院应当在开庭审理前3日发布公告，公告当事人姓名、案由和开庭的时间、地点，以便群众旁听、记者采访报道。

（2）法庭调查。在开庭审理时，应进行法庭调查，包括当事人陈述，证人出庭作证，出示物证、书证和视听资料，宣读鉴定结论，宣读勘验笔录。

当事人对自己提出的主张，有责任提供证据，即谁主张、谁举证。当事人及其诉讼代理人因客观原因不能自行收集的证据，或者人民法院认为审理案件需要的证据，人民法院应当调查收集。

当事人对自己提出的诉讼请求所依据的事实或者反驳对方诉讼请求所依据的事实有责任提供证据加以证明。没有证据或者证据不足以证明当事人的事实主张的，由负有举证责任的当事人承担不利后果。

【案例聚焦2-2】小芳与小容住在同一个小区，且是闺蜜。2023年10月的一天，小容说做生意急需用钱，向小芳借信用卡一用，小芳很放心地将额度为10万元的民生银行信用卡借给了小容。两人说好小容要按银行的时限要求及时还款，并每月支付给小芳500元作为报酬。

因为双方很熟悉，小容就没有写借条。小容刚开始刷了几次信用卡都按时还款了，但是，她在2024年2月用信用卡刷了99 300元，未按期还款。小芳收到银行的通知时，发现已联系不到小容，小容举家搬迁不知去向了。

小芳无奈之下起诉到法院。因没有写借条，小芳想到两人的微信聊天记录可作为证据。双方的微信聊天记录中有小容的相关信息，两人在聊天时小容向小芳问过信用卡的密码。

当地法院经审理认为，小容虽然未向小芳出具借条，但从小芳提交的微信聊天记录来看，小芳的民生银行信用卡由小容持有，且小容使用信用卡向小芳借钱，与小芳陈述内容可以相互印证。法院据此认定了小容通过借信用卡透支消费的方式向小芳借款的事实，认定双方形成民间借贷关系。最终法院判决支持小芳要求小容还钱的诉求。

本案的争议焦点是微信聊天记录可否作为直接证据使用。

《民事诉讼法》明确了电子数据是法定的证据类型。微信的信息以电子数据的形式存在，显然属于该类证据范畴，但微信证据要成为认定案件事实的依据并不容易，须满足两个前提条件：

一是微信使用人就是当事人双方。若不能证明微信使用人系当事人，则微信证据在法律上与案件无法产生关联性。微信使用人的身份确认有四条途径：对方当事人自认；微信头像或微信相册照片辨认；网络实名、电子数据发出人认证材料或机主身份认证；第三方机构即软件供应商腾讯公司协助调查。

二是微信证据的完整性。此条件关涉微信证据的真实性及关联性，因微信证据为生活化的片段式记录，如不完整可能断章取义，也不能反映当事人的完整的真实意思表示。建立专门的电子数据证据鉴定机构并明确其认证规则，是目前"微信"证据发展的必然需求。

（3）法庭辩论。定案的所有证据都必须经过法庭的辩论和质证。即使是不得在公开开庭时出示的证据，也必须经过双方当事人的辩论和质证。

（4）评议和宣判。合议庭的人员在法庭调查和法庭辩论的基础上，认定案件事实，确定适用的法律，最后宣告案件的审理结果。这是开庭审理的最后阶段。

（二）简易程序

简易程序是指基层人民法院及其派出法庭审理简单民事案件和简单经济纠纷案件所适用的程序。

对简单的民事案件，原告可以口头起诉。当事人双方可以同时到基层人民法院及其派出法庭，请求解决纠纷。基层人民法院及其派出法庭可以当即审理，也可以另定日期审理。采用简易程序，可以用简便方式随时传唤当事人、证人。简单的民事案件由审判员一人独任审理，但必须有书记员记录。审判人员可以根据案件的具体情况，简化案件审理的方式和步骤，不受普通程序中关于开庭审理阶段和顺序的限制。

【法律小贴士2-10】人民法院适用简易程序审理民事案件，应当在立案之日起3个月内审结，且为不变期间，当事人或法院都不得申请延长。

（三）第二审程序

第二审程序是人民法院审理上诉案件所适用的诉讼程序。在民事诉讼中，当事人不服人民法院第一审判决或裁定而提起上诉，人民法院受理后即进入第二审程序。

【法律小贴士2-11】当事人不服地方人民法院第一审判决的，有权在判决书送达之日起15日内向上一级人民法院提起上诉。

当事人不服地方人民法院第一审裁定的，有权在裁定书送达之日起10日内向上一级人民法院提起上诉。

【知识链接2-4】第二审程序与第一审普通程序的区别在于：审判程序发生的原因不同；审级不同；审判组织不同；审理对象不同，第二审程序审理第一审判决；审理的方式不同，第二审程序可以开庭审理或者径行判决；裁判的效力不同，第二审程序审结后的裁判是发生法律效力的裁判，不得上诉。

1.提起第二审程序的条件

法定的上诉对象是指依法可以上诉的判决和裁定。可以上诉的判决包括地方各级人民法院适用普通程序和简易程序审理的第一审判决、第二审人民法院发回原审人民法院重审后所作出的判决。可以上诉的裁定包括人民法院作出的不予受理的裁定、人民法院对当事人的管辖异议作出的裁定、驳回起诉的裁定。

【法律小贴士2-12】提起第二审程序必须有法定的上诉人和被上诉人，必须在法定的上诉期内提出上诉，必须提交上诉状。

2.上诉的受理

上诉的受理是指人民法院通过法律程序，对当事人提起的上诉进行审查，对符合上诉条件的案件予以受理的行为。上诉状应当通过原审人民法院提出，并按照对方当事人或者代表人的人数提出副本。当事人直接向第二审人民法院上诉的，第二审人民法院应当在5日内将上诉状移交原审人民法院。

3.上诉案件的审理

人民法院在审理前的准备工作有：组成合议庭；审阅案卷，询问当事人、证人，进行调查。对于上诉案件，第二审人民法院经过审理，按照下列情形分别处理：原判决认定事实清楚，适用法律正确的，判决驳回上诉，维持原判决；原判决适用法律错误的，依法改判；原判决认定事实错误，或者原判决认定事实不清，证据不足，裁定撤销原判决，发回原审人民法院重审，或者查清事实后改判；原判决违反法定程序，可能影响案件正确判决的，裁定撤销原判决，发回原审人民法院重审。当事人对重审案件的判决、裁定，可以上诉。

【法律小贴士2-13】人民法院审理对判决的上诉案件，应当在第二审立案之日起3个月内审结。有特殊情况需要延长的，由本院院长批准。人民法院审理对裁定的上诉案件，应当在第二审立案之日起30日内作出终审裁定。对裁定的上诉案件的审结期限，不能延长。

第二章单项选择题

第二章多项选择题

思考题与案例分析

一、简答题

1.我国《仲裁法》有哪些特点？

2.简述行政复议的概念与特征。

3.简述民事诉讼法的适用范围。

4.民事诉讼当事人有哪些分类？

5.简述民事诉讼的管辖。

二、论述题

1.论述行政复议的范围。

2.论述民事诉讼法基本制度。

3.论述民事诉讼证据。

三、案例分析题

1.2023年7月，石家庄市A健身房与广州市B健身器械公司签订了一份购销合同。合同的仲裁条款规定："因履行合同发生的争议，由双方协商解决；无法协商解决的，由仲裁机构仲裁。"9月，双方发生争议，A健身房向其所在地的石家庄市仲裁委员会递交了仲裁申请书，但B健身器械公司拒绝答辩。11月，双方经过协商，重新签订了一份仲裁协议，将此合同争议提交B健身器械公司所在地的广州市仲裁委员会仲裁。

事后，A健身房担心广州市仲裁委员会实行地方保护，偏袒B健身器械公司，故未申请仲裁，而向合同履行地人民法院提起诉讼，且起诉时说明此前两次仲裁的情况。法院受理此案，并向B健身器械公司送达了起诉状副本，B健身器械公司向法院提交了答辩状，法院经审理判决原告A健身房败诉。

问题：（1）购销合同中的仲裁条款是否有效？请说明理由。

（2）争议发生后，双方签订的协议是否有效？为什么？

（3）原告A健身房向法院提起诉讼正确与否？为什么？

（4）人民法院审理本案是否正确？为什么？

2.甲公司（苏州市相城区）与乙公司（哈尔滨市香坊区）因位于上海市长宁区的不动产发生纠纷，甲公司欲通过诉讼方式解决。

问题：如何选择诉讼管辖法院？

企业法律制度

了解企业及企业法的基本知识；掌握个人独资企业设立条件、设立程序，个人独资企业的投资人及事务管理，个人独资企业的解散与清算；掌握合伙和合伙企业的概念及特征、合伙企业法的概念及适用范围，合伙企业的设立、变更、终止及清算；了解特殊的普通合伙及有限合伙的相关规定；理解合伙企业的财产、事务执行及债务清偿等有关的法律规定；理解外商投资企业法的内容。

思政目标

牢固树立法治意识，熟知作为市场主体的企业如何行使法律权利、履行法律义务，弘扬与贯彻社会主义核心价值观。党的二十大报告强调，"完善中国特色现代企业制度，弘扬企业家精神，加快建设世界一流企业。支持中小微企业发展"。"合理缩减外资准入负面清单，依法保护外商投资权益，营造市场化、法治化、国际化一流营商环境。推动共建'一带一路'高质量发展"。

【引导案例】

刘某是某高校的在职研究生，经济上独立于其家庭。2018年8月，刘某在市场监督管理部门注册成立了一家主营信息咨询的个人独资企业，取名为"远大信息咨询有限公司"，注册资本为人民币1元。该企业成立后经营形势很好，收益甚丰。黄某与刘某订立协议，参加该个人独资企业的投资和经营，并注入资金人民币5万元。该企业在经营过程中先后聘用工作人员10名。刘某认为自己开办的是私人企业，不需要为职工办理社会保险，因此没有给职工缴纳社会保险费，也没有与职工签订劳动合同。后来，该独资企业经营不善，负债10万元。刘某决定于2024年6月自行解散企业，但因为企业财产不足以清偿而被债权人、企业职工诉诸人民法院。法院审理后认为，刘某与黄某形成事实上的合伙关系，判决责令刘某、黄某补办职工的社会保险并缴纳保险费，由刘某与黄某对该企业的债务承担无限连带责任。

问题：（1）该企业的设立是否合法？

（2）刘某允许另一人参加投资、共同经营的行为是否合法？

（3）该企业债权人的要求是否合法？

（4）刘某是否有权解散该企业？

（5）黄某是否应当承担无限连带责任？

第一节　企业法律制度概述

一、企业的概念和特征

企业是指依法设立的以营利为目的，从事商品生产经营或者服务活动的具有独立的或相对独立的法律人格的组织。它是社会经济生活中独立的市场主体，是现代社会中最常见、最基本的经济组织形式。企业区别于其他社会组织的特征主要有：

（一）企业是一种经济组织

企业是由一定的生产要素有机结合而组成的集体，具有一定的组织形式。这里的生产要素指的是人和物。企业的这一特征使它与非组织的自然人、个体工商户区分开来。

（二）企业必须依法设立

目前我国法律对各类企业的设立都有明确的规定，企业必须依照法律规定的条件和程序才能成立，并取得权利能力和行为能力。企业的设立条件和程序因所依据的法律不同而有差别。

（三）企业活动的目的是营利

成立企业的目的就是获得利润并使投资者获益。企业的这一特征使它与不从事经营性活动的其他社会组织区分开。企业从事的经营性活动既包括物质资料的生产、销售等生产经营活动，也包括技术、咨询等满足人们生产、生活各方面需要的服务活动。

（四）企业具有独立或相对独立的法律人格

不同类型的企业具有不同的法律人格。公司是企业法人，具有独立的法人人格；个人独资企业和合伙企业属非法人企业，不具有法人人格，但是法律仍赋予其一定的主体资格。例如，企业有固定的生产经营场所，可以以自己的名义签订合同，对外进行经营性活动，以自己的名义进行起诉和应诉等，这些都表现出相对的独立性。

二、企业的分类

企业在长期发展过程中形成了多种形态，依照不同的标准，可以对企业作不同的分类。

（一）按照企业投资者的出资方式和责任形式划分

按照企业投资者的出资方式和责任形式的不同，企业可分为个人独资企业、合伙企业、公司企业和外商投资企业。这是企业最基本、最典型的分类。西方发达国家大都采用这种标准划分企业，在我国，随着市场经济的发展和现代企业制度的建立，我国法律也采用这一划分标准。

（二）按照企业是否取得法人资格划分

按照企业是否取得法人资格，企业可分为法人企业和非法人企业。符合法人条件、依法取得法人资格的企业为法人企业。公司是企业法人，因此公司是最典型的法人企业。不符合法人条件、不能依法取得法人资格的企业为非法人企业，个人独资企业、合伙企业等是非法人企业。

（三）按照企业的所有制性质划分

按照企业的所有制性质的不同，企业可分为全民所有制企业、集体所有制企业和私营企业。所有制性质曾经是我国划分企业法律形式的主要标准。

三、企业法

企业法是调整企业在设立、组织、活动、终止过程中发生的社会关系的法律规范的总称。企业法是由调整企业的全部法律规范组成的，也就是调整企业从设立到终止发生的社会关系的全部法律规范，不能简单地将企业法理解为是某一部企业法律或法规，世界上还没有哪个国家制定过名为"企业法"的专门法律。

随着我国经济体制改革的不断深入，为了更好地适应市场经济的发展要求，我国制定了一系列有关企业的法律法规。自1993年12月29日第八届全国人民代表大会常务委员会第五次会议通过《中华人民共和国公司法》（以下简称《公司法》）以来，该法经历了多次修订和修正，目前实行的是2023年12月29日第十四届全国人民代表大会常务委员会第七次会议第二次修订的《公司法》。1997年2月23日制定的《中华人民共和国合伙企业法》（以下简称《合伙企业法》）已经于2006年8月27日第十届全国人民代表大会常务委员会第二十三次会议修订通过，自2007年6月1日起施行。1999年8月30日通过的《中华人民共和国个人独资企业法》（以下简称《个人独资企业法》），自2000年1月1日起施行。2019年3月15日，第十三届全国人民代表大第二次会议表决通过了《中华人民共和国外商投资法》，自2020年1月1日起施行。

第二节　个人独资企业法律制度

一、个人独资企业的概念和法律特征

（一）个人独资企业的概念

根据《个人独资企业法》的规定，个人独资企业是指在中国境内设立，由一个自然人投资，财产为投资人个人所有，投资人以其个人财产对企业债务承担无限责任的经营实体。在我国，个人独资企业长期以来是私营企业的一种形式，而且数量众多。

（二）个人独资企业的法律特征

与公司、合伙企业相比，个人独资企业的法律特征主要表现在以下几方面：

1.个人独资企业是由一个自然人投资的企业

根据《个人独资企业法》的规定，设立个人独资企业只能是一个自然人，国家机关、国家授权投资的机构或者国家授权的部门、企业、事业单位等都不能作为个人独资企业的设立者。《个人独资企业法》规定，外商独资企业不适用本法，因此，《个人独资

企业法》中讲的自然人是指中国公民。

2.个人独资企业的财产为投资人个人所有

个人独资企业只有一个自然人投资人，企业的财产应当归属于这个投资人所有。个人独资企业投资人对所投资企业的财产享有占有、使用、收益和处分的权利。

3.个人独资企业不具有法人资格，对外承担无限责任

个人独资企业是自然人从事商业经营的一种组织形式，但这种组织本身不是独立的法律主体，不具有法人资格；表现在责任形式上，就是个人独资企业的投资人作为债务人，要以其全部个人财产对其所投资的个人独资企业债务承担责任。

【案例分析3-1】家住山东的张知于2023年2月1日夜间接到在北京读大学的儿子张小强的电话，请他赶紧到北京帮助处理债务纠纷。原来张小强在大学二年级时就做起了计算机生意并注册了一家公司，生意较好，但2022年1月一笔近20万元的生意因上当受骗，卖出的都是假冒伪劣产品。按合同约定张小强要赔偿全部损失，但张小强称自己的财产仅有6万元，无偿还能力。对方要求其家长负连带责任，声称若不偿还，就起诉到人民法院。张小强怕事态闹大，无奈请父母出面帮助解决。对方要求张小强的家长承担责任是否有法律依据？

分析提示：个人独资企业，是指依法在中国境内设立，由一个自然人投资，财产为投资人个人所有，投资人以其个人财产对企业债务承担无限责任的经营实体。个人独资企业的投资人作为债务人，要以其全部个人财产对其所投资的个人独资企业债务承担责任。因此，对方要求张小强的家长张知承担责任完全没有法律依据，是得不到法院支持的。

4.个人独资企业是一个经营实体

个人独资企业如何成为经营实体，法律在其设立条件中作了相应的规定。《个人独资企业法》规定，个人独资企业成立后无正当理由超过6个月未开业的，或者开业后自行停业连续6个月以上的，吊销营业执照。这项规定的目的是，个人独资企业在设立时必须是一个经营实体，而在成立后也必须持续地作为一个经营实体存在，不能名存实亡，成为一个虚置的名称。

5.个人独资企业的内部机构设置简单，经营管理方式灵活

个人独资企业的投资人既是企业的所有者，又可以是企业的经营者，对企业的事务有绝对的控制权和支配权，完全可以按照自己的意志去经营所属的企业。因此，法律对其内部机构和经营管理方式不像对公司或其他企业那样加以严格的规定。

二、个人独资企业的设立

（一）设立个人独资企业应具备的条件

《个人独资企业法》规定了设立个人独资企业应当具备的条件：

1.投资人为一个自然人

投资人是指向企业投入资金、实物或劳务、技术的人。个人独资企业的投资人只能是自然人，而不能是法人。该自然人应该具有完全的民事权利能力和民事行为能力，否则无法进行经营活动。另外，由于《个人独资企业法》规定，外商独资企业不适用该法，因此，企业的投资人应为我国公民。

【法律小贴士3-1】依据我国相关法律，并不是所有的中国公民都可以投资设立个人独资企业，无民事行为能力人、国家公务员、党政机关领导干部、警官、法官、检察官、现役军人等人员，不得作为投资人申请设立个人独资企业。

2.有合法的企业名称

个人独资企业的名称是其作为经营实体对外交往的标志。企业只准使用一个名称，并且在登记主管机关辖区内不得与已登记注册的同行业企业名称相同或者近似。个人独资企业的企业名称不能使用"有限"、"有限责任"或"公司"字样。

【知识链接3-1】个人独资企业的名称应当与其责任形式及从事的营业相符合。

首先，个人独资企业的名称要与其责任形式相符合。个人独资企业为无限责任的情况，即表明投资者对由其投资经营的活动或由其投资组成的企业所生债务，承担全部、无限清偿责任，而不以其投入的某特定财产为限。个人独资企业名称中不能含有"有限"或"有限责任"等字样。

其次，个人独资企业的名称要与其从事的营业相符合。不能将法律、行政法规禁止经营的业务作为自己的业务范围，不能将未获有关部门审批经营的业务作为自己的业务范围在名称中加以标榜。个人独资企业名称要与其从事的营业范围相符合。比如，明明是从事玩具汽车生产的企业，却在企业名称中冠以汽车生产厂家的名称，是不允许的。个人独资企业的名称要与其从事的营业的地域范围相符合。比如，明明是一个门脸很小的企业，却在其企业名称中冠以"中国""国际""全国""国家"等字样，是不允许的。此外，也不得随便在其名称中冠以行政区划。总之，不允许其名称中标明与其从事的营业不相符合的容易造成他人误解的文字内容。

3.有投资人申报的出资

投资人申报的出资是指在设立个人独资企业时，投资人承诺将投入企业资本的总和。个人独资企业作为一个生产经营性实体，从事的是经济活动，投资人又只有一个，投资人是一定要投入相当的人财物等生产要素的。投资人申报的出资不是注册资本，只是经营条件，不具有对债权人给予担保的效力，因此法律对其具体数量、出资方式未予规定。

4.有固定的生产经营场所和必要的生产经营条件

固定的生产经营场所和必要的生产经营条件是企业开展经营活动的物质基础。生产经营场所包括企业的住所和与生产经营相适应的处所。住所是企业的主要办事机构所在地，是企业的法定地址。处所是企业的生产经营场所。《个人独资企业法》规定住所只能有一处，而生产经营场所可以根据实际需要设置，可以是一处也可以是多处。只有一处生产经营场所时，其处所即是住所，当有多处生产经营场所时，主要办事机构所在地即为其住所。

5.有必要的从业人员

这是指要有与其生产经营范围、规模相适应的从业人员。从业人员是指参与企业业务活动的人员，包括从事业务活动的投资人和企业依法招用的职工。对从业人员的人数法律并未作限定。只有投资人一人从事业务活动的，也符合有必要的从业人员的条件。

（二）个人独资企业的设立程序

申请设立个人独资企业，应当由投资人或者其委托的代理人向个人独资企业所在地的企业登记机关提交设立申请书、投资人身份证明、生产经营场所使用证明等文件。委托代理人申请设立登记时，应当出具投资人的委托书和代理人的合法证明。

登记机关应当在收到设立申请文件之日起15日内，对符合《个人独资企业法》规定条件的予以登记，并发给营业执照；对不符合《个人独资企业法》规定条件的，不予登记，并发给企业登记驳回通知书。个人独资企业设立分支机构，应当由投资人或者其委托的代理人向分支机构所在地的登记机关申请设立登记。分支机构的民事责任由设立该分支机构的个人独资企业承担。个人独资企业在存续期间登记事项发生变更的，应当在作出变更决定之日起15日内依法向登记机关申请办理变更登记。

（三）个人独资企业成立日期及其法律效力

个人独资企业的营业执照的签发日期，为个人独资企业成立日期。在领取个人独资企业营业执照前，投资人不得以个人独资企业名义从事经营活动。

三、个人独资企业的投资人及事务管理

（一）个人独资企业的投资人

个人独资企业的投资人为一个具有中国国籍的自然人，但法律、法规规定禁止从事营业性活动的人，不得作为投资人申请设立个人独资企业。例如，我国法律禁止公务员、党政干部、警察等经商，因此他们不能申办个人独资企业。

1.个人独资企业投资人的权利

个人独资企业投资人对本企业的财产依法享有所有权，可以转让继承。

2.个人独资企业投资人的责任

个人独资企业投资人在申请企业设立登记时，明确以其家庭共有财产作为个人出资的，应当依法以家庭共有财产对企业债务承担无限责任。

【案例分析3-2】2020年1月，某甲开了一个餐馆，申请并领取了个人独资企业营业执照。如某甲是明确以其家庭财产作为个人出资的，2月份该餐馆由于经营不善，欠了外债10万元，某甲可否主张以其个人财产承担责任？

分析提示：个人独资企业投资人在申请企业设立登记时，明确以其家庭共有财产作为个人出资的，应当依法以家庭共有财产对企业债务承担无限责任。因此，某甲不能主张以其个人财产承担责任。

（二）个人独资企业事务管理

1.个人独资企业事务管理的方式

个人独资企业的投资人可以自行管理企业事务，也可以委托或者聘用其他具有民事行为能力的人负责企业的事务管理。投资人委托或者聘用他人管理个人独资企业事务，应当与受托人或者被聘用的人签订书面合同，明确委托的具体内容和授予的权利范围。

投资人对受托人或者被聘用的人员职权的限制，不得对抗善意第三人。这里的善意第三人是指本着合法交易的目的，诚实地通过受托人或者被聘用的人员，与个人独资企业从事交易的人，包括法人、非法人团体和自然人。个人独资企业的投资人与受托人或者被聘用的人员之间有关权利义务的限制只对受托人或者被聘用的人员有效，对第三人并无约束力，受托人或者被聘用的人员超出投资人的限制与善意第三人的有关业务交往应当有效。

【案例分析3-3】甲于2020年11月申请设立独资企业A，委托乙管理本企业事务，并与乙约定：乙代表企业A与他人签订合同如超过100万元需经甲同意。2023年11月，乙代表企业A与善意第三人丙签订了一份150万元的合同，并未征得甲的同意。乙、丙之间的合同是否有效？

分析提示：该合同有效。甲、乙的约定为内部协议，不能对抗善意第三人。如果该合同给甲造成损害，则应由乙承担民事赔偿责任。

受托人或者被聘用的人员应当履行诚信、勤勉义务，按照与投资人签订的合同负责个人独资企业的事务管理。《个人独资企业法》第二十条规定：投资人委托或者聘用的管理个人独资企业事务的人员不得有下列行为：①利用职务上的便利，索取或者收受贿赂；②利用职务或者工作上的便利侵占企业财产；③挪用企业的资金归个人使用或者借贷给他人；④擅自将企业资金以个人名义或者以他人名义开立账户储存；⑤擅自以企业财产提供担保；⑥未经投资人同意，从事与本企业相竞争的业务；⑦未经投资人同意，同本企业订立合同或者进行交易；⑧未经投资人同意，擅自将企业商标或者其他知识产权转让给他人使用；⑨泄露本企业的商业秘密；⑩法律、行政法规禁止的其他行为。

2.个人独资企业事务管理的内容

（1）会计事务管理。个人独资企业应当依法设置会计账簿，进行会计核算。

（2）用工事务管理。个人独资企业招用职工的，应当依法与职工签订劳动合同，保障职工的劳动安全，按时、足额发放职工工资。

（3）社会保险事务管理。个人独资企业应按照国家规定参加社会保险，为职工缴纳社会保险费。

四、个人独资企业的解散和清算

（一）解散

个人独资企业解散是指个人独资企业终止活动，使其民事主体资格消灭的行为。这既包括自行解散，也包括强制解散。

1.自行解散

个人独资企业自行解散规定了两种情形：

（1）投资人决定解散。个人独资企业由一个自然人投资，财产为投资者个人所有。由于只有一个投资人，因此，投资人个人可以自己决定解散企业的问题。

（2）投资人死亡或者被宣告死亡，无继承人或者继承人决定放弃继承。在投资人死亡或宣告死亡的情况下，如果其继承人继承了个人独资企业，则企业可以继续存在，只需办理投资人的变更登记；若出现无继承人或全部继承人均决定放弃继承的情形，独资企业失去继续经营的必备条件，故应当解散。

【知识链接3-2】根据《民法典》的规定，自然人有下列情形之一的，利害关系人可以向人民法院申请宣告该自然人死亡：（1）下落不明满4年；（2）因意外事件，下落不明满2年。因意外事件下落不明，经有关机关证明该自然人不可能生存的，申请宣告死亡不受2年时间的限制。

这里的利害关系人包括配偶、父母、子女、兄弟姐妹、祖父母、外祖父母、孙子女、外孙子女以及其他与被申请人有民事权利义务关系的人。

《民事诉讼法》规定，人民法院受理宣告死亡案件后，应当发出寻找下落不明人的公告。宣告死亡的公告期间为1年。因意外事故下落不明，经有关机关证明该公民不可能生存的，宣告死亡的公告期间为3个月。公告期间届满，人民法院应当根据被宣告死亡的事实是否得到确认，作出宣告死亡的判决或者驳回申请的判决。

投资人死亡或者被宣告死亡，即发生继承的问题。继承人有权接受继承，也有权放弃继承。个人独资企业作为遗产，按《民法典》的规定由投资人的继承人继承。如果投资人没有继承人，或者虽然有继承人，但是继承人明确表示放弃继承，个人独资企业因无人继承而导致没有新的投资人就应当解散。

2. 强制解散

（1）被依法吊销营业执照。比如，个人独资企业成立后无正当理由超过6个月未开业的，或者开业后自行停业连续6个月以上的，吊销营业执照。在这种情形下，个人独资企业就应当解散。

（2）法律、行政法规规定的其他情形。解散仅仅是个人独资企业消灭的原因，企业并非因解散的事实发生而立即消灭。企业的清算是处理解散企业未了的法律关系的程序，清算结束，进行注销登记，企业才最后消灭。

（二）清算

清算是企业解散的法律后果，就是对解散企业的财产进行清理，收回债权，偿还债务，如果有剩余财产，依法进行分配。清算结束后，企业作为经济实体的资格就消灭了。企业解散，无论是自行解散还是强制解散，都必须依法进行清算。个人独资企业的清算有两种方式：

1. 投资人自行清算

个人独资企业的投资人自己对企业进行清算，是因为个人独资企业是投资人一人投资，财产为投资人个人所有，不存在其他投资人的问题。

投资人自行清算的，应当在清算前15日内书面通知债权人，无法通知的，应当予以公告，即法律规定了通知书和公告两种方式。对个人独资企业明知的债权人，采取发通知书的方式；对不明知的债权人，采取公告的方式，比如在公开发行的报纸上登载。企业债权人应当在接到通知之日起30日内，未接到通知的，应当在公告之日起60日内，向投资人申报债权。

2. 人民法院指定清算人清算

对于债权人申请人民法院指定清算人进行清算，也应当采取通知书和公告两种方式。《个人独资企业法》对此未作具体规定，因为这种情况下由人民法院指定清算人，法院会告知其清算程序。

（三）个人独资企业解散后原投资人责任

个人独资企业是一个自然人投资，企业财产为投资人个人所有，投资人是以其个人财产对企业债务承担无限责任的。个人独资企业解散后，原投资人对个人独资企业存续期间的债务仍应承担偿还责任，但债权人在5年内未向债务人提出偿债请求的，该责任消灭。

（四）个人独资企业解散时财产清偿顺序

1.所欠职工工资和社会保险费用

职工工资和社会保险费用直接关系到职工的生活和养老、医疗、失业等保障问题，涉及人民群众的切身利益，所欠职工工资和社会保险费用被列为清偿的第一顺序。

2.所欠税款

个人独资企业应当缴纳个人所得税、增值税、消费税、城镇土地使用税、印花税等。

3.其他债务

这是指个人独资企业应当承担的债务，包括合同之债、侵权之债等。

第三节　合伙企业法

一、合伙企业法概述

（一）合伙企业的概念、类型和特征

1.合伙企业的概念

合伙企业指自然人、法人和其他组织依照《合伙企业法》在中国境内设立的普通合伙企业和有限合伙企业。合伙企业与个人独资企业相比有诸多的优点，如可以从众多的合伙人处筹集资本，合伙人共同偿还债务，合伙人对企业盈亏负有完全责任，有助于提高企业的信誉等。

2.合伙企业的类型

合伙企业包括普通合伙企业和有限合伙企业两种形式。

普通合伙企业是指由普通合伙人组成，合伙人对合伙企业债务承担无限连带责任的合伙企业。

有限合伙企业是指由普通合伙人和有限合伙人组成，普通合伙人对合伙企业债务承担无限连带责任，有限合伙人以其认缴的出资额为限对合伙企业债务承担责任的合伙企业。

【法律小贴士3-2】国有独资公司、国有企业、上市公司以及公益性的事业单位、社会团体不得成为普通合伙人。

【知识链接3-3】普通合伙企业和有限合伙企业的区别见表3-1。

表3-1　　　　　　　　　普通合伙企业和有限合伙企业的区别

	普通合伙企业	有限合伙企业
合伙人的规定	有2个以上合伙人。合伙人为自然人的，应当具有完全民事行为能力	①2个以上50个以下的合伙人；②由普通合伙人和有限合伙人组成；③至少有1个普通合伙人

	普通合伙企业	有限合伙企业
出资方式的规定	货币、实物、土地使用权、知识产权、劳务或者其他财产权利	①货币、实物、土地使用权、知识产权、劳务或者其他财产权利；②有限合伙人不得以劳务出资
事务执行的规定	共同执行和委托执行	①由普通合伙人执行合伙事务；②有限合伙人不执行合伙事务，不得对外代表有限合伙企业
竞业禁止的规定	合伙人不得自营或者同他人合作经营与本合伙企业相竞争的业务	有限合伙人可以同本有限合伙企业进行交易，但是，合伙协议另有约定的除外
关联交易的规定	除合伙协议另有约定或者经全体合伙人一致同意外，合伙人不得同本合伙企业进行交易	有限合伙人可以自营或者同他人合作经营与本有限合伙企业相竞争的业务，但是，合伙协议另有约定的除外
出质的规定	合伙人以其在合伙企业中的财产份额出质的，须经其他合伙人一致同意	有限合伙人可以将其在有限合伙企业中的财产份额出质，但是，合伙协议另有约定的除外
财产转让的规定	除合伙协议另有约定外，合伙人向合伙人以外的人转让其在合伙企业中的全部或者部分财产份额时，须经其他合伙人一致同意	有限合伙人可以按照合伙协议的约定向合伙人以外的人转让其在有限合伙企业中的财产份额，但应当提前30日通知其他合伙人
入伙人对入伙前企业债务的责任	对入伙前合伙企业的债务承担无限连带责任	新入伙的有限合伙人对入伙前有限合伙企业的债务，以其认缴的出资额为限承担责任
退伙人对退伙前企业债务的责任	退伙人对基于其退伙前的原因发生的合伙企业债务，承担无限连带责任	有限合伙人退伙后，对基于其退伙前的原因发生的有限合伙企业债务，以其退伙时从有限合伙企业中取回的财产承担责任

3.合伙企业的特征

（1）以合伙协议为基础。只有全体合伙人毫无保留地接受了合伙协议的全部条款，合伙企业才能产生。

（2）以共同出资为前提。合伙企业的原始财产只能来自合伙人的出资，这是合伙企业这种营利性组织的物质基础。

（3）合伙人共同经营、共享收益、共担风险。虽然有限合伙企业中的有限合伙人并不执行合伙事务，且其收益和风险与普通合伙人也有区别，但本质上仍不失这一特征。

（4）合伙事务可以授权部分合伙人执行。每一个合伙人平等地享有经营管理权，并不意味着合伙人必须亲自行使该权利。无论是普通合伙企业还是有限合伙企业，都可以由一个或者几个合伙人负责执行合伙事务。

（5）有极强的人合性和延续的可能性。合伙企业的人合性远高于公司企业。合伙人的纷争或者某一个合伙人的退出、死亡、丧失行为能力都可以导致合伙企业的解散。当然，这并不影响合伙企业在理论上继续维持下去。

（二）合伙企业法的概念

合伙企业法有广义和狭义之分。狭义的合伙企业法是指由国家最高立法机关依法制定的规范合伙企业合伙关系的专门法律，即《合伙企业法》。广义的合伙企业法是指国家立法机关或其他有权部门依法制定的，调整合伙企业合伙关系的各种法律规范的总称，包括《合伙企业法》及国家有关法律、行政法规和规章中关于合伙企业的法律规范。

（三）合伙企业的法律地位

我国立法以及理论通说均明确肯定合伙企业的民事主体资格，但同时又认为其不具有法人资格，属于在自然人、法人之外的第三民事主体。合伙企业成为民事主体的依据是：

1.具有相对独立的财产

依照《合伙企业法》，合伙人以非货币出资的，应依法办理财产权转移手续；合伙人出资、以合伙企业名义取得的收益以及依法取得的其他财产，均为合伙企业的财产；在合伙企业清算前合伙人不得请求分割合伙企业的财产。

2.经营管理上具有相对独立性

一般而言，涉及合伙企业不动产、其他重要财产处分以及变更名称等事项，都需要全体普通合伙人一致同意的意思表示。这一意思表示区别于单个合伙人的意思，也非各个合伙人意思表示的简单相加，而是一种"团体意思"。

3.在经营责任承担上具有相对独立性

由于普通合伙人对合伙企业的责任承担连带责任，合伙企业的责任承担与合伙人的个人责任承担存在牵连。但是，这毕竟是以合伙企业自身财产先行清偿为前提的，只有在合伙企业财产不足以清偿债务时，才有普通合伙人承担责任的问题。

二、普通合伙企业

（一）普通合伙企业的设立

1.有两个以上合伙人

合伙人为自然人的，应具备完全民事责任能力。合伙企业必须有两个以上的投资主体共同投资，其设立人数不得少于两人。《合伙企业法》规定，合伙人可以是自然人，也可以是法人或者其他组织。当投资人为自然人时，自然人必须具有完全民事行为能力；当投资人是法人或其他组织时，其不得为国有独资公司、国有企业、上市公司以及公益性的事业单位、社会团体。

2.有书面合伙协议

合伙协议是依法由全体合伙人协商一致、以书面形式订立的合伙企业的契约。合伙协议经全体合伙人签名、盖章后生效。合伙人按照合伙协议享有权利，履行义务。修改或者补充合伙协议，应当经全体合伙人一致同意，但合伙协议另有约定的除外。合伙协议未约定或者约定不明确的事项，由合伙人协商决定；协商不成的，依照《合伙企业法》和其他有关法律、行政法规的规定处理。

【法律小贴士3-3】合伙协议应当载明下列事项：①合伙企业的名称和主要经营场所的地点；②合伙目的和合伙经营范围；③合伙人的姓名或者名称、住所；④合伙人的出资方式、数额和缴付期限；⑤利润分配、亏损分担方式；⑥合伙事务的执行；⑦入伙与退伙；⑧争议解决办法；⑨合伙企业的解散与清算；⑩违约责任。

3.有合伙人认缴或实际缴付的出资

合伙人可以用货币、实物、知识产权、土地使用权或者其他财产权利出资，也可以用劳务出资。合伙人以实物、知识产权、土地使用权或者其他财产权利出资，需要评估作价的，可以由全体合伙人协商确定，也可以由全体合伙人委托法定评估机构评估。合伙人以劳务出资的，其评估办法由全体合伙人协商确定，并在合伙协议中载明。

合伙人应当按照合伙协议约定的出资方式、数额和缴付期限履行出资义务。以非货币财产出资的，依照法律、行政法规的规定，需要办理财产权转移手续的，应当依法办理。

4.有合伙企业的名称和生产经营场所

合伙企业的名称应当符合企业名称登记管理的要求，并且应当标明"普通合伙"字样。生产经营场所是指合伙企业从事生产经营活动的所在地，合伙企业一般只有一个生产经营场所，即在企业登记机关登记的营业地点。生产经营场所的法律意义在于确定债务履行地、诉讼管辖地、法律文书送达地等。

5.法律、行政法规规定的其他条件

法律、行政法规有其他规定的，应当具备相应条件。《合伙企业法》规定，外国企业或者个人在中国境内设立合伙企业的管理办法由国务院规定。

【案例聚焦3-1】2020年11月，赵某与张三、李四计划共同出资合伙经营一家酒吧，合伙协议决定使用张三的个体工商营业执照，并决定：赵某与张三各出资5 000元，李四出资10 000元。利润分配比例为25%：25%：50%。张三向朋友借款4 000元，购买酒吧办公用品。后来张三提出，这4 000元债务应该按照25%：25%：50%的利润分配比例承担，赵某与李四都不同意，于是发生争议。

本案中，3人共同出资，按照约定分配利润，是符合法律规定的，合伙协议也是合法的，其他条件也没有违反法律规定。但是，他们没有按照法律规定经过市场监督管理部门核准登记，而是使用张三的个体工商营业执照代替合伙企业的营业执照，这是不合法的。张三向朋友借款4 000元，购买酒吧办公用品的时候，该合伙企业还没有成立，所以，不能以合伙企业名义从事民事活动。借款确实是用于购买酒吧办公用品，应该由3人共同承担，应当按照利润分配比例承担这笔债务。

（二）普通合伙企业的设立程序

第一，由全体合伙人指定的代表或者共同委托的代理人申请设立登记。

第二，向企业登记机关提出申请，并提交相关文件。申请设立合伙企业，应当向企业登记机关提交登记申请书、合伙协议书、合伙人身份证明等文件。合伙企业的经营范围中有属于法律、行政法规规定在登记前须经批准的项目的，该项经营业务应当依法经过批准，并在登记时提交批准文件。

第三，企业登记机关审核并作出是否登记的决定。申请人提交的登记申请材料齐全、符合法定形式，企业登记机关能够当场登记的，应予当场登记，发给营业执照。除前述规定情形外，企业登记机关应当自受理申请之日起20日内，作出是否登记的决定。予以登记的，发给营业执照；不予登记的，应当给予书面答复，并说明理由。

合伙企业的营业执照签发日期，为合伙企业成立日期。合伙企业领取营业执照前，合伙人不得以合伙企业名义从事合伙业务。此外，合伙企业设立分支机构，应当向分支机构所在地的企业登记机关申请登记，领取营业执照。

（三）普通合伙企业的财产与普通合伙企业的事务执行

1.普通合伙企业财产

（1）普通合伙企业财产的构成。

① 合伙人的出资。当合伙人的出资转入合伙企业时，就变成了合伙企业的财产。

② 合伙企业存续期间，合伙人的出资和所有以合伙企业名义取得的收益均为合伙企业的财产。合伙企业作为一个独立的经济实体，以其名义取得的收益作为合伙企业获得的财产，是合伙财产的一部分。

（2）普通合伙企业财产的性质。合伙企业的合伙财产具有共有财产性质，即由合伙人共同管理和使用。对合伙财产的占有、使用、收益和处分，均应当依据全体合伙人的共同意志进行。合伙企业存续期间除非有合伙人退伙等法定事由，合伙人不得请求分割合伙企业的财产。

（3）普通合伙企业财产的转让。合伙企业财产的转让是指合伙人将自己在合伙企业中的财产份额转让给他人。由于合伙企业及其财产性质的特殊性，其财产的转让，将会影响合伙企业以及合伙人的切身利益，因此，《合伙企业法》对合伙企业财产的转让作了以下限制性规定：

① 除合伙协议另有约定外，合伙人向合伙人以外的人转让其在合伙企业的全部或者部分财产份额时，应经其他合伙人一致同意。

合伙人之间转让其在合伙企业中的全部或者部分财产份额时，应当通知其他合伙人。

② 合伙人依法转让其财产份额时，在同等条件下，其他合伙人有优先购买权，但是，合伙协议另有约定的除外。

③ 合伙人以外的人依法受让合伙企业的财产份额的，经修改合伙协议即成为合伙企业的合伙人，依照本法和修改后的合伙协议享有权利，履行义务。

④ 合伙人以其在合伙企业中的财产份额出质的，须经其他合伙人一致同意；未经其他合伙人一致同意，其行为无效，由此给善意第三人造成损失的，由行为人依法承担赔偿责任。

【法律小贴士3-4】合伙人在合伙企业清算前，不得请求分割合伙企业的财产，但是，《合伙企业法》另有规定的除外。合伙人在合伙企业清算前私自转移或者处分合伙企业财产的，合伙企业不得以此对抗善意第三人。

2.普通合伙企业的事务执行

（1）合伙事务执行的形式。根据《合伙企业法》的规定，合伙人执行合伙事务可以有两种形式：一是全体合伙人共同执行合伙事务。在采取这种形式的合伙企业中，按照合伙协议的约定，各个合伙人都直接参与经营，处理合伙企业的事务，对外代表合伙企业。二是委托一名或数名合伙人执行合伙事务，其他合伙人不再执行合伙事务。未接受委托执行合伙事务的其他合伙人，不再执行合伙企业的事务。执行合伙事务，主要是指享有执行权的人对外有权代表这个合伙企业并以这个合伙企业的名义，对外进行活动，但并非所有合伙事务的决定权都可以被授予个别合伙人。

【法律小贴士3-5】合伙企业的下列事务必须经全体合伙人一致同意：①改变合伙企业的名称；②改变合伙企业的经营范围、主要经营场所的地点；③处分合伙企业的不动产；④转让或处分合伙企业的知识产权和其他财产权利；⑤以合伙企业名义为他人提供担保；⑥聘任合伙人以外的人担任合伙企业的经营管理人员。

（2）合伙人在执行合伙事务中的权利和义务。

①合伙人在执行合伙事务中的权利。根据《合伙企业法》的规定，合伙人在执行合伙事务中的权利包括以下几个方面：合伙人对执行合伙事务享有同等的权利；不执行合伙事务的合伙人有权监督执行事务合伙人执行合伙事务的情况；合伙人为了解合伙企业的经营状况和财务状况，有权查阅合伙企业会计账簿等财务资料；合伙人分别执行合伙事务的，执行事务合伙人可以对其他合伙人执行的事务提出异议，提出异议时，应当暂停该项事务的执行，如果发生争议，依合伙协议约定的办法或全体合伙人过半数通过的办法处理争议；被委托执行合伙事务的合伙人不按照合伙协议或者全体合伙人的决定执行事务的，其他合伙人可以决定撤销该委托。

②合伙人在执行合伙事务中的义务。根据《合伙企业法》的规定，合伙人在执行合伙事务中的义务包括两个方面：第一，由一个或者数个合伙人执行合伙事务的，执行事务合伙人应当定期向其他合伙人报告事务执行情况以及合伙企业的经营和财务状况；第二，普通合伙人不得自营或者同他人合作经营与本合伙企业相竞争的业务。

【案例分析3-4】2023年9月，李某与郝某各出资5万元，设立了福顺昌挂面厂。挂面厂建好后，经营状况很好，每月有2万元利润。郝某见有利可图，又于2024年3月，与刘某各出资15万元，兴建了瑞芙祥挂面厂，该厂与福顺昌挂面厂仅相距一条街。由于瑞芙祥挂面厂规模大，采用流水线生产，成本很低，不久就占领了大部分当地市场。福顺昌挂面厂几乎处于半停产状态，这给李某造成了极大的损失，而郝某却从瑞芙祥挂面厂获得了丰厚的利润。李某与郝某交涉未果，遂向法院提起诉讼。法院应如何处理此案？

分析提示：郝某在与李某合伙设立面粉厂后，为获取更多的利润，又与他人合伙设立另一家规模更大的面粉厂，其行为违反了关于合伙人竞业禁止的法律规定，侵犯了李某的合法权益。因此，郝某应该对福顺昌挂面厂或者合伙人李某的损失，依法承担赔偿责任。

③合伙企业事务执行的决议办法。合伙人对合伙企业有关事项作出决议，按照合伙协议约定的表决办法办理。合伙协议未约定或者约定不明确的，实行合伙人一人一票并

经全体合伙人过半数通过的表决办法。《合伙企业法》对合伙企业的表决办法另有规定的，从其规定。有约定按约定，没有约定按法定。

④合伙企业的利润分配和亏损分担。由一个或者数个合伙人执行合伙事务的，其执行合伙事务所产生的收益归全体合伙人，所产生的费用和亏损由全体合伙人承担。合伙企业的利润分配和亏损分担，按照合伙协议的约定办理；合伙协议未约定或者约定不明确的，由合伙人协商决定；协商不成的，由合伙人按照实缴出资比例分配和分担；无法确定出资比例的，由合伙人平均分配和分担。

【法律小贴士3-6】合伙协议不得约定将全部利润分配给部分合伙人或者由部分合伙人承担全部亏损。

⑤非合伙人合伙事务的执行。根据《合伙企业法》的规定，经全体合伙人同意，合伙企业可以聘任合伙人以外的人担任合伙企业的经营管理人员。被聘任的合伙企业的经营管理人员应当在合伙企业授权范围内履行职务。被聘任的合伙企业的经营管理人员超越合伙企业授权范围履行职务，或者在履行职务过程中因故意或者重大过失给合伙企业造成损失的，依法承担赔偿责任。

（四）普通合伙企业的对外关系

合伙企业的对外关系，主要涉及合伙企业对外代表权的效力、合伙企业和合伙人的债务清偿等问题。

1.对外代表权的效力

《合伙企业法》规定，执行合伙企业事务的合伙人，对外代表合伙企业。这主要有三种情况：

（1）由全体合伙人共同执行合伙企业事务的，全体合伙人都有权对外代表合伙企业，即全体合伙人都取得了合伙企业的对外代表权。

（2）由部分合伙人执行合伙企业事务的，只有受托执行合伙企业事务的那一部分合伙人有权对外代表合伙企业，而不执行合伙企业事务的合伙人则不具有对外代表合伙企业的权利。

（3）特别事务的处理。由于特别授权在单项合伙事务上有执行权的合伙人，依照授权范围可以对外代表合伙企业。

执行合伙企业事务的合伙人在取得对外代表权后，可以以合伙企业的名义进行经营活动，在其授权的范围内作出法律行为，即合伙人执行合伙事务的权利和对外代表合伙企业的权利，都会受到一定的内部限制。《合伙企业法》规定，合伙企业对合伙人执行合伙企业事务以及对外代表合伙企业权利的限制，不得对抗不知情的善意第三人。

2.合伙企业和合伙人债务的清偿

（1）合伙人的连带清偿责任。合伙企业对其债务，应先以其全部财产进行清偿。合伙企业财产不足以清偿到期债务的，各合伙人应当承担无限连带清偿责任。各合伙人所有的个人财产，除去依法不可执行的财产，如合伙人及其家属的生活必需品、已设定抵押权的财产等，均可用于清偿。

（2）合伙人之间的债务分担和追偿。以合伙企业财产清偿合伙企业债务时，其不足的部分，由各合伙人按照分担亏损比例，用其在合伙企业出资以外的个人财产承担清偿责任。

（五）入伙与退伙

1.入伙

入伙，是指合伙企业存续期间，合伙人以外的第三人加入合伙，从而取得合伙人资格。

（1）入伙的条件和程序。

① 必须经全体合伙人一致同意，合伙协议另有约定的除外。

② 依法订立书面入伙协议。订立入伙协议时，原合伙人应当向新合伙人如实告知原合伙企业的经营状况和财务状况。

（2）入伙的法律后果。入伙的新合伙人与原合伙人享有同等权利，承担同等责任。入伙协议另有约定的，从其约定。新合伙人对入伙前合伙企业的债务承担无限连带责任。

【案例分析3-5】朱某与甲、乙商议合伙开办一家小食品加工厂，3人商定各出资2万元，订立了书面协议。在准备生产过程中，他们发现资金仍然不够，朱某于是动员胞弟朱丙支持他们2万元。朱丙表示出资可以，但要参加合伙企业的盈余分配。朱某与甲、乙两合伙人商议后，对朱丙参加盈余分配表示同意，但约定朱丙不得参与合伙企业的经营活动，并正式写下书面协议。朱丙的出资行为能否视为新加入合伙企业？

分析提示：依据《合伙企业法》，他们有书面协议，朱丙参加盈余分配，不参与合伙企业的经营活动，应认为是新加入合伙企业。同时，有关约定也不违反法律规定。

2.退伙

退伙，是指合伙企业存续期间，合伙人退出合伙企业，从而丧失合伙人资格。退伙一般有两个原因：一是自愿退伙；二是法定退伙。

（1）自愿退伙。自愿退伙，是指合伙人基于自愿的意思表示而退伙。自愿退伙可以分为协议退伙和通知退伙两种。

① 协议退伙。《合伙企业法》规定，合伙协议约定合伙期限的，在合伙企业存续期间，有下列情形之一的，合伙人可以退伙：合伙协议约定的退伙事由出现；经全体合伙人一致同意；发生合伙人难以继续参加合伙的事由；其他合伙人严重违反合伙协议约定的义务。

② 通知退伙。《合伙企业法》规定，合伙协议未约定合伙期限的，合伙人在不给合伙企业事务执行造成不利影响的情况下，可以退伙，但应当提前30日通知其他合伙人。合伙人违反上述规定退伙的，应当赔偿由此给合伙企业造成的损失。

（2）法定退伙。法定退伙，是指合伙人因出现法律规定的事由而退伙。法定退伙分为当然退伙和除名两种。

① 当然退伙。《合伙企业法》规定，合伙人有下列情形之一的，当然退伙：作为合伙人的自然人死亡或者被依法宣告死亡；个人丧失偿债能力；作为合伙人的法人或者其他组织依法被吊销营业执照、责令关闭、撤销，或者被宣告破产；法律规定或者合伙协议约定合伙人必须具有相关资格而合伙人丧失该资格；合伙人在合伙企业中的全部财产份额被人民法院强制执行。退伙事由实际发生之日为退伙生效日。

② 除名。合伙人有下列情形之一的，经其他合伙人一致同意，可以决议将其除名：未履行出资义务；因故意或者重大过失给合伙企业造成损失；执行合伙事务时有不正当行为；发生合伙协议约定的事由。

对合伙人的除名决议应当书面通知被除名人。被除名人接到除名通知之日，除名生效，被除名人退伙。被除名人对除名决议有异议的，可以自接到除名通知之日起30日内，向人民法院起诉。

（3）退伙的法律后果。这主要分为两种情况：一是财产继承；二是财产清算与损益分配。

① 财产继承。合伙人死亡或者被依法宣告死亡的，对该合伙人在合伙企业中的财产份额享有合法继承权的继承人，按照合伙协议的约定或者经全体合伙人一致同意，从继承开始之日起，取得该合伙企业的合伙人资格。

继承人不愿意成为合伙人，合伙企业应当向合伙人的继承人退还被继承合伙人的财产份额。合伙人的继承人为无民事行为能力人或者限制民事行为能力人的，经全体合伙人一致同意，可以依法成为有限合伙人，普通合伙企业依法转为有限合伙企业。全体合伙人未能一致同意的，合伙企业应当将被继承合伙人的财产份额退还该继承人。

② 财产清算与损益分配。《合伙企业法》规定，合伙人退伙，其他合伙人应当与该退伙人按照退伙时的合伙企业财产状况进行结算，退还退伙人的财产份额。退伙人对给合伙企业造成的损失负有赔偿责任的，相应扣减其应当赔偿的数额。退伙时有未了结的合伙企业事务的，待该事务了结后进行结算。退伙人在合伙企业中财产份额的退还办法，由合伙协议约定或者由全体合伙人决定，可以退还货币，也可以退还实物。退伙人对基于其退伙前的原因发生的合伙企业债务，承担无限连带责任。合伙人退伙时，合伙企业财产少于合伙企业债务的，如果合伙协议约定亏损分担比例的，退伙人应当按照约定比例分担亏损。未约定的，退伙人应当与其他合伙人平均分担亏损。

【知识链接3-4】合伙企业与第三人的关系，主要表现在与善意第三人的关系、与合伙企业债权人的关系、与合伙人的债权人的关系等方面。

合伙企业对合伙人执行合伙事务以及对外代表合伙企业权利的限制，不得对抗善意第三人。第三人有理由相信有限合伙人为普通合伙人并与其交易的，该有限合伙人对该笔交易承担与普通合伙人同样的责任。

（4）债务的清偿。合伙企业对其债务，应先以其全部财产进行清偿；合伙企业财产不足以清偿到期债务的，各普通合伙人应当承担无限连带责任。承担债务的比例由合伙协议约定，未约定的由各合伙人平均分担。无限责任，即其承担责任不以出资额为限。

连带责任包括以下两点：① 每个合伙人均须对合伙企业债务负责，债权人可以请求全体、部分或个别合伙人清偿；被请求人须立即清偿全部债务，不得以自己承担的份额为限拒绝。② 在合伙人内部，某合伙人清偿的债务数额超过其应当承担的数额时，有权向其他合伙人追偿。合伙人发生与合伙企业无关的债务，相关债权人不得以其债权抵销其对合伙企业的债务，也不得代位行使合伙人在合伙企业中的权利。合伙人的自有财产不足以清偿其与合伙企业无关的债务的，该合伙人可以以其从合伙企业中分取的收益用于清偿，债权人也可以依法请求人民法院强制执行该合伙人在合伙企业中的财产份额用于清偿，此时，其他合伙人有优先购买权；其他合伙人未购买，又不同意将该财产份额转让给他人的，依照《合伙企业法》为该合伙人办理退伙结算，或者办理削减该合伙人相应财产份额的结算。

三、有限合伙企业

有限合伙企业，是指对合伙企业债务承担无限责任的普通合伙人与承担有限责任的有限合伙人共同组成的合伙企业。

与普通合伙企业相比，有限合伙企业具有资本优势，这是因为有限合伙人享有有限责任的特权；与公司相比较，有限合伙企业又具有信用的优势，这是由于普通合伙人对合伙企业债务承担无限责任或者无限连带责任。有限合伙企业将资金与管理有机地结合起来，尤其有利于高风险企业的投融资。

（一）有限合伙企业的设立条件

第一，有限合伙企业由两个以上50个以下合伙人设立，但是法律另有规定的除外。有限合伙企业至少应当有一个普通合伙人。

第二，合伙协议除符合普通合伙企业的规定外，还应当载明下列事项：普通合伙人和有限合伙人的姓名或者名称、住所；执行事务合伙人应具备的条件和选择程序；执行事务合伙人权限与违约处理办法；执行事务合伙人的除名条件和更换程序；有限合伙人入伙、退伙的条件、程序以及相关责任；有限合伙人和普通合伙人相互转变程序。

第三，有限合伙人可以用货币、实物、知识产权、土地使用权或者其他财产权利作价出资。有限合伙人不得以劳务出资。有限合伙人应当按照合伙协议的约定按期足额缴纳出资；未按期足额缴纳的，应当承担补缴义务，并对其他合伙人承担违约责任。有限合伙企业登记事项中应当载明有限合伙人的姓名或者名称及认缴的出资数额。

第四，有限合伙企业名称中应当标明"有限合伙"字样。

（二）有限合伙企业的事务执行

1.有限合伙企业的事务执行的形式

有限合伙企业由普通合伙人执行合伙事务。执行事务合伙人可以要求在合伙协议中确定执行事务的报酬及报酬提取方式。有限合伙人不执行合伙事务，不得对外代表有限合伙企业。有限合伙人的下列行为不视为执行合伙事务：（1）参与决定普通合伙人入伙、退伙；（2）对企业的经营管理提出建议；（3）参与选择承办有限合伙企业审计业务的会计师事务所；（4）获取经审计的有限合伙企业财务会计报告；（5）对涉及自身利益的情况，查阅有限合伙企业财务会计账簿等财务资料；（6）在有限合伙企业中的利益受到侵害时，向有责任的合伙人主张权利或者提起诉讼；（7）执行事务合伙人怠于行使权利时，督促其行使权利或者为了本企业的利益以自己的名义提起诉讼；（8）依法为本企业提供担保。

2.有限合伙人的权利与义务

（1）有限合伙人可以同本有限合伙企业进行交易，但合伙协议另有约定的除外。

（2）有限合伙人可以自营或者同他人合作经营与本有限合伙企业相竞争的业务，但合伙协议另有约定的除外。

（3）有限合伙人可以将其在有限合伙企业中的财产份额出质，但合伙协议另有约定的除外。

（4）有限合伙人可以按照合伙协议的约定向合伙人以外的人转让其在有限合伙企业中的财产份额，但应当提前30日通知其他合伙人。

（5）第三人有理由相信有限合伙人为普通合伙人并与其交易的，该有限合伙人对该笔交易承担与普通合伙人同样的责任。

（6）有限合伙人未经授权以有限合伙企业名义与他人进行交易，给有限合伙企业或者其他合伙人造成损失的，该有限合伙人应当承担赔偿责任。

3.利润分配与亏损分担

有限合伙企业不得将全部利润分配给部分合伙人，但是合伙协议另有约定的除外。

（三）有限合伙人的入伙与退伙

1.入伙

新入伙的有限合伙人对入伙前有限合伙企业的债务，以其认缴的出资额为限承担责任。

2.退伙

有限合伙人有下列情形之一的，当然退伙：

（1）作为合伙人的自然人死亡或者被依法宣告死亡；

（2）作为合伙人的法人或者其他组织依法被吊销营业执照、责令关闭、撤销，或者被宣告破产；

（3）法律规定或者合伙协议约定合伙人必须具有相关资格而合伙人丧失该资格；

（4）合伙人在合伙企业中的全部财产份额被人民法院强制执行。

作为有限合伙人的自然人在有限合伙企业存续期间丧失民事行为能力的，其他合伙人不得因此要求其退伙。

作为有限合伙人的自然人死亡、被依法宣告死亡或者作为有限合伙人的法人及其他组织终止时，其继承人或者权利承受人可以依法取得该有限合伙人在有限合伙企业中的资格。

有限合伙人退伙后，对基于其退伙前发生的有限合伙企业债务，以其退伙时从有限合伙企业中取回的财产承担责任。

（四）有限合伙人与普通合伙人的转化

除合伙协议另有约定外，普通合伙人转变为有限合伙人，或者有限合伙人转变为普通合伙人，应当经全体合伙人一致同意。

有限合伙人转变为普通合伙人的，对其作为有限合伙人期间有限合伙企业发生的债务承担无限连带责任；普通合伙人转变为有限合伙人的，对其作为普通合伙人期间合伙企业发生的债务承担无限连带责任。有限合伙企业仅剩有限合伙人的，应当解散；有限合伙企业仅剩普通合伙人的，转为普通合伙企业。

四、合伙企业解散和清算

（一）解散

合伙企业的解散，是指各合伙人解除合伙协议，合伙企业终止活动，合伙企业因某些法律事实的发生而使其民事主体资格归于消灭的法律行为。

《合伙企业法》规定，合伙企业有下列情形之一的，应当解散：（1）合伙期限届满，合伙人决定不再经营；（2）合伙协议约定的解散事由出现；（3）全体合伙人决定解散；（4）合伙人已不具备法定人数满30天；（5）合伙协议约定的合伙目的已经实现或者无法实现；（6）依法被吊销营业执照、责令关闭或者被撤销；（7）法律、行政法规规定的其他原因。

（二）清算

1.确定清算人

清算人由全体合伙人担任；不能由全体合伙人担任清算人的，经全体合伙人过半数同意，可以自合伙企业解散事由出现后15日内指定一个或者数个合伙人，或者委托第三人，担任清算人。15日内未确定清算人的，合伙人或者其他利害关系人可以申请人民法院指定清算人。

2.通知和公告债权人

清算人自被确定之日起10日内将合伙企业解散事项通知债权人，并于60日内在报纸上公告。债权人应当自接到通知书之日起30日内，未接到通知书的自公告之日起45日内，向清算人申报债权，清算人应当对债权进行登记。清算期间，合伙企业存续，但不得开展与清算无关的经营活动。

3.财产的清偿顺序

根据《合伙企业法》的规定，合伙企业财产在支付清算费用后，按下列顺序清偿：（1）合伙企业所欠职工工资和社会保险费用、法定补偿金；（2）合伙企业所欠税款；（3）合伙企业的债务；（4）返还合伙人的出资。

合伙企业财产按上述顺序清偿后仍有剩余的，按照合伙协议约定的利润分配比例进行分配；合伙协议未约定分配比例的，由合伙人平均分配。合伙企业清算时其全部财产不足清偿其债务的，由合伙人以个人的财产，按照合伙协议约定的比例承担清偿责任；合伙协议未约定比例的，由合伙人平均承担清偿责任。

4.清偿的结果

清算结束，清算人应编制清算报告，经全体合伙人签章后报送登记机关，申请注销登记。注销登记后合伙企业消灭，但原普通合伙人对合伙企业存续的债务仍应承担无限连带责任。合伙企业不能清偿到期债务的，债权人也可以申请其破产，普通合伙人仍要承担无限连带责任。

【案例分析3-6】某合伙企业在清算时，企业财产加上各合伙人的可执行财产，共有50万元现金和价值150万元的实物。企业负债包括：职工工资10万元，银行贷款40万元和其他债务160万元，欠缴税款60万元。本案该如何清算和清偿？

分析提示：根据《合伙企业法》的规定，合伙企业财产在支付清算费用后，按下列顺序清偿：（1）合伙企业所欠职工工资和社会保险费用、法定补偿金；（2）合伙企业所欠税款；（3）合伙企业的债务；（4）返还合伙人的出资。因此，应首先用现金50万元中的10万元偿还职工工资；其次用余下的现金40万元缴纳税款；再次以实物变现所得150万元中的20万元缴齐税款；最后用余下的130万元偿还银行贷款与其他债务，尚有70万元缺口。对于未能清偿的债务，由合伙人在今后继续承担连带清偿责任。债权人享有在清算结束后以原合伙人为连带债务人，继续请求清偿的权利。如果债权人在连续5年内未向债务人提出清偿请求，则债务人的清偿责任归于消灭。

第四节　外商投资法

一、外商投资法概述

（一）外商投资和外商投资企业

1.外商投资

外商投资，是指外国的自然人、企业或者其他组织（以下称外国投资者）直接或者间接在中国境内进行的投资活动，包括下列情形：

（1）外国投资者单独或者与其他投资者共同在中国境内设立外商投资企业；

（2）外国投资者取得中国境内企业的股份、股权、财产份额或者其他类似权益；

（3）外国投资者单独或者与其他投资者共同在中国境内投资新建项目；

（4）法律、行政法规或者国务院规定的其他方式的投资。

2.外商投资企业

外商投资企业，是指全部或者部分由外国投资者投资，依照中国法律在中国境内经登记注册设立的企业。

（二）外商投资法

外商投资法是指用于调整外国投资者直接或者间接在中国境内进行的投资活动而产生的法律关系的法律。其立法目的在于促进外商投资，保护外商投资合法权益，规范外商投资管理，形成全面开放的新格局，促进社会主义市场经济健康发展。

党的十一届三中全会确立了改革开放的基本国策。1979年7月1日，第五届全国人民代表大会第二次会议通过《中华人民共和国中外合资经营企业法》，我国自此有了第一部外商投资企业法律。1986年4月12日，第六届全国人民代表大会第四次会议通过《中华人民共和国外资企业法》。1988年4月13日，第七届全国人民代表大会第一次会议通过《中华人民共和国中外合作经营企业法》。这三部外商投资企业法（也称"外资三法"）成为规范我国外商投资企业活动的支柱法律，为改革开放提供了坚实的制度保障。

党的十八大以来，我国坚持对外开放的基本国策，鼓励外国投资者依法在中国境内投资。2019年3月15日，第十三届全国人民代表大会第二次会议通过《中华人民共和国外商投资法》（以下简称《外商投资法》）。该法自2020年1月1日起施行，取代之前的"外资三法"，成为外商投资领域的基础性法律。

《外商投资法》分为6章，包括总则、投资促进、投资保护、投资管理、法律责任和附则，共42条。

相较于"外资三法"，《外商投资法》的特色与创新主要体现在4个方面：一是从企业组织法转型为投资行为法；二是更加强调对外商投资的促进和保护；三是全面落实内外资一视同仁的国民待遇原则；四是更加周延地覆盖外商投资实践。

【知识链接3-5】《外商投资法》的立法进程如下：

2018年12月23日，《中华人民共和国外商投资法（草案）》提请第十三届全国人民代表大会常务委员会第七次会议初次审议。

2019年1月29日，第十三届全国人民代表大会常务委员会第八次会议对第七次会议初次审议的《中华人民共和国外商投资法（草案）》进行第二次审议。

2019年2月25日，全国人民代表大会宪法和法律委员会召开会议，根据第十三届全国人民代表大会常务委员会第八次会议的审议意见、代表研读讨论中提出的意见和各方面的意见，对该草案作了进一步修改完善，认为经过两次审议和广泛征求意见，该草案充分吸收各方面的意见建议，已经比较成熟。

2019年3月8日，在第十三届全国人民代表大会第二次会议上，全国人民代表大会常务委员会副委员长王晨作了关于《中华人民共和国外商投资法（草案）》的说明。

2019年3月15日，第十三届全国人民代表大会第二次会议表决通过了《外商投资法》，国家主席习近平签署第26号主席令予以公布，自2020年1月1日起施行。

（三）准入前国民待遇加负面清单管理制度

我国对外商投资实行准入前国民待遇加负面清单管理制度。

准入前国民待遇，是指在投资准入阶段给予外国投资者及其投资不低于本国投资者及其投资的待遇。

负面清单，是指国家规定在特定领域对外商投资实施的准入特别管理措施。国家对负面清单之外的外商投资，给予国民待遇。负面清单由国务院发布或者批准发布。

中华人民共和国缔结或者参加的国际条约、协定对外国投资者准入待遇有更优惠规定的，可以按照相关规定执行。

二、投资促进

外商投资企业依法平等适用国家支持企业发展的各项政策。

制定与外商投资有关的法律法规和规章制度，应当采用适当的方式征求外商投资企业的意见和建议。与外商投资有关的规范性文件、裁判文书等，应当依法及时公布。

国家建立健全外商投资服务体系，为外国投资者和外商投资企业提供法律法规、政策措施、投资项目信息等方面的咨询和服务。国家与其他国家和地区、国际组织建立多边、双边投资促进合作机制，加强投资领域的国际交流与合作。国家根据需要，设立特殊经济区域，或者在部分地区实行外商投资试验性政策措施，促进外商投资，扩大对外开放。国家根据国民经济和社会发展需要，鼓励和引导外国投资者在特定行业、领域、地区投资。外国投资者、外商投资企业可以依照法律、行政法规或者国务院的规定享受优惠待遇。

国家保障外商投资企业依法平等参与标准制定工作，强化标准制定的信息公开和社会监督。国家制定的强制性标准平等适用于外商投资企业。国家保障外商投资企业依法通过公平竞争参与政府采购活动。政府采购依法对外商投资企业在中国境内生产的产品、提供的服务平等对待。

外商投资企业可以依法通过公开发行股票、公司债券等证券和其他方式进行融资。

县级以上地方人民政府可以根据法律、行政法规、地方性法规的规定，在法定权限内制定外商投资促进和便利化政策措施。各级人民政府及其有关部门应当按照便利、高效、透明的原则，简化办事程序，提高办事效率，优化政务服务，进一步提高外商投资服务水平。有关主管部门应当编制和公布外商投资指引，为外国投资者和外商投资企业提供服务和便利。

三、投资保护

（一）国家对外国投资者的法律保护

国家对外国投资者的投资不实行征收。在特殊情况下，国家为了公共利益的需要，可以依照法律规定对外国投资者的投资实行征收或者征用。征收、征用应当依照法定程序进行，并及时给予公平、合理的补偿。

外国投资者在中国境内的出资、利润、资本收益、资产处置所得、知识产权许可使用费、依法获得的补偿或者赔偿、清算所得等，可以依法以人民币或者外汇自由汇入、汇出。

国家保护外国投资者和外商投资企业的知识产权，保护知识产权权利人和相关权利人的合法权益；对知识产权侵权行为，严格依法追究法律责任。国家鼓励在外商投资过程中基于自愿原则和商业规则开展技术合作，技术合作的条件由投资各方遵循公平原则平等协商确定，行政机关及其工作人员不得利用行政手段强制转让技术。

（二）投资保护中政府的职责

行政机关及其工作人员对于履行职责过程中知悉的外国投资者、外商投资企业的商业秘密，应当依法予以保密，不得泄露或者非法向他人提供。

各级人民政府及其有关部门制定涉及外商投资的规范性文件，应当符合法律法规的规定；没有法律、行政法规依据的，不得减损外商投资企业的合法权益或者增加其义务，不得设置市场准入和退出条件，不得干预外商投资企业的正常生产经营活动。

地方各级人民政府及其有关部门应当履行向外国投资者、外商投资企业依法作出的政策承诺以及依法订立的各类合同。因国家利益、社会公共利益需要改变政策承诺、合同约定的，应当依照法定权限和程序进行，并依法对外国投资者、外商投资企业因此受到的损失予以补偿。

国家建立外商投资企业投诉工作机制，及时处理外商投资企业或者其投资者反映的问题，协调完善相关政策措施。外商投资企业或者其投资者认为行政机关及其工作人员的行政行为侵犯其合法权益的，可以通过外商投资企业投诉工作机制申请协调解决，还可以依法申请行政复议、提起行政诉讼。

四、投资管理

（一）外商投资的领域及审核

外商投资准入负面清单规定禁止投资的领域，外国投资者不得投资。外商投资准入负面清单规定限制投资的领域，外国投资者进行投资应当符合负面清单规定的条件。外商投资准入负面清单以外的领域，按照内外资一致的原则实施管理。

外商投资需要办理投资项目核准、备案的，按照国家有关规定执行。

外国投资者在依法需要取得许可的行业、领域进行投资的，应当依法办理相关许可手续。有关主管部门应当按照与内资一致的条件和程序，审核外国投资者的许可申请，法律、行政法规另有规定的除外。

（二）外商投资企业的运营

外商投资企业的组织形式、组织机构及活动准则，适用《公司法》《合伙企业法》等法律的规定。

外商投资企业开展生产经营活动，应当遵守法律、行政法规有关劳动保护、社会保险的规定，依照法律、行政法规和国家有关规定办理税收、会计、外汇等事宜，并接受相关主管部门依法实施的监督检查。

外国投资者并购中国境内企业或者以其他方式参与经营者集中的，应当依照《中华人民共和国反垄断法》的规定接受经营者集中审查。

国家建立外商投资信息报告制度。外国投资者或者外商投资企业应当通过企业登记系统以及企业信用信息公示系统向商务主管部门报送投资信息。外商投资信息报告的内容和范围按照确有必要的原则确定；通过部门信息共享能够获得的投资信息，不得再行要求报送。

国家建立外商投资安全审查制度，对影响或者可能影响国家安全的外商投资进行安全审查，依法作出的安全审查决定为最终决定。

五、法律责任

（一）外国投资者的法律责任

外国投资者投资外商投资准入负面清单规定禁止投资的领域的，由有关主管部门责令停止投资活动，限期处分股份、资产或者采取其他必要措施，恢复到实施投资前的状态；有违法所得的，没收违法所得。外国投资者的投资活动违反外商投资准入负面清单规定的限制性准入特别管理措施的，由有关主管部门责令限期改正，采取必要措施满足准入特别管理措施的要求；逾期不改正的，依照规定进行处理。外国投资者的投资活动违反外商投资准入负面清单规定的，除依照规定处理外，还应当依法承担相应的法律责任。

外国投资者、外商投资企业违反《外商投资法》的规定，未按照外商投资信息报告制度的要求报送投资信息的，由商务主管部门责令限期改正；逾期不改正的，处10万元以上50万元以下的罚款。

对外国投资者、外商投资企业违反法律、行政法规的行为，由有关部门依法查处，并按照国家有关规定纳入信用信息系统。

（二）行政机关工作人员的法律责任

行政机关工作人员在外商投资促进、保护和管理工作中滥用职权、玩忽职守、徇私舞弊的，或者泄露、非法向他人提供履行职责过程中知悉的商业秘密的，依法给予处分；构成犯罪的，依法追究刑事责任。

【法律小贴士3-7】任何国家或地区在投资方面对中华人民共和国采取歧视性的禁止、限制或者其他类似措施的，中华人民共和国可以根据实际情况对该国家或该地区采取相应的措施。

对外国投资者在中国境内投资银行业、证券业、保险业等金融行业，或者在证券市场、外汇市场等金融市场进行投资的管理，国家另有规定的，依照其规定。

《外商投资法》自2020年1月1日起施行，"外资三法"同时废止。《外商投资法》施行前依照"外资三法"设立的外商投资企业，在《外商投资法》施行后5年内可以继续保留原企业组织形式，具体实施办法由国务院规定。

自测题

第三章单项选择题

第三章多项选择题

思考题与案例分析

一、简答题

1. 简述企业的概念和特征。
2. 个人独资企业的法律特征有哪些？
3. 设立个人独资企业应具备哪些条件？
4. 合伙企业的特征是什么？
5. 简述普通合伙企业的设立。
6. 简述外商投资的法定情形。

二、论述题

1. 论述个人独资企业的解散。
2. 论述普通合伙企业的退伙。
3. 论述有限合伙人的权利与义务。

三、案例分析题

在校大学生A、B、C、D各出资1/4，设立通程酒吧（普通合伙企业）。在合伙协议中，他们未约定合伙期限。以下行为是否符合法律规定，并说明理由：

（1）酒吧开业半年后，A在经营理念上与其他合伙人发生冲突，遂产生退出的想法。A在不给合伙事务造成不利影响的前提下，提前30日通知其他合伙人要求退伙。

（2）酒吧开业1年后，经营环境急剧变化，全体合伙人开会，协商对策。鉴于生意清淡，B提议暂时停业1个月，装修整顿。A、D同意，但C反对。

（3）经全体合伙人同意，林某被聘任为酒吧经营管理人。在其受聘期间，他自主决定采取下列管理措施：为营造气氛，以酒吧名义与某乐师签约，约定乐师每晚在酒吧表演2小时；为整顿员工工作纪律，开除2名经常被顾客投诉的员工，招聘3名新员工。

公司法

掌握公司的概念、特征和分类，并重点掌握有限责任公司、股份有限公司的设立和组织机构；了解股权的内容、股份的发行和转让，公司债券的发行和转让等法律问题；能运用所学知识分析和解决有关公司的具体法律问题。

思政目标

深刻认识现代企业制度的发展必须建立在法治化、规范化基础上，培养经济法治意识、社会责任意识和守法诚信经营意识。党的二十大报告强调，"完善产权保护、市场准入、公平竞争、社会信用等市场经济基础制度，优化营商环境"。

【引导案例】

2024年6月，甲公司、乙公司、丙公司和陈某共同投资设立丁有限责任公司（以下简称丁公司）。丁公司章程规定：

（1）丁公司注册资本500万元。

（2）甲公司以房屋作价120万元出资；乙公司以机器设备作价100万元出资；陈某以货币100万元出资；丙公司出资180万元，首期以原材料作价100万元出资，余额以知识产权出资。2024年12月前缴足。

（3）丁公司设股东会、1名执行董事和1名监事。

问题：（1）丁公司股东出资方式中有何不合法之处？

（2）丁公司设1名执行董事和1名监事是否合法？

第一节　公司与公司法概述

一、公司的含义与种类

（一）公司的概念与特征

公司是指股东依照公司法的规定，以出资方式设立，股东以其认缴的出资额或认购的股份为限对公司承担责任，公司以其全部独立法人财产对公司债务承担责任的企业法人。《中华人民共和国公司法》（以下简称《公司法》）中指称的公司，是指依法在中华人民共和国境内设立的有限责任公司和股份有限公司。

从法律上讲，我国的公司主要有4个特征：

1.公司依法定程序设立

公司必须依法定条件、法定程序设立。一方面，公司的章程、资本、组织机构、活动原则等必须合法；另一方面，公司设立要经过法定程序进行登记。公司除依《公司法》设立之外，有时还必须符合其他法律的规定，如商业银行法、保险法、证券法等行业管理法律，有时公司还可能是依据特别法或行政命令设立。

【案例分析4-1】2023年12月，张三和李四两人共同投资设立两个企业，张三以现金出资，李四以实物和劳务出资。企业成立后，效益很好，2024年3月，张三和李四商议把企业改成股份有限公司，于是就在企业门口挂上了"披头士股份有限公司"的牌子。该企业的性质如何？他们的这一做法合法吗？

分析提示：该企业的性质应为合伙企业。根据《公司法》的有关规定，公司必须依法定条件、法定程序设立。因此，他们私自在企业门口挂"披头士股份有限公司"的牌子的做法是不合法的。

2.公司以营利为目的

营利，是指为了谋取超出资本的利益并将其分配给投资者的行为。以营利为目的，是指股东即出资者设立公司的目的是营利。这一特征使公司区别于以公益为目的的事业单位法人和以行政管理为目的的国家机关法人。此外，公司的营利活动应是具有连续性的，一次性的、间歇性的营利行为不构成经营性的营业活动。

3.公司具有社团性

公司是股东在出资基础上集合而成的社团法人。社团法人，是由两人以上集合组成的法人。社团法人成立的目的是谋求成员的利益。传统公司法理论认为，公司就是这样一种经济组织。社团性的基础是复数的社员。一般认为，一人公司的出现并不能否认公司的社团性，只不过是公司社团性的例外罢了。

4.公司具有法人资格

法人是指具有民事权利能力和民事行为能力，依法独立享有民事权利和承担民事义务的社会组织。公司是企业法人，有独立的法人财产，享有法人财产权。公司以其全部财产对公司的债务承担责任。公司的合法权益受法律保护，不受侵犯。作为企业法人，公司应当符合《民法典》规定的法人条件，即法人应当依法成立；法人的民事权利能力和民事行为能力从法人成立时产生，到法人终止时消灭；法人以其全部财产独立承担民事责任。《公司法》规定的有限责任公司和股份有限公司均具有法人资格，股东以其认缴的出资额或认购的股份为限对公司承担有限责任。这里的有限责任是指股东对公司的有限责任，公司对债权人的责任则是无限的，即公司要以其全部财产对其债务承担责任。

【案例分析4-2】甲、乙、丙三家公司共同出资于2022年8月设立A有限责任公司（简称A公司）。2023年6月，A公司以资金周转困难为由，向王某借款200万元作为生产的流动资金，约定借款期限为1年。但到了约定的还款时间，A公司无力偿还欠款。王某遂以其3家股东甲、乙、丙公司为被告诉至法院，请求判令被告返还借款。王某是否可以向A公司的3家股东甲、乙、丙公司追偿债务？

分析提示：本案中，因为A公司是甲、乙、丙公司共同出资依法设立的公司。甲、乙、丙公司已经履行了出资义务，只在此出资范围内承担有限责任，所以王某不能向A公司的3家股东甲、乙、丙公司追偿债务。

（二）公司的分类

1.无限公司、有限公司、股份有限公司、两合公司和股份两合公司

以股东对公司债务所承担的责任为标准，可以将公司分为无限公司、有限公司、股份有限公司、两合公司和股份两合公司。

无限公司亦称无限责任公司，是指股东对公司债务负无限连带清偿责任的公司。无限公司是各类公司中出现最早的，存在于大陆法系国家，英美法系国家一般将其视为普通合伙。

有限公司亦称有限责任公司，是指股东对公司债务仅以其出资额为限承担有限责任的公司。

股份有限公司亦称股份公司，是指将公司的全部资本划分为等额股份，股东按其所认购的股份对公司债务承担责任的公司。

两合公司是指由一个以上的无限责任股东和一个以上的有限责任股东组成的公司。

股份两合公司是指股份有限公司与无限责任公司的组合，无限责任股东对公司债务负无限连带责任，有限责任部分的资本则划分为股份，可以发行股票，其股东仅以其认购的股份对公司债务承担责任的公司。

在上述公司类型中，有限责任公司和股份有限公司是当今最典型的两种公司形式。两者的区别见表4-1。

表4-1　　　　　　　　　有限责任公司与股份有限公司的区别

项目	有限责任公司	股份有限公司
信用基础	人合兼资合公司	纯粹人合公司
成立要件	较简单	较复杂
筹资方式	发起设立	发起或募集设立
组织机构	可以简化	不得简化

项目	有限责任公司	股份有限公司
表现形式	普通公司（一人公司）	普通公司
股权基础	出资额	股份
股权转让	限制	自由
经营者	全体股东	特定机构
信息公开程度	低	高

2.母公司和子公司

以一个公司对另一个公司的控制与支配关系为标准，可以将公司分为母公司和子公司。

母公司是指因拥有其他公司一定比例股份或者根据协议可以控制或支配其他公司的公司，也称为控股公司。

子公司和母公司是相对应的概念。子公司是指全部股份或达到控股程度的股份被另一个公司控制，或者依照协议被另一个公司实际控制的公司。

子公司和母公司都具有法人资格，依法独立享有民事权利，承担民事责任。《公司法》规定，公司可以设立子公司，子公司具有独立法人资格，依法独立承担民事责任。

【案例分析4-3】2023年，甲有限责任公司（简称甲公司）与乙合伙企业共同出资设立丙有限责任公司（简称丙公司），出资比例分别为80%和20%。2024年，由于丙公司经营不善，欠丁公司100万元，现无力偿还。丁公司了解到，甲公司经济实力雄厚，且甲公司实际上是丙公司的母公司，于是向法院起诉，要求甲公司承担100万元的债务。该起诉能否得到法院的支持？

分析提示：不能。原因在于子公司和母公司一样，都具有法人资格，依法独立享有民事权利，承担民事责任。作为母公司的甲公司是丙公司的股东，除非有《公司法》规定的适用公司法人人格否定的情形，否则不能直接要求甲公司承担责任。

3.资合公司、人合公司、人合兼资合公司

以公司信用基础的不同为标准，可以将公司分为资合公司、人合公司、人合兼资合公司。这是大陆法系国家公司法学者对公司所进行的一种学理分类。

资合公司是指以公司的资本额和资产条件为公司信用基础的公司。股份有限公司即为典型的资合公司。

人合公司是指以股东的个人信用作为公司的信用基础的公司。人合公司中股东结合的基础主要是个人信用，公司经营活动的基础也主要是个人信用，而不是公司的资本。

人合兼资合公司是指以股东的个人信用和公司的资本信用为公司信用基础的公司。

4.总公司和分公司

以公司的内部管辖关系为标准，可以将公司分为总公司和分公司。

总公司也称本公司，是指管辖公司全部组织的总机构。根据我国法律，公司应该至少有3个分支机构，才可以在名称中使用"总"的字样。

分公司是指被总公司所管辖的公司分支机构。分公司没有独立的名称、章程，没有独立的财产，不具有法人资格，仅为总公司的附属机构。

《公司法》规定：公司可以设立分公司。分公司不具有法人资格，其民事责任由公司承担。

5.本国公司、外国公司和跨国公司

以公司的国籍为标准，可以将公司分为本国公司、外国公司和跨国公司。

本国公司是指依本国法律，在本国境内设立的公司。

外国公司是指依外国法律，在外国设立的公司。

跨国公司是指在多个国家设有公司的公司，通常具有两个以上的国籍。

【知识链接4-1】各国公司的法定类型如图4-1所示。

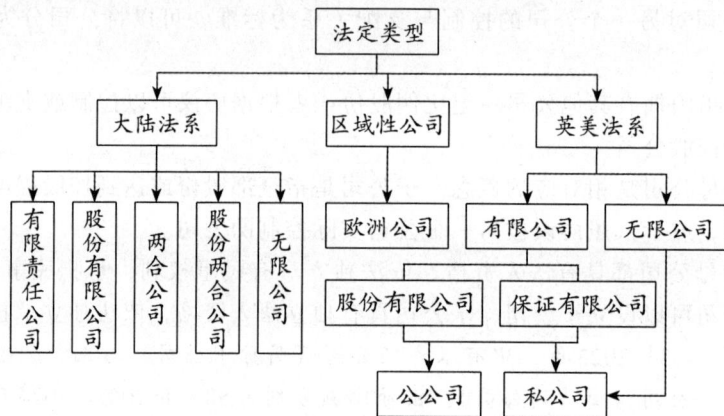

图4-1　各国公司的法定类型

二、公司法的概念与性质

（一）公司法的概念

公司法是指规定公司的设立、组织、活动、解散及其他对内对外关系的法律规范的总称。公司法的概念有广义与狭义之分。狭义的公司法仅指专门调整公司问题的法典，如《公司法》。广义的公司法除包括专门的公司法典外，还包括其他有关公司的法律、法规、行政规章、司法解释以及其他各法之中的调整公司组织关系、规范公司组织行为的法律规范，如《民法典》《中华人民共和国市场主体登记管理条例》等法律规范中的相关规定。

（二）公司法的性质

1.公司法是组织法和行为法相结合的法律

组织法，是指规范某种社会组织的产生和消灭、组织机构及其运行规则的法律规范。行为法，是指约束或规范某种行为的法律规范。公司法确定了公司的法律地位、公司的类型、设立条件及组织机构等，同时，还规定了公司的内部行为规则以及与公司组织的运作和发展相关的外部行为规则。

2.公司法是强制法和任意法相结合的法律

法律的强制性，就是法律的规定必须严格遵循，当事人不得改变，不得变通；法律的任意性，就是法律的规定，当事人可以加以选择，法律允许当事人做另外的规定或者约定，法律的条文只有在当事人没有另外规定和约定的情况下才适用。公司法有鲜明的管理性，因此，其规范有较多的强制性，目的是保证公司主体适格，以维护交易安全和经济秩序，同时，也以一定的任意规范体现股东和公司的意思自治。

3.公司法是实体法和程序法相结合的法律

实体法是指规定具体权利义务内容或者法律保护的具体情况的法律；程序法是为保障实体法所规定的权利义务关系的实现而制定的诉讼程序的法律。公司法中有大量的实体法律规范，如公司组织机构及其权限，股东的权利、义务等，同时也规定了若干程序性规则，如公司的设立、变更、清算和解散程序，公司机关的议事规则和程序等。

4.公司法是具有一定国际性的国内法

国内法是指由某一国家制定或认可，并在本国主权管辖内生效的法律。公司法是由一国立法机关制定和实施的，主要在该国国内施行的法律，因此属于国内法。由于现代社会经济交往的频繁和经济活动对主体的共性化要求，各国公司法在保留其固有特色的同时，其内容也明显带有国际性，我国公司法也不例外。

第二节　公司登记

设立公司，应当依法向公司登记机关申请设立登记。法律、行政法规规定设立公司必须报经批准的，应当在公司登记前依法办理批准手续。

一、申请设立公司提交的材料

申请设立公司，应当提交设立登记申请书、公司章程等文件，提交的相关材料应当真实、合法和有效。申请材料不齐全或者不符合法定形式的，公司登记机关应当一次性告知需要补正的材料。

申请设立公司，符合《公司法》规定的设立条件的，由公司登记机关分别登记为有限责任公司或者股份有限公司；不符合规定的设立条件的，不得登记为有限责任公司或者股份有限公司。

二、公司登记事项

（一）名称

公司应当有自己的名称。公司名称应当符合国家有关规定。公司的名称权受法律保护。依法设立的有限责任公司，应当在公司名称中标明有限责任公司或者有限公司字样。依法设立的股份有限公司，应当在公司名称中标明股份有限公司或者股份公司字样。

（二）住所

公司以其主要办事机构所在地为住所。

（三）注册资本

现行《公司法》完善了注册资本认缴登记制度，规定有限责任公司股东出资期限不得超过5年。在股份有限公司中引入授权资本制，允许公司章程或者股东会授权董事会发行股份，同时要求发起人全额缴纳股款，既方便公司设立、提高筹资灵活性，又减少注册资本虚化等问题。

（四）经营范围

公司的经营范围由公司章程规定。公司可以修改公司章程，变更经营范围。公司的经营范围中属于法律、行政法规规定须经批准的项目，应当依法经过批准。

（五）法定代表人的姓名

公司的法定代表人按照公司章程的规定，由代表公司执行公司事务的董事或者经理担任。担任法定代表人的董事或者经理辞任的，视为同时辞去法定代表人。法定代表人辞任的，公司应当在法定代表人辞任之日起30日内确定新的法定代表人。

（六）有限责任公司股东、股份有限公司发起人的姓名或者名称

公司登记机关应当将前款规定的公司登记事项通过国家企业信用信息公示系统向社会公示。

三、公司成立时间

依法设立的公司，由公司登记机关发给公司营业执照。公司营业执照签发日期为公司成立日期。

公司营业执照应当载明公司的名称、住所、注册资本、经营范围、法定代表人姓名等事项。公司登记机关可以发给电子营业执照。电子营业执照与纸质营业执照具有同等法律效力。

四、公司登记公示事项

公司应当按照规定通过国家企业信用信息公示系统公示下列事项：

（1）有限责任公司股东认缴和实缴的出资额、出资方式和出资日期，股份有限公司发起人认购的股份数；

（2）有限责任公司股东、股份有限公司发起人的股权、股份变更信息；

（3）行政许可取得、变更、注销等信息；

（4）法律、行政法规规定的其他信息。

第三节　有限责任公司

一、有限责任公司的概念与特征

有限责任公司也称有限公司，是指由1个以上50个以下的股东设立的，股东以其认缴的出资额为限对公司承担有限责任，公司以其全部财产对公司债务承担责任的企业法人。有限责任公司具有以下法律特征：

1.股东承担有限责任

有限责任公司的股东仅以其出资额为限对公司的债务承担责任，此外，对公司的债权人不承担任何责任。这是有限责任公司与无限公司及合伙企业的根本区别。

【法律小贴士4-1】根据《公司法》的规定，公司股东滥用公司法人独立地位和股东有限责任、逃避债务、严重损害公司债权人利益的，应当对公司债务承担连带责任。

2.股东人数受限制

因为有限责任公司是具有较强人合性的资合公司，股东须相互信任，这就决定了股东人数不可能太多，有必要规定上限，一般为50人。股东人数超过50人，则要把公司形式变更为股份有限公司。《公司法》承认了一人公司，因此，有限责任公司的股东人数为1~50人。

3.股东出资具有非股份性

有限责任公司的资本一般不分为等额股份，股东出资也不以股份为单位计算，而直接以出资额计算。这是有限责任公司与股份有限公司最重要的区别。

4.机构设置具有灵活性

有限责任公司设立程序简便，只有发起设立，而无募集设立；组织机构也较简单、灵活，其股东会由全体股东组成，董事会由股东会选举产生；规模较小、股东人数较少的有限责任公司可以不设董事会和监事会，而由执行董事和执行监事来代替。

5.公司资本具有封闭性

有限责任公司资本只能由全体股东认缴，不能向社会募集股份，也不能发行股票。公司发给股东出资数额的证明书称股单，股单也不能在证券市场上流通转让。另外，有限责任公司一般对股东出资的转让有严格的限制。

【案例分析4-4】2016年5月，甲、乙、丙3人准备出资设立一有限公司。2016年6月14日，3人共同签订了"发起人协议"，约定公司资本全部由3名股东认缴，其中甲以货币30万元出资，乙以办公用房作为出资，而丙本准备以劳务作为出资。在查阅《公司法》后，他们了解到不能以劳务出资，故改为以非专利技术作为出资。在验资时，丙未能向会计师提供承诺在公司成立后转让非专利技术的承诺函，故最终该项非专利技术出资未得到认可，丙只得改以现金出资5万元。丙同时与其他股东约定，公司成立后，应聘请其作为公司的技术总监。公司成立后，丙如约成为公司的技术总监。2023年，丙提出要将其所持有的全部股份转让给丁，但甲认为丁并不熟悉公司所从事的行业，无法如丙那样为公司服务，故不同意丙向丁转让股份，并提出由其购买丙所持的股份。最终，丙所持的股份由甲购得。

问题：（1）怎样理解有限责任公司的人资两合性？

（2）设立有限责任公司有几种出资方式？

分析提示：本案中，丙原计划以劳务作为出资，这不符合《公司法》的规定，故最终只得以货币出资。这明显不同于合伙企业。合伙企业中的合伙人可以以劳务出资，只要各合伙人对此达成一致即可。究其根本，就在于有限责任公司的对外信用基础除了股东个人信用外，还在于公司的资本信用，合伙企业则完全在于合伙人的个人信用。此外，丙在转让其出资时必须取得其他股东过半数的同意，且甲根据《公司法》的规定行使优先购买权，阻止了丁成为公司的股东，这充分体现了有限责任公司的人合性质。有限责任公司往往较股份有限公司更强调股东之间的相互信任，股东在直接参与公司经营时，往往更强调股东间的信任与合作，因此，股东意欲转让出资时，其他股东可以通过对优先购买权的行使，防止他们不信任的其他人介入公司成为新股东。

二、有限责任公司的设立

公司的设立是指为了取得公司主体资格而依法定程序进行的一系列法律行为的总称。设立公司必须符合《公司法》规定的条件，法律、行政法规规定设立公司必须报经批准的，应当在公司登记前依法办理批准手续。

（一）有限责任公司设立的条件

1.有限责任公司由1个以上50个以下股东出资设立。

国家可以单独出资、由国务院或者地方人民政府授权本级人民政府国有资产监督管理机构履行出资人职责设立有限责任公司，即国有独资公司。《公司法》也规定了一人有限责任公司，允许设立只有一个自然人股东或者一个法人股东的有限责任公司。

2.有限责任公司设立时的股东可以签订设立协议，明确各自在公司设立过程中的权利和义务。

3.有限责任公司设立时的股东为设立公司从事的民事活动，其法律后果由公司承受。公司未成立的，其法律后果由公司设立时的股东承受；设立时的股东为2人以上的，享有连带债权，承担连带债务。

4.设立有限责任公司，应当由股东共同制定公司章程。

【法律小贴士4-2】有限责任公司章程应当载明下列事项：

（1）公司名称和住所；

（2）公司经营范围；

（3）公司注册资本；

（4）股东的姓名或者名称；

（5）股东的出资额、出资方式和出资日期；

（6）公司的机构及其产生办法、职权、议事规则；

（7）公司法定代表人的产生、变更办法；

（8）股东会认为需要规定的其他事项。

股东应当在公司章程上签名或者盖章。

5.有限责任公司的注册资本为在公司登记机关登记的全体股东认缴的出资额。全体股东认缴的出资额由股东按照公司章程的规定自公司成立之日起5年内缴足。法律、行政法规以及国务院决定对有限责任公司注册资本实缴、注册资本最低限额、股东出资期限另有规定的，从其规定。

【法律小贴士4-3】股东可以用货币出资，也可以用实物、知识产权、土地使用权、股权、债权等可以用货币估价并可以依法转让的非货币财产作价出资；但是，法律、行政法规规定不得作为出资的财产除外。

公司成立后，股东不得抽逃出资。

【案例分析4-5】2024年，甲、乙、丙3人经协商，准备成立一家有限责任公司，主要从事服装生产。甲为公司提供厂房和设备，经评估作价25万元；乙从银行借款20万元现金作为出资；丙原为一家私营的服装厂厂长，具有丰富的管理经验，提出以管理能力出资，作价15万元。甲、乙、丙签订协议后，向市场监督管理局申请注册。

请问：（1）本案包括哪几种出资形式？根据《公司法》的规定分析甲、乙、丙的出资效力。

（2）该公司的成立是否符合《公司法》的规定？为什么？

分析提示：（1）本案例中有3种出资形式，即实物、现金、无形资产。甲的出资为实物出资，符合《公司法》的规定；乙虽然是从银行借的资金，但并不影响其出资能力，故属货币出资，符合《公司法》的规定；丙的出资是无形资产，但《公司法》只规定知识产权等可以用货币估价并可依法转让的非货币财产作价出资，以管理能力作为出资，因其难以估价并不可转让，不符合《公司法》的规定。

（2）该公司可以成立。按照《公司法》的规定，有符合公司章程规定的全体股东认缴的出资额公司即可成立。有限责任公司的注册资本为在公司登记机关登记的全体股东认缴的出资额。股东人数也符合规定。

【案例聚焦4-1】美国的丹尼斯·霍普利用联合国1967年《外层空间条约》的漏洞，注册了月球大使馆公司，自任总裁，销售月球土地，每英亩31.5美元。李捷如法炮制，于2005年向北京市工商行政管理局①朝阳分局申请成立月球大使馆公司，被北京市工商行政管理局否决。事后，他又申请注册北京月球村航天科技有限公司，并于9月5日获得营业执照，自任首席执行官。其住所为北京朝阳区安贞桥的深房大厦，注册资本1 000万元，实缴10万元，主要经营项目为太空旅游和月球开发。该公司在住所挂牌为"月球大使馆"，实际从事的是月球土地销售活动，每英亩298元，并为购买者颁发月球土地证书。购买者拥有月球土地的所有权以及土地以上及地下3千米以内的矿物产权。10月19日正式开盘，3天内共有34名顾客购买了49英亩月球土地。10月28日，朝阳分局发现，其经营对象为虚无缥缈的月球土地，且对其没有支配和处分权，便以涉嫌投机倒把为由，扣留了其营业执照和相关财物，随后作出吊销营业执照、责令退回财物和罚款5万元的决定。

三、有限责任公司的组织机构

（一）股东会

1.股东会的性质和职权

有限责任公司股东会由全体股东组成。股东会是公司的权力机构，依照《公司法》行使职权。

根据《公司法》的规定，股东会行使下列职权：选举和更换董事、监事，决定有关董事、监事的报酬事项；审议批准董事会的报告；审议批准监事会的报告；审议批准公司的利润分配方案和弥补亏损方案；对公司增加或者减少注册资本作出决议；对发行公司债券作出决议；对公司合并、分立、解散、清算或者变更公司形式作出决议；修改公司章程；公司章程规定的其他职权。

股东会可以授权董事会对发行公司债券作出决议。

2.股东会会议制度

（1）股东会会议的召开。股东会会议分为定期会议和临时会议。

定期会议应当按照公司章程的规定按时召开。代表1/10以上表决权的股东、1/3以

---

① 2018年4月10日，国家市场监督管理总局正式挂牌。

上的董事或者监事会提议召开临时会议的，应当召开临时会议。

股东会会议由董事会召集，董事长主持；董事长不能履行职务或者不履行职务的，由副董事长主持；副董事长不能履行职务或者不履行职务的，由过半数的董事共同推举1名董事主持。

董事会不能履行或者不履行召集股东会会议职责的，由监事会召集和主持；监事会不召集和主持的，代表1/10以上表决权的股东可以自行召集和主持。

（2）股东会的决议。召开股东会会议，应当于会议召开15日以前通知全体股东，但是，公司章程另有规定或者全体股东另有约定的除外。股东会应当对所议事项的决定做成会议记录，出席会议的股东应当在会议记录上签名或者盖章。

股东会的议事方式和表决程序，除《公司法》有规定的外，由公司章程规定。股东会作出决议，应当经代表过半数表决权的股东通过。股东会作出修改公司章程、增加或者减少注册资本的决议，以及公司合并、分立、解散或者变更公司形式的决议，应当经代表2/3以上表决权的股东通过。

（二）董事会和经理

1.董事会的性质

董事会是公司的业务执行机关。董事会由股东会选举产生，向股东会负责。股东人数较少或者规模较小的有限责任公司，可以设1名执行董事，不设董事会。执行董事可以兼任公司经理。执行董事的职权由公司章程规定。

2.董事会的组成和职权

（1）董事会的组成。有限责任公司设董事会。

有限责任公司董事会成员为3人以上，其成员中可以有公司职工代表。职工人数300人以上的有限责任公司，除依法设监事会并有公司职工代表的外，其董事会成员中应当有公司职工代表。董事会中的职工代表由公司职工通过职工代表大会、职工大会或者其他形式民主选举产生。

董事会设董事长1人，可以设副董事长。董事长、副董事长的产生办法由公司章程规定。

（2）董事会的职权。根据《公司法》的规定，董事会对股东会负责，行使下列职权：召集股东会会议，并向股东会报告工作；执行股东会的决议；决定公司的经营计划和投资方案；制订公司的年度财务预算方案、决算方案；制订公司的利润分配方案和弥补亏损方案；制订公司增加或者减少注册资本以及发行公司债券的方案；制订公司合并、分立、变更公司形式、解散的方案；决定公司内部管理机构的设置；决定聘任或者解聘公司经理及其报酬事项，并根据经理的提名决定聘任或者解聘公司副经理、财务负责人及其报酬事项；制定公司的基本管理制度；公司章程规定或者股东会授予的其他职权。

（3）董事的任期。董事任期由公司章程规定，但每届任期不得超过3年。董事任期届满，连选可以连任。董事任期届满未及时改选，或者董事在任期内辞职导致董事会成员低于法定人数的，在改选出的董事就任前，原董事仍应当依照法律、行政法规和公司章程的规定，履行董事职务。

3.董事会会议

董事会会议由董事长召集和主持，董事长不能履行职务或者不履行职务的，由副董事长召集和主持，副董事长不能履行职务或者不履行职务的，由过半数的董事共同推举1名董事召集和主持。

董事会应当对所议事项的决定做成会议记录，出席会议的董事应当在会议记录上签名。董事会决议的表决，应当一人一票。

4.经理

有限责任公司可以设经理，由董事会决定聘任或者解聘。经理对董事会负责，根据公司章程的规定或者董事会的授权行使职权。经理列席董事会会议。

规模较小或者股东人数较少的有限责任公司，可以不设董事会，设1名董事，行使董事会的职权。该董事可以兼任公司经理。

【案例分析4-6】凤凰有限责任公司2020年经济效益不好，许多股东认为主要原因是总经理王某经营能力差、经验不足。于是，在2020年年末召开股东会的时候，经股东提议，股东会作出罢免总经理王某并任命李某为新总经理的决议。试分析此决议的效力。

分析提示：根据《公司法》的规定，经理对董事会负责，因此经理的任命或解聘都应该由董事会作出。股东会无权直接作出任命或解聘公司经理的决议。所以，本案中股东会的此项决议无效。

（三）监事会

1.监事会的性质

有限责任公司设监事会。监事会，又称监察人会议，是公司依照《公司法》和公司章程设立的，监督公司各项事务的内部监督机关。

2.监事会的组成

监事会成员为3人以上。监事会成员应当包括股东代表和适当比例的公司职工代表，其中职工代表的比例不得低于1/3，具体比例由公司章程规定。监事会中的职工代表由公司职工通过职工代表大会、职工大会或者其他形式民主选举产生。

规模较小或者股东人数较少的有限责任公司，可以不设监事会，设1名监事，行使监事会的职权；经全体股东一致同意，也可以不设监事。

监事会设主席1人，由全体监事过半数选举产生。监事会主席召集和主持监事会会议；监事会主席不能履行职务或者不履行职务的，由过半数的监事共同推举1名监事召集和主持监事会会议。董事、高级管理人员不得兼任监事。

监事的任期每届为3年。监事任期届满，连选可以连任。监事任期届满未及时改选，或者监事在任期内辞任导致监事会成员低于法定人数的，在改选出的监事就任前，原监事仍应当依照法律、行政法规和公司章程的规定，履行监事职务。

3.监事会职权

（1）检查公司财务；

（2）对董事、高级管理人员执行职务的行为进行监督，对违反法律、行政法规、公司章程或者股东会决议的董事、高级管理人员提出解任的建议；

（3）当董事、高级管理人员的行为损害公司的利益时，要求董事、高级管理人员予以纠正；

（4）提议召开临时股东会会议，在董事会不履行召集和主持股东会会议职责时召集和主持股东会会议；

（5）向股东会会议提出提案；

（6）依法对董事、高级管理人员提起诉讼；

（7）公司章程规定的其他职权。

监事可以列席董事会会议，并对董事会决议事项提出质询或者建议。监事会发现公司经营情况异常，可以进行调查；必要时，可以聘请会计师事务所等协助其工作，费用由公司承担。

监事会可以要求董事、高级管理人员提交执行职务的报告。董事、高级管理人员应当如实向监事会提供有关情况和资料，不得妨碍监事会或者监事行使职权。

4.监事会会议

监事会每年度至少召开一次会议，监事可以提议召开临时监事会会议。监事会的议事方式和表决程序，除《公司法》有规定的外，由公司章程规定。监事会决议应当经全体监事的过半数通过。

监事会决议的表决，应当一人一票。监事会应当对所议事项的决定做成会议记录，出席会议的监事应当在会议记录上签名。

四、有限责任公司的股权转让

股权是股东基于股东资格而享有的从公司获取经济利益并参加公司经营管理的权利。股权转让是指股东将自己依据股东身份而享有的权利按照一定的程序让与他人，转让人丧失股东资格及股东权，受让人取得股东资格及股东权的行为。有限责任公司虽为资合公司，但有人合因素，因此股权转让受到较多限制。

（一）股东间转让

根据《公司法》的规定，有限责任公司的股东之间可以相互转让其全部或者部分股权。一般情况下，股东间可以自由地转让股权，但是，公司章程对股权转让另有规定的，从其规定。

（二）向股东以外的人转让

根据《公司法》的规定，股东向股东以外的人转让股权的，应当将股权转让的数量、价格、支付方式和期限等事项书面通知其他股东，其他股东在同等条件下有优先购买权。股东自接到书面通知之日起30日内未答复的，视为放弃优先购买权。两个以上股东行使优先购买权的，协商确定各自的购买比例；协商不成的，按照转让时各自的出资比例行使优先购买权。公司章程对股权转让另有规定的，从其规定。

经股东同意转让的股权，在同等条件下，其他股东有优先购买权。两个以上股东主张行使优先购买权的，协商确定各自的购买比例；协商不成的，按照转让时各自的出资比例行使优先购买权。公司章程对股权转让另有规定的，从其规定。

人民法院依照法律规定的强制执行程序转让股东的股权时，应当通知公司及全体股东，其他股东在同等条件下有优先购买权。其他股东自收到人民法院通知之日起满20日不行使优先购买权的，视为放弃优先购买权。

股东转让股权的，应当书面通知公司，请求变更股东名册；需要办理变更登记的，并请求公司向公司登记机关办理变更登记。公司拒绝或者在合理期限内不予答复的，转让人、受让人可以依法向人民法院提起诉讼。

股权转让的，受让人自记载于股东名册时起可以向公司主张行使股东权利。

（三）特殊情况下的股权转让

根据《公司法》的规定，有下列情形之一的，对股东会该项决议投反对票的股东可以请求公司按照合理的价格收购其股权：（1）公司连续5年不向股东分配利润，而公司该5年连续盈利，并且符合《公司法》规定的分配利润条件的；（2）公司合并、分立、转让主要财产的；（3）公司章程规定的营业期限届满或者章程规定的其他解散事由出现，股东会会议通过决议修改公司章程使公司存续的。

自股东会会议决定通过之日起60日内，股东与公司不能达成股权收购协议的，股东可以自股东会会议决议通过之日起90日内向人民法院提起诉讼。

《公司法》规定，自然人股东死亡后，其合法继承人可以继承股东资格，但是，公司章程另有规定的除外。

第四节　股份有限公司

一、股份有限公司的概念与特征

股份有限公司是由两个或两个以上股东组成，公司全部资产划分为等额股份，股东以其认购的股份为限对公司承担责任，公司以其全部资产对公司债务承担责任的企业法人。股份有限公司具有如下法律特征：

（一）典型的资合性

股份有限公司的信用基础为公司资本，而非股东个人信用。股东之间主要以财产为连接，彼此之间无须存在特殊的信赖和信任。股份具有流通性，股东也在不断地变化中。因此，股份有限公司是典型的资合公司。

（二）股东责任有限性

股份有限公司的股东仅以其认购的股份为限对公司承担责任。

（三）公司资本股份性

股份是股东对股份有限公司的出资所形成的公司资本，经等比例分割后所形成的均等份额。根据《公司法》的规定，股份有限公司全部资产划分为等额股份。

（四）公司发起人的人数受到特殊限制

发起人是筹办公司设立事务并承担设立失败风险的人。在公司设立完成后，发起人通常转变为股东，也就是发起人股东。《公司法》规定，设立股份有限公司，应当有2

人以上200人以下为发起人，其中须有半数以上在中国境内有住所。

（五）公司股票的流通性

股票是公司签发的证明股东所持股份的凭证，是股份的表现形式。股票原则上可以自由买卖流通，如上市交易则要在证券交易所挂牌交易。

（六）公司信息公开程度较高

由于股票可自由交易，股份有限公司更适合成为公众的投资对象。为保护投资者的利益，公司在发行股票和持续经营中，应当承担向公众或者投资者公开相关信息的责任。

二、股份有限公司的设立

（一）股份有限公司的设立方式

设立股份有限公司，可以采取发起设立或者募集设立的方式。

发起设立，是指由发起人认购设立公司时应发行的全部股份而设立公司。

募集设立，是指由发起人认购设立公司时应发行股份的一部分，其余股份向特定对象募集或者向社会公开募集而设立公司。

（二）股份有限公司的设立条件

1.发起人符合法定人数

设立股份有限公司，应当有1人以上200人以下为发起人，其中应当有半数以上的发起人在中华人民共和国境内有住所。

股份有限公司发起人承担公司筹办事务。发起人应当签订发起人协议，明确各自在公司设立过程中的权利和义务。

2.设立股份有限公司，应当由发起人共同制定公司章程

【法律小贴士4-4】股份有限公司章程应当载明下列事项：

（1）公司名称和住所；

（2）公司经营范围；

（3）公司设立方式；

（4）公司注册资本、已发行的股份数和设立时发行的股份数，面额股的每股金额；

（5）发行类别股的，每一类别股的股份数及其权利和义务；

（6）发起人的姓名或者名称、认购的股份数、出资方式；

（7）董事会的组成、职权和议事规则；

（8）公司法定代表人的产生、变更办法；

（9）监事会的组成、职权和议事规则；

（10）公司利润分配办法；

（11）公司的解散事由与清算办法；

（12）公司的通知和公告办法；

（13）股东会认为需要规定的其他事项。

3.股本的认购

股份有限公司的注册资本为在公司登记机关登记的已发行股份的股本总额。在发起人认购的股份缴足前，不得向他人募集股份。法律、行政法规以及国务院决定对股份有

限公司注册资本最低限额另有规定的，从其规定。以发起设立方式设立股份有限公司的，发起人应当认足公司章程规定的公司设立时应发行的股份。

以募集设立方式设立股份有限公司的，发起人认购的股份不得少于公司章程规定的公司设立时应发行股份总数的35%；但是，法律、行政法规另有规定的，从其规定。

发起人应当在公司成立前按照其认购的股份全额缴纳股款。

4.有公司名称

建立符合股份有限公司要求的组织机构。公司名称必须标明"股份有限公司"或者"股份公司"字样，必须符合有关法律、行政法规的规定。公司须建立与法律规定相一致的组织机构。

5.有公司住所

公司以其主要办事机构所在地为住所。

三、股份有限公司的组织机构

（一）公司成立大会的召开

募集设立股份有限公司的发起人应当自公司设立时应发行股份的股款缴足之日起30日内召开公司成立大会。发起人应当在成立大会召开15日前将会议日期通知各认股人或者予以公告。成立大会应当有持有表决权过半数的认股人出席，方可举行。

以发起设立方式设立股份有限公司成立大会的召开和表决程序由公司章程或者发起人协议规定。

【法律小贴士4-5】公司成立大会行使下列职权：

（1）审议发起人关于公司筹办情况的报告；

（2）通过公司章程；

（3）选举董事、监事；

（4）对公司的设立费用进行审核；

（5）对发起人非货币财产出资的作价进行审核；

（6）发生不可抗力或者经营条件发生重大变化直接影响公司设立的，可以作出不设立公司的决议。

（二）股东会

股份有限公司股东会由全体股东组成。股东会是公司的权力机构，依照《公司法》行使职权。

股东会会议由董事会召集，董事长主持；董事长不能履行职务或者不履行职务的，由副董事长主持；副董事长不能履行职务或者不履行职务的，由过半数的董事共同推举1名董事主持。

股东会应当每年召开一次年会。有法定情形可召开临时股东会。召开股东会会议，应当将会议召开的时间、地点和审议的事项于会议召开20日前通知各股东；临时股东会会议应当于会议召开15日前通知各股东。

（三）董事会及经理

1.董事会的组成和职权

董事会设董事长1人，可以设副董事长。董事长和副董事长由董事会以全体董事的过半数选举产生。

董事长召集和主持董事会会议，检查董事会决议的实施情况。副董事长协助董事长工作，董事长不能履行职务或者不履行职务的，由副董事长履行职务；副董事长不能履行职务或者不履行职务的，由过半数的董事共同推举1名董事履行职务。

2.董事会会议的召开

董事会每年度至少召开两次会议，每次会议应当于会议召开10日前通知全体董事和监事。

代表1/10以上表决权的股东、1/3以上董事或者监事会，可以提议召开临时董事会会议。董事长应当自接到提议后10日内，召集和主持董事会会议。董事会召开临时会议，可以另定召集董事会的通知方式和通知时限。

3.董事会的表决

董事会会议应当有过半数的董事出席方可举行。董事会作出决议，应当经全体董事的过半数通过。董事会决议的表决，应当一人一票。

董事会应当对所议事项的决定做成会议记录，出席会议的董事应当在会议记录上签名。

董事会会议，应当由董事本人出席；董事因故不能出席，可以书面委托其他董事代为出席，委托书应当载明授权范围。

董事应当对董事会的决议承担责任。董事会的决议违反法律、行政法规或者公司章程、股东会决议，给公司造成严重损失的，参与决议的董事对公司负赔偿责任；经证明在表决时曾表明异议并记载于会议记录的，该董事可以免除责任。

4.经理

股份有限公司设经理，由董事会决定聘任或者解聘。经理对董事会负责，根据公司章程的规定或者董事会的授权行使职权。经理列席董事会会议。公司董事会可以决定由董事会成员兼任经理。

规模较小或者股东人数较少的股份有限公司，可以不设董事会，设1名董事，行使《公司法》规定的董事会的职权。该董事可以兼任公司经理。

（四）监事会

股份有限公司设立监事会，其成员不得少于3人。监事的任期及监事会的职权与有限责任公司的规定相同。

监事会应当包括股东代表和适当比例的公司职工代表，其中职工代表的比例不得低于1/3，具体比例由公司章程规定。监事会中的职工代表由公司职工通过职工代表大会、职工大会或者其他形式民主选举产生。

监事会设主席1人，可以设副主席。监事会主席和副主席由全体监事过半数选举产生。监事会主席召集和主持监事会会议；监事会主席不能履行职务或者不履行职务的，由监事会副主席召集和主持监事会会议；监事会副主席不能履行职务或者不履行职务的，由过半数的监事共同推举1名监事召集和主持监事会会议。董事、高级管理人员不得兼任监事。

监事会每6个月至少召开一次会议。监事可以提议召开临时监事会会议。监事会应当对所议事项的决定做成会议记录，出席会议的监事应当在会议记录上签名。

四、股份有限公司的股份发行与转让

（一）股份的概念

如前所述，股份是股东对股份有限公司的出资所形成的公司资本，经等比例分割后所形成的均等份额。股份是股份有限公司资本构成的基本单位，也是股东权利和股东地位的体现。

（二）股票的概念

股份有限公司的股票是公司签发的证明股东所持股份的凭证。简单地说，股票是股份的表现形式。

股票采用纸面形式或者国务院证券监督管理机构规定的其他形式。股票采用纸面形式的，应当载明下列主要事项：

（1）公司名称；

（2）公司成立日期或者股票发行的时间；

（3）股票种类、票面金额及代表的股份数，发行无面额股的，股票代表的股份数。

股票采用纸面形式的，还应当载明股票的编号，由法定代表人签名，公司盖章。

发起人股票采用纸面形式的，应当标明发起人股票字样。

（三）股份有限公司的股份发行

股份的发行是指为了设立股份有限公司或者募集新增股份而向社会公众公开出售股份。股份发行的条件和程序应当符合《公司法》和《中华人民共和国证券法》（以下简称《证券法》）的有关规定。

公司发行的股票，应当为记名股票。公司向发起人、法人发行的股票，应当为记名股票，并应当记载该发起人、法人的名称或者姓名，不得另立户名或者以代表人姓名记名。

公司发行记名股票的，应当置备股东名册，记载下列事项：（1）股东的姓名或名称及住所；（2）各股东所持股份数；（3）各股东所持股票的编号；（4）各股东取得股份的日期。发行无记名股票的，公司应当记载其股票数量、编号及发行日期。

股份发行可以为平价和溢价发行，我国法律禁止低于股票票面金额发行股票。

（四）股份有限公司的股份转让

1.股份转让的限制

股份有限公司的股东持有的股份可以向其他股东转让，也可以向股东以外的人转让；公司章程对股份转让有限制的，其转让按照公司章程的规定进行。

公司公开发行股份前已发行的股份，自公司股票在证券交易所上市交易之日起1年内不得转让。法律、行政法规或者国务院证券监督管理机构对上市公司的股东、实际控制人转让其所持有的本公司股份另有规定的，从其规定。

公司董事、监事、高级管理人员应当向公司申报所持有的本公司的股份及其变动情况，在就任时确定的任职期间每年转让的股份不得超过其所持有本公司股份总数的25%；所持本公司股份自公司股票上市交易之日起1年内不得转让。上述人员离职后半年内，不得转让其所持有的本公司股份。公司章程可以对公司董事、监事、高级管理人

员转让其所持有的本公司股份作出其他限制性规定。

【法律小贴士4-6】有下列情形之一的，对股东会该项决议投反对票的股东可以请求公司按照合理的价格收购其股份，公开发行股份的公司除外：

（1）公司连续5年不向股东分配利润，而公司该5年连续盈利，并且符合规定的分配利润条件；

（2）公司转让主要财产；

（3）公司章程规定的营业期限届满或者章程规定的其他解散事由出现，股东会通过决议修改章程使公司存续。

【知识链接4-2】公司不得收购本公司股份。但是，有下列情形之一的除外：

（1）减少公司注册资本；

（2）与持有本公司股份的其他公司合并；

（3）将股份用于员工持股计划或者股权激励；

（4）股东因对股东会作出的公司合并、分立决议持异议，要求公司收购其股份；

（5）将股份用于转换公司发行的可转换为股票的公司债券；

（6）上市公司为维护公司价值及股东权益所必需。

2.股份转让的场所

股东转让其股份，应当在依法设立的证券交易场所进行或者按照国务院规定的其他方式进行。

【案例分析4-7】2023年6月2日，甲市某公司职员李某与江某协商转让乙公司股票，李某欲将2 000股乙公司股票转让给江某，以6月2日沪市证券交易所挂牌交易的平均价每股10元作为股价。当日江某将2万元交给李某，李某向江某出具了一张收条。收条上写明：收到江某人民币2万元，买入股票2 000股，由本人代为保管，在江某认为要进行交易时，本人提供方便。6月30日，乙公司股票的股价大幅度上涨。江某欲抛售股票，但李某拒绝提供股票。双方发生纠纷，江某起诉到法院，要求法院判令李某返还股票。

分析提示：李某与江某在6月2日私自转让股票的行为，违反了法律规定，为无效民事法律行为，双方应返还财产。故判决李某转让给江某2 000股乙公司股票的行为无效，李某应返还江某人民币2万元。

五、上市公司

（一）上市公司的特殊性

上市公司是指所发行的股票经过国务院或者国务院授权的证券监督管理部门批准在证券交易所上市交易的股份有限公司。上市公司除具备一般股份公司的一般属性外，还具有下列特点：

1.上市公司是股份有限公司

股份有限公司可为非上市公司，但上市公司必须是股份有限公司。

2.上市公司股票在证券交易所上市

证券交易所是依据国家有关法律，经政府证券主管机关批准设立的集中进行证券交易的有形场所。唯有股票在证券交易所上市交易的股份有限公司，才是上市公司。

3.法律对上市公司规定有特殊的规则

由于上市公司是公众持股的公司，为了保护公众投资者的利益，上市公司应遵守特殊的规则。根据《证券法》的规定，上市公司必须严格履行信息披露义务，必须设立上市公司特有的公司机关，必须遵守特有的决议规则，必须接受证券监督管理机构的监督。

（二）股票上市的条件

根据《证券法》的规定，公司首次公开发行新股，应当符合下列条件：（1）具备健全且运行良好的组织机构；（2）具有持续经营能力；（3）最近3年财务会计报告被出具无保留意见审计报告；（4）发行人及其控股股东、实际控制人最近3年不存在贪污、贿赂、侵占财产、挪用财产或者破坏社会主义市场经济秩序的刑事犯罪；（5）经国务院批准的国务院证券监督管理机构规定的其他条件。上市公司发行新股，应当符合经国务院批准的国务院证券监督管理机构规定的条件，具体管理办法由国务院证券监督管理机构规定。公开发行存托凭证的，应当符合首次公开发行新股的条件以及国务院证券监督管理机构规定的其他条件。

（三）上市公司董事会秘书

上市公司设董事会秘书，负责公司股东大会和董事会会议的筹备、文件保管以及公司股东资料的管理，办理信息披露事务等事宜。

（四）上市公司的信息披露义务

根据《证券法》的规定，上市公司有持续信息公开的义务，依法披露其信息，必须真实、准确、完整，不得有虚假记载、误导性陈述或重大遗漏。上市公司主要通过编制定期或临时报告履行信息披露义务，如中期报告、年度报告、重大事件临时报告等。

（五）上市公司的特别规定

上市公司应当遵守《公司法》关于公司、股份有限公司的一般规定，但考虑到上市公司的特殊性，《公司法》设置了如下特殊规则：

1.独立董事制度

独立董事是来自公司外部的与公司没有关联关系的非执行董事。这一制度源于美国，上市公司设立独立董事的目的在于提升公司的专业化运作，检查和评判内部董事的工作绩效，最大限度地谋求股东利益尤其是小股东利益，加强对董事会的监督约束，完善法人治理结构。《公司法》规定，上市公司设立独立董事，具体办法由国务院规定。

2.重大资产处置

上市公司在1年内购买、出售重大资产或者担保金额超过公司资产总额的30%的，应当由股东大会作出决议，并经出席会议的股东表决权的2/3以上通过。

3.关联交易表决规则

上市公司董事与董事会会议决议事项所涉及的企业有关联关系的，不得对该项决议行使表决权，也不得代理其他董事行使表决权。该董事会会议由半数的无关联关系董事出席即可举行，董事会会议所作决议须经无关联关系董事过半数通过。出席董事会的无关联关系董事人数不足3人的，应将该事项提交上市公司股东大会审议。

4.董事会秘书

由于上市公司股东人数众多、信息披露义务较重，因而上市公司专门设立了一个董事会秘书的职务，负责公司股东大会和董事会会议的筹备、文件保管以及公司资料的管理，办理信息披露事务等事宜。根据《公司法》的规定，董事会秘书属于公司的高级管理人员，应该承担《公司法》规定的高级管理人员的义务。

【知识链接4-3】中国证监会在《上市公司独立董事管理办法》中指出，独立董事是指不在上市公司担任除董事外的其他职务，并与其所受聘的上市公司及其主要股东、实际控制人不存在直接或者间接利害关系，或者其他可能影响其进行独立客观判断关系的董事。独立董事应当独立履行职责，不受上市公司及其主要股东、实际控制人等单位或者个人的影响。1940年美国颁布的《投资公司法》是独立董事制度产生的标志。

第五节　国家出资公司和董监高的资格与义务

一、国家出资公司

（一）国家出资公司的概念

国家出资公司，是指国家出资的国有独资公司、国有资本控股公司，包括国家出资的有限责任公司、股份有限公司。

国家出资公司，由国务院或者地方人民政府分别代表国家依法履行出资人职责，享有出资人权益。国务院或者地方人民政府可以授权国有资产监督管理机构或者其他部门、机构代表本级人民政府对国家出资公司履行出资人职责。

国有独资公司章程由履行出资人职责的机构制定。

（二）国家出资公司的组织机构

1.股东会职权的行使

国有独资公司不设股东会，由履行出资人职责的机构行使股东会职权。履行出资人职责的机构可以授权公司董事会行使股东会的部分职权，但公司章程的制定和修改，公司的合并、分立、解散、申请破产，增加或者减少注册资本，分配利润，应当由履行出资人职责的机构决定。

2.董事会和经理

国有独资公司的董事会依照《公司法》规定行使职权。

国有独资公司的董事会成员中，应当过半数为外部董事，并应当有公司职工代表。

董事会成员由履行出资人职责的机构委派；但是，董事会成员中的职工代表由公司职工代表大会选举产生。

董事会设董事长1人，可以设副董事长。董事长、副董事长由履行出资人职责的机构从董事会成员中指定。

国有独资公司的经理由董事会聘任或者解聘。经履行出资人职责的机构同意，董事会成员可以兼任经理。

国有独资公司的董事、高级管理人员，未经履行出资人职责的机构同意，不得在其他有限责任公司、股份有限公司或者其他经济组织兼职。

（三）监事会

国有独资公司在董事会中设置由董事组成的审计委员会行使《公司法》规定的监事会职权的，不设监事会或者监事。

国家出资公司应当依法建立健全内部监督管理和风险控制制度，加强内部合规管理。

二、董事、监事、高级管理人员的资格和义务

（一）不得担任公司的董事、监事、高级管理人员的法定情形

有下列情形之一的，不得担任公司的董事、监事、高级管理人员：

（1）无民事行为能力或者限制民事行为能力；

（2）因贪污、贿赂、侵占财产、挪用财产或者破坏社会主义市场经济秩序，被判处刑罚，或者因犯罪被剥夺政治权利，执行期满未逾5年，被宣告缓刑的，自缓刑考验期满之日起未逾2年；

（3）担任破产清算的公司、企业的董事或者厂长、经理，对该公司、企业的破产负有个人责任的，自该公司、企业破产清算完结之日起未逾3年；

（4）担任因违法被吊销营业执照、责令关闭的公司、企业的法定代表人，并负有个人责任的，自该公司、企业被吊销营业执照、责令关闭之日起未逾3年；

（5）个人因所负数额较大债务到期未清偿被人民法院列为失信被执行人。

违反前款规定选举、委派董事、监事或者聘任高级管理人员的，该选举、委派或者聘任无效。董事、监事、高级管理人员在任职期间出现上述所列情形的，公司应当解除其职务。

（二）董事、监事、高级管理人员的法定义务

董事、监事、高级管理人员应当遵守法律、行政法规和公司章程。

董事、监事、高级管理人员对公司负有忠实义务，应当采取措施避免自身利益与公司利益冲突，不得利用职权牟取不正当利益。

董事、监事、高级管理人员对公司负有勤勉义务，执行职务应当为公司的最大利益尽到管理者通常应有的合理注意。

（三）董事、监事、高级管理人员的行为禁止

（1）侵占公司财产、挪用公司资金；

（2）将公司资金以其个人名义或者以其他个人名义开立账户存储；

（3）利用职权贿赂或者收受其他非法收入；

（4）接受他人与公司交易的佣金归为己有；

（5）擅自披露公司秘密；

（6）违反对公司忠实义务的其他行为。

第六节　公司财务、会计和利润分配

一、公司财务、会计的基本要求

（一）公司应当依法建立财务、会计制度

公司应当依照法律、行政法规和国务院财政部门的规定建立本公司的财务、会计制度。

（二）公司应当依法编制财务会计报告

公司应当在每一会计年度终了时编制财务会计报告，并依法经会计师事务所审计。公司财务会计报告主要包括资产负债表、利润表、现金流量表、所有者权益（或股东权益）变动表等报表及附注。公司财务会计报告应当依照《中华人民共和国会计法》《企业财务会计报告条例》等法律、行政法规和国务院财政部门制定的国家统一的会计制度制作。对于上市公司，在每一会计年度的上半年结束之日，还应当制作中期财务会计报告。

（三）公司应当依法披露有关财务、会计资料

有限责任公司应当按照公司章程规定的期限将财务会计报告送交各股东。股份有限公司的财务会计报告应当在召开股东大会年会的 20 日前置备于本公司，供股东查阅；公开发行股票的股份有限公司必须公告其财务会计报告。

（四）公司应当依法建立账簿、开立账户

公司除法定的会计账簿外，不得另立会计账簿。对于公司资产，不得以任何个人名义开立账户存储。

（五）公司应当依法聘用会计师事务所对财务会计报告审查验证

公司聘用、解聘承办公司审计业务的会计师事务所，依照公司章程的规定，由股东会、股东大会或者董事会决定。公司股东会、股东大会或者董事会就解聘会计师事务所进行表决时，应当允许会计师事务所陈述意见。公司应当向聘用的会计师事务所提供真实和完整的会计凭证、会计账簿、财务会计报告及其他会计资料，不得拒绝、隐匿、谎报。

二、利润分配

（一）公司利润分配顺序

公司利润，按照会计概念，是指公司在一个会计年度期间生产经营收入及其他收入扣除成本、费用等后的余额。

根据《公司法》及税法等相关法律的规定，公司应当按照如下顺序进行利润分配：

（1）弥补以前年度的亏损，但不得超过税法规定的弥补期限。我国税法规定，企业某一纳税年度发生的亏损可以用下一年度的所得弥补，下一年度的所得不足以弥补的，可以逐年延续弥补，但最长不得超过 5 年。这里的亏损是指企业依照《中华人民共和国企业所得税法》及其实施条例的规定，将每一纳税年度的收入总额减除不征税收入、免税收入和各项扣除后小于零的数额。

（2）缴纳所得税。公司应依照《中华人民共和国企业所得税法》的规定缴纳企业所得税。

（3）弥补在税前利润弥补亏损之后仍存在的亏损。

（4）提取法定公积金。

（5）提取任意公积金。

（6）向股东分配利润。公司弥补亏损和提取公积金后所余税后利润，有限责任公司按照股东实缴的出资比例分配，但全体股东约定不按照出资比例分配的除外；股份有限公司按照股东持有的股份分配，但股份有限公司章程规定不按持股比例分配的除外。

公司股东会、股东大会或者董事会违反规定，在公司弥补亏损和提取法定公积金之前向股东分配利润的，股东必须将违反规定分配的利润退还公司。公司持有的本公司股份不得分配利润。

（二）公积金

1.公积金的概念

此处的公积金是指《公司法》的公积金，它是公司在资本之外所保留的资金金额，又称为附加资本或准备金。公司为增强自身财力，扩大营业范围和预防意外亏损，从利润中提取一定的资金，用于扩大资本，或弥补亏损。提取公积金是国家规定的一项强制性制度，各国公司法一般都有规定。

2.公积金的分类

公积金分为盈余公积金和资本公积金两类。

（1）盈余公积金。盈余公积金是从公司税后利润中提取的公积金，分为法定公积金和任意公积金两种。

法定公积金按照公司税后利润的10%提取，当公司法定公积金累计额为公司注册资本的50%以上时，可以不再提取。公司法定公积金不足以弥补以前年度亏损的，在依照规定提取法定公积金之前，应当先用当年利润弥补亏损。任意公积金按照公司股东会或者股东大会的决议，从公司税后利润中提取。

（2）资本公积金。资本公积金是直接由资本原因等形成的公积金，股份有限公司以超过股票票面金额的发行价格发行股份所得的溢价款，以及国务院财政部门规定列入资本公积金的其他收入，应当列为公司资本公积金。

3.公积金的用途

公司的公积金应当按照规定的用途使用。公司的公积金主要有以下用途：

（1）弥补公司亏损。公司亏损按照税法的规定可以用缴纳所得税前的利润弥补，超过用所得税前利润弥补期限仍未补足的亏损，可以用公司税后利润弥补；发生特大亏损，税后利润仍不足弥补的，可以用公司的公积金弥补。但是，资本公积金不得用于弥补公司亏损。

（2）扩大公司生产经营。公司可以根据生产经营的需要，用公司的公积金来扩大公司的生产经营规模，增强公司实力。

（3）转增公司资本。公司为了实现增加资本的目的，可以将公积金的一部分转为资本。对用任意公积金转增资本的，法律没有限制；但用法定公积金转增资本时，《公司法》规定，所留存的该项公积金不得少于转增前公司注册资本的25%。

（4）公司从税后利润中提取法定公积金后，经股东会或者股东大会决议，还可以从税后利润中提取任意公积金，任意提取、任意支配。

（5）公司弥补亏损和提取公积金后所余税后利润，有限责任公司依照《公司法》的规定分配；股份有限公司按照股东持有的股份比例分配，但股份有限公司章程规定不按持股比例分配的除外。

股东会、股东大会或者董事会违反前款规定，在公司弥补亏损和提取法定公积金之前向股东分配利润的，股东必须将违反规定分配的利润退还公司。

【案例分析4-8】甲有限责任公司（以下简称甲公司）于2018年设立。2020年，甲公司与乙公司合并，并将乙公司改组为拓展市场业务的分公司。2023年，甲公司实现税后利润500万元，本年度因违反合同承担违约金20万元；2022年甲公司发生经营亏损80万元。甲公司2023年的税后利润如何分配？

分析提示：（1）先以公司法定公积金弥补2022年亏损80万元；（2）扣除违约金20万元；（3）依法提取法定公积金和公益金；（4）经股东会议决议，可提取任意公积金；（5）分配股东红利。

第七节　公司的变更、解散和清算

一、公司的合并与分立

（一）公司的合并

公司的合并，是指两个以上的公司依照法定程序变为一个公司的行为。公司合并的形式有两种：一是吸收合并，即一个公司吸收其他公司，被吸收的公司解散；二是新设合并，即两个以上公司合并设立一个新的公司，合并各方解散。公司合并时，合并各方的债权、债务，应当由合并后存续的公司或者新设的公司承继。

公司与其持股90%以上的公司合并，被合并的公司不需经股东会决议，但应当通知其他股东，其他股东有权请求公司按照合理的价格收购其股权或者股份。

公司合并支付的价款不超过本公司净资产10%的，可以不经股东会决议；但是，公司章程另有规定的除外。

公司依照上述两个规定合并不经股东会决议的，应当经董事会决议。

公司合并，应当由合并各方签订合并协议，并编制资产负债表及财产清单。公司应当自作出合并决议之日起10日内通知债权人，并于30日内在报纸上或者国家企业信用信息公示系统公告。债权人自接到通知之日起30日内，未接到通知的自公告之日起45日内，可以要求公司清偿债务或者提供相应的担保。

（二）公司的分立

公司的分立，是指一个公司依法分为两个以上的公司。公司的分立也有两种形式：一是派生分立，即本公司继续存在，从本公司中派生出一个或几个新公司；二是新设分立，即本公司注销，并分立成两个以上新的公司。公司分立前的债务由分立后的公司承担连带责任，但是，公司在分立前与债权人就债务清偿达成的书面协议另有约定的除外。

公司分立，其财产作相应的分割。

公司分立，应当编制资产负债表及财产清单。公司应当自作出分立决议之日起10日内通知债权人，并于30日内在报纸上或者国家企业信用信息公示系统公告。

公司分立前的债务由分立后的公司承担连带责任。但是，公司在分立前与债权人就债务清偿达成的书面协议另有约定的除外。

二、公司的增资、减资

公司增加或者减少注册资本是公司重大事项的变动，有限责任公司必须经代表2/3以上表决权的股东通过，股份有限公司必须经出席股东大会会议股东所持表决权的2/3以上通过。

（一）增资

增资即增加注册资本，是指公司经营期间，依照法定程序增加公司注册资本。公司注册资本的增加，会增强公司的实力，提高公司的信用，有利于保护债权人利益，对社会交易安全影响不大，因此各国公司法对公司增资一般不作过多限制。

（二）减资

减资即减少注册资本，是指公司经营期间，依照法定程序减少注册资本的行为。公司减少注册资本不仅会涉及公司法人财产运作基础的变化，而且会影响公司股东权利义务履行的扩张与增减，并对公司董事或监事等管理人员的职责产生法律上的要求，同时又关乎债权人等第三人的利益，因此各国公司法均采取非常慎重的态度，规定严格的减资程序。

公司减少注册资本，应当编制资产负债表及财产清单。

公司应当自股东会作出减少注册资本决议之日起10日内通知债权人，并于30日内在报纸上或者国家企业信用信息公示系统公告。债权人自接到通知之日起30日内，未接到通知的自公告之日起45日内，有权要求公司清偿债务或者提供相应的担保。

公司减少注册资本，应当按照股东出资或者持有股份的比例相应减少出资额或者股份，法律另有规定、有限责任公司全体股东另有约定或者股份有限公司章程另有规定的除外。

三、公司解散、清算

（一）公司的解散

公司的解散是指对成立的公司，因公司章程或法律规定的事由出现，依法使公司法人资格消灭的法律行为。公司因下列原因解散：公司章程规定的营业期限届满或者公司章程规定的其他解散事由出现；股东会或者股东大会决议解散；因公司合并或者分立需要解散；依法被吊销营业执照、责令关闭或者被撤销；公司经营管理发生严重困难，继续存续会使股东利益受到重大损失，通过其他途径不能解决的，人民法院依持有公司10%以上表决权的股东请求对公司予以解散。

公司出现法定解散事由，应当在10日内将解散事由通过国家企业信用信息公示系统予以公示。

（二）公司的清算

公司的清算是指终结解散公司法律关系、消灭解散公司法人资格的程序。

1.清算组的成立

一般而言，董事为公司清算义务人，应当在解散事由出现之日起15日内组成清算组进行清算。清算组由董事组成，但是公司章程另有规定或者股东会决议另选他人的除外。清算义务人未及时履行清算义务，给公司或者债权人造成损失的，应当承担赔偿责任。逾期不成立清算组进行清算或者成立清算组后不清算的，利害关系人可以申请人民法院指定有关人员组成清算组进行清算。人民法院应当受理该申请，并及时组织清算组进行清算。

作出吊销营业执照、责令关闭或者撤销决定的部门或者公司登记机关，可以申请人民法院指定有关人员组成清算组进行清算。

2.清算组的职权

清算组在清算期间行使下列职权：清理公司财产，分别编制资产负债表和财产清单；通知、公告债权人；处理与清算有关的公司未了结的业务；清缴所欠税款以及清算过程中产生的税款；清理债权、债务；分配公司清偿债务后的剩余财产；代表公司参与民事诉讼活动。

3.清算组的义务

清算组应当自成立之日起10日内通知债权人，并于60日内在报纸上或者国家企业信用信息公示系统公告。债权人应当自接到通知之日起30日内，未接到通知的自公告之日起45日内，向清算组申报其债权。债权人申报债权，应当说明债权的有关事项，并提供证明材料。清算组应当对债权进行登记。在申报债权期间，清算组不得对债权人进行清偿。

清算组在清理公司财产、编制资产负债表和财产清单后，发现公司财产不足清偿债务的，应当依法向人民法院申请宣告破产。公司经人民法院裁定宣告破产后，清算组应当将清算事务移交给人民法院。公司清算结束后，清算组应当制作清算报告，报股东会、股东大会或者人民法院确认，并报送公司登记机关，申请注销公司登记，公告公司终止。清算组成员应当忠于职守，依法履行清算义务。清算组成员不得利用职权收受贿赂或者其他非法收入，不得侵占公司财产。清算组成员因故意或者重大过失给公司或者债权人造成损失的，应当承担赔偿责任。

清算组成员履行清算职责，负有忠实义务和勤勉义务。清算组成员怠于履行清算职责，给公司造成损失的，应当承担赔偿责任；因故意或者重大过失给债权人造成损失的，应当承担赔偿责任。

4.财产的分配

清算组在清理公司财产、编制资产负债表和财产清单后，应当制订清算方案，并报股东会或者人民法院确认。

公司财产在分别支付清算费用、职工的工资、社会保险费用和法定补偿金，缴纳所欠税款，清偿公司债务后的剩余财产，有限责任公司按照股东的出资比例分配，股份有限公司按照股东持有的股份比例分配。

清算期间，公司存续，但不得开展与清算无关的经营活动。公司财产在未依照前款规定清偿前，不得分配给股东。

5.清算的完结

公司清算结束后，清算组应当制作清算报告，报股东会或者人民法院确认，并报送公司登记机关，申请注销公司登记。

自测题

第四章单项选择题

第四章多项选择题

思考题与案例分析

一、简答题

1.我国的公司主要特征是什么？

2.公司登记事项有哪些？

3.有限责任公司的法律特征是什么？

4.股份有限公司的法律特征是什么？

5.股份有限公司的设立条件有哪些？

6.简述不得担任公司的董事、监事、高级管理人员的法定情形。

二、论述题

1.论述有限责任公司设立的条件。

2.论述有限责任公司的股权转让。

3.论述股票上市的条件。

4.论述公司利润分配顺序。

三、案例分析题

1.某有限责任公司董事长李某认为该公司的章程已经不符合公司发展的需要，因此决定召开临时股东会议，修改公司章程。2023年12月5日，股东张某等9人收到了仅由李某署名、没有董事会署名的会议通知，并于12月7日参加了股东会。在12月7日的股东会上，李某宣读了公司章程修改草案，该草案引起了激烈的争论，李某等代表3/5股权的5名股东投票同意，张某等代表2/5股权的4名股东则投了反对票。最后，会议主持人李某宣布，按照少数服从多数的原则，公司章程修改案通过。

问题：此案中哪些做法违反现行法律规定？为什么？

2.甲股份有限公司董事会由11名董事组成。2024年5月10日，公司董事长张某召集并主持召开董事会会议，出席会议的有8名董事，另有3位董事因事请假。董事会会议讨论的下列事项，经表决有6名董事同意而获通过：

（1）鉴于公司董事会成员工作任务加重，决定给每位董事会成员涨30%的工资。

（2）鉴于监事会成员中的职工代表李某生病，决定由本公司职工王某参加监事会。

（3）鉴于公司的财务会计工作任务日益繁重，拟将财务科升格为财务部，并面向社会公开招聘会计人员3人。招聘会计人员事宜及财务科升格为财务部的方案经股东大会通过后付诸实施。

问题：（1）甲公司董事会会议的召开和表决程序是否符合法律规定？为什么？

（2）甲公司董事会通过的事项有无不符合法律规定之处？请分别说明理由。

企业破产法律制度

知识目标

掌握破产界限、破产申请的提出、破产申请的受理；掌握债权人会议的组成与召集、职权与决议；了解管理人制度，和解、重整程序；掌握破产宣告及其法律效力，破产财产的概念、范围；掌握破产债权，破产财产的处置与分配；熟悉与破产程序终结相关的内容。

思政目标

树立正确的法治观念，按照法治规则处理经济事务，做到尊重法律权威、学习法律知识、养成守法习惯、提高用法能力。党的二十大报告强调，"构建高水平社会主义市场经济体制"。

【引导案例】

福昌电子作为国内通信产业龙头企业华为、中兴的一级供应商，核心业务是为这两家企业提供各种手机、3C产品零配件的委托加工及制造服务，年产值10亿元，有员工3 510名，与557家供货商保持合作关系，是一家关系到该产业生态链稳定的生产型企业。2015年10月，福昌电子因管理不善、资金链断裂，突然宣布停产停业，引发3 000余名员工、500余家供货商围堵政府、上街游行等激烈维权行为，引起了媒体的广泛关注。时任深圳市委书记马兴瑞作出专项批示，要求妥善处理、积极挽救。2015年11月12日，福昌电子的债权人正式向深圳中院申请福昌电子破产重整。

深圳中院决定以"预重整"方式审理该案，即在法院正式立案受理前选定管理人进入企业清理债权、债务，协助展开谈判，研究恢复生产。随后该院确定一级管理人深圳市正源清算事务有限公司担任福昌电子管理人。管理人进场后，摸清了财务底数，协调劳动和经济主管部门完成了3 510名员工和500余家供货商的核实和安抚工作，积极协助潜在重组方了解企业情况。2016年6月29日，深圳中院裁定受理福昌电子重整案，并批准福昌电子在重整期间继续营业。2016年12月26日，福昌电子向法院和债权人会议提交重整计划草案；2017年3月21日，福昌电子债权组经二次表决通过了重整计划草案；2017年4月18日，深圳中院裁定批准福昌电子重整计划。

福昌电子通过重整妥善安置职工3510人，确认并支付职工债权4061万元，重整期间未发生任何职工维权的群体性事件；重整审核确认各类债权合计4.1亿元，税款债权、职工债权、建设工程款均全额清偿；普通债权15万元以下部分全额清偿，15万元以上部分先按照5%的比例清偿，预估最终清偿率可达20.58%，实现了对广大债权人，尤其是小额债权人合法权益的切实保护。通过重整，福昌电子保留了华为、中兴一级供应商资质，稳定了一方产业链，维持了地方产业生态的平衡。该案是国内第一宗"预重整"成功的案件，被评为全国法院服务供给侧结构性改革十大典型案例。

问题：结合本案谈一谈企业破产法对企业的积极作用。

第一节　破产和企业破产法概述

一、破产的概念和特征

破产，是指在债务人不能清偿到期债务时，经债权人或者债务人申请，由人民法院依法定程序宣告其破产并强制执行其全部财产，公平清偿给全体债权人，或者在人民法院的监督下，由债权人会议达成和解协议或重整计划以使企业复苏，避免企业倒闭清算的法律制度。破产的特征表现为：

1. 破产是一种特殊的执行程序

破产程序要在人民法院的介入和主持下进行，从申请、受理、审理到执行都是如此。

2. 破产适用的前提是债务人不能清偿到期债务

这种不能清偿到期债务，可能是资不抵债，也可能是资产大于债务，但是无法归还，因此只有通过破产程序。只有当债务人不能清偿到期债务时，才会严重影响债权人的利益的实现，妨碍民事流转（交易）的安全。

3. 破产的目的是使债权人得到公平清偿

在现代市场经济条件下，一个债务人往往有多个债权人，当债务人的财产不足以清偿多个到期债务时，债权人分别行使权力则会使同一顺序的多个债权人难以获得同等的受偿机会。破产制度将债务人的全部财产集中起来，按法定顺序和债权比例分配给各个债权人，不能清偿的部分也由各个债权人共同分担损失，免除债务人的责任，从而使债权人的债权得到较公平的清偿，也实现了对债务人的保护，进而实现对社会利益的维护。

4. 破产是一种特殊的偿债手段

破产是通过消灭债务人主体资格来实现清偿债务的程序。破产还债是通过消灭债务人主体资格来实现的，而一般履行债务不会消灭债务人主体资格。

应当指出，各国实质意义上的破产制度早已突破了破产清算程序的界限，而成为包括破产和解及破产整顿等预防性法律制度在内的统一整体。

二、企业破产法的概念和立法发展概况

（一）企业破产法的概念

企业破产法是指调整破产债权人和债务人、法院、管理人以及其他破产参加人相互之间在破产过程中所发生的社会关系的法律规范的总称。其主要包括破产程序规范和破产实体规范。在我国，狭义的企业破产法是指第十届全国人民代表大会常务委员会第二十三次会议于2006年8月27日通过，自2007年6月1日起施行的《中华人民共和国企业破产法》（以下简称《企业破产法》）。广义的企业破产法还包括其他处理破产案件的程序规范和实体规范，如《民事诉讼法》中关于企业法人破产还债程序的规定以及公司法、合伙企业法、保险法等关于破产的实体性规范。

（二）企业破产法的适用范围

根据《企业破产法》的规定，企业破产法适用范围为：（1）企业法人，《企业破产法》适用于所有具有法人资格的企业。（2）商业银行、证券公司、保险公司等金融机构出现破产原因后，国务院金融监督管理机构可以向人民法院提出对该金融机构进行重整或者破产清算的申请。（3）为缓解其他非法人组织的破产无法可依的问题，规定企业法人之外的其他组织（如合伙企业）如果属于破产清算的，可以参照适用《企业破产法》规定的程序。

【知识链接5-1】2006年8月，第十届全国人民代表大会常务委员会第二十三次会议通过了《企业破产法》，它从立法上确立了真正意义上的企业破产制度。《企业破产法》共分12章136条，不仅重新界定了企业破产清偿顺序，而且平衡了劳动债权与担保债权的权益。《企业破产法》有6大亮点：它的适用范围涵盖了所有的企业法人；引入了管理人制度；引入了重整制度；规定了跨境破产制度；规定了破产责任；规定了金融机构破产等。

第二节　破产案件的申请和受理

一、破产原因

破产原因也称为破产界限，是指适用破产程序所依据的特定的法律条件或法律事实，也就是受理破产案件的实质条件。

《企业破产法》规定了企业法人破产界限的3种情形：（1）不能清偿到期债务，并且资产不足以清偿全部债务。（2）不能清偿到期债务，明显缺乏清偿能力。（3）有明显丧失清偿能力的可能，该项仅适用于提起重整申请。

宣告债务人破产必须符合法律规定的破产界限，但并非所有达到破产界限的企业均应被宣告破产。根据《企业破产法》的规定，债权人申请破产有下列情形之一的，不予宣告破产：（1）公用企业和与国计民生有重大关系的企业，政府有关部门给予资助或者采取其他措施帮助清偿债务的；（2）取得担保，自破产申请之日起6个月内清偿债务的。

二、破产案件的申请

破产申请是指破产申请人向法院请求受理破产案件，适用破产程序，宣告破产的意思表示。《企业破产法》采用了申请主义，即债务人在符合破产界限时，可以向人民法院提出重整、和解或者破产清算申请；债务人不能清偿到期债务，债权人可以向人民法院提出对债务人进行重整或者破产清算的申请；企业法人已解散但未清算或者未清算完毕，资产不足以清偿债务的，依法负有清算责任的人应当向人民法院申请破产清算。向人民法院提出破产申请，应当提交破产申请书和有关证据。破产申请应当向债务人住所地人民法院提出。

当事人提出破产申请，除了提交破产申请书之外，还应当依法提交必要的证明材料。根据《企业破产法》的规定，债务人提出申请的，还应当向人民法院提交财产状况说明、债务清册、债权清册、有关财务会计报告、职工安置预案以及职工工资的支付和社会保险费用的缴纳情况。

破产申请应当向有管辖权的人民法院提出，破产案件依法应由债务人住所地人民法院管辖。根据最高人民法院的规定，破产案件的级别管辖，按如下原则确定：（1）县、县级市或区的市场监督管理机关核准登记企业的破产案件，由基层人民法院管辖；（2）地区、地级市（含本级）以上市场监督管理机关核准登记企业的破产案件，由中级人民法院管辖。

三、破产案件的受理

破产案件的受理，是指人民法院在收到破产申请后，认为申请符合法定条件而予以接受，并由此开始破产程序的司法行为。人民法院收到破产申请后，应当就破产的形式要件和实质要件进行审查。这些要件包括：申请人资格；被申请人的破产能力；接受申请法院的管辖权；申请是否符合法定要求（如是否提供了证据材料等）；债务人是否达到破产界限；是否存在破产障碍要件等。经审查认为破产申请符合要求，债务人构成破产的，人民法院应当受理；不符合法定条件的，人民法院应当裁定驳回申请。

人民法院应当自裁定受理破产申请之日起25日内通知已知债权人，并予以公告。通知和公告应当载明下列事项：（1）申请人、被申请人的名称或者姓名；（2）人民法院受理破产申请的时间；（3）申报债权的期限、地点和注意事项；（4）管理人的名称或者姓名及其处理事务的地址；（5）债务人的债务人或者财产持有人应当向管理人清偿债务或者交付财产的要求；（6）第一次债权人会议召开的时间和地点；（7）人民法院认为应当通知和公告的其他事项。

四、破产案件受理的法律效果

法院受理破产申请，意味着破产程序的开始。破产程序开始后，债务人的财产进入保全状态，债权人的权利行使也受到约束，具体地说，产生以下效果：

（一）对债务人的约束

自破产案件受理之日起，债务人及其法定代表人承担以下义务：

1.财产保全义务、说明义务和提交义务

保全债务人的财产和掌握债务人在财务、经营和其他有关方面的信息，是人民法院审理破产案件和债权人行使权利的重要条件。因此,保护和移交财产、如实说明有关情况和完整、真实地提交有关材料,是债务人的重要义务。

2.不对个别债权人清偿的义务

人民法院受理破产申请后,债务人不得对个别债权人清偿债务,也不得以其财产设立新的担保。

（二）对债权人的约束

破产程序的一个重要任务,就是维护债权人集体受偿的秩序。因此,破产程序开始的一个重要效果,就是自动冻结债权人的个别追索行为。这种自动冻结（又称作自动停止）在《企业破产法》上表现为以下两项规定:（1）破产案件受理后,债权人只能通过破产程序行使权利。债权人不得个别追索债务,也不能向法院提起新的民事诉讼。（2）有财产担保的债权人,在破产案件受理后至破产宣告前的期间,未经人民法院准许,不得行使优先权。

（三）对其他人的约束

人民法院受理破产申请后,债务人的债务人或者财产持有人应当向管理人清偿债务或者交付财产。

债务人的债务人或者财产持有人故意违反前款规定向债务人清偿债务或者交付财产,使债权人受到损失的,不免除其清偿债务或者交付财产的义务。

（四）对其他民事程序的影响

破产程序开始后,为了实现公平清偿,有关债务人财产的所有请求和争议原则上必须在同一程序中审理。为此,《企业破产法》有如下规定:

1.民事诉讼程序的中止或终结

破产案件受理后:向债务人请求给付的经济纠纷案件,尚未审结而无连带责任人的,应当终结诉讼,由债权人向受理破产案件的人民法院申报债权;尚未审结而另有连带责任人的,应当中止诉讼,由债权人向受理破产案件的人民法院申报债权,待破产程序终结后恢复审理。债务人向他人请求给付的经济纠纷案件,受诉法院不能在3个月内结案的,应当移送受理破产案件的人民法院。

2.民事执行程序的中止

破产案件受理后,对债务人财产的其他民事执行程序必须中止。这里所说的"其他民事执行程序",是指对非依破产程序所产生的法律文书的个别执行程序。这些文书包括:未执行或者未执行完毕的已生效民事判决、裁定;已向人民法院提出执行申请但尚未执行或者未执行完毕的仲裁裁决、公证机关依法赋予强制执行效力的债权文书。

3.财产保全的中止

破产案件受理后,一切依个别债权人请求而实施的对债务人的财产保全应当中止。对于已经查封、扣押、冻结或者以其他方式予以保全的债务人财产,应当解除保全措施,纳入破产财产管理。

【知识链接5-2】破产申请人有4类:（1）债务人。债务人不能清偿到期债务,并且资产不足以清偿全部债务或者明显缺乏清偿能力的时候，债务人可以申请破产（还可以申请和解或者重整）。（2）债权人。债务人不能清偿到期债务时，债权人可以申请破产清算。需要注意的是，这里不包括债务人资产不足以清偿全部债务或者明显缺乏清偿能力的情况，这是因为债务人的资产情况，债权人作为外人无法知晓，所以只要债务人不能清偿到期债务，债权人就可以向法院申请债务人破产（还可以申请重整）。（3）依法负有清算责任的人。企业法人已解散但未清算或者未清算完毕，资产不足以清偿债务时，依法负有清算责任的人应当向人民法院申请破产清算。（4）商业银行、证券公司、保险公司等金融机构不能清偿到期债务，并且资产不足以清偿全部债务或者明显缺乏清偿能力的，国务院金融监督管理机构可以向人民法院提出对该金融机构进行破产清算的申请（还可以申请重整）。

第三节　管理人制度

破产管理人贯穿于破产清算、破产重整和破产和解等破产程序，具有多种功能。

一、管理人的产生、变更和消灭

管理人，是指法院受理破产案件后接管债务人财产并负责债务人财产管理和其他事务的专业人员。在整个破产程序中，管理人始终处于中心地位，破产程序能否顺利进行，在很大程度上取决于管理人的设置是否合理，以及管理人是否认真地履行了职责。

管理人由人民法院指定。债权人会议认为管理人不能依法、公正执行职务或者有其他不能胜任职务情形的，可以申请人民法院予以更换。管理人没有正当理由不得辞去职务。管理人辞去职务应当经人民法院许可。

二、管理人的职责

管理人应当履行下列职责：第一，接管债务人的财产、印章和账簿、文书等资料；第二，调查债务人财产状况，制作财产状况报告；第三，决定债务人的内部管理事务；第四，决定债务人的日常开支和其他必要开支；第五，在第一次债权人会议召开之前，决定继续或者停止债务人的营业；第六，管理和处分债务人的财产；第七，代表债务人参加诉讼、仲裁或者其他法律程序；第八，提议召开债权人会议；第九，人民法院认为管理人应当履行的其他职责。

三、管理人的权利和义务

关于管理人的权利和义务，《企业破产法》作了详细规定，具体包括：（1）管理人经人民法院许可，可以聘用必要的工作人员；（2）管理人的报酬由人民法院确定，债权人会议对管理人的报酬有异议的，有权向人民法院提出；（3）管理人应当勤勉尽责，忠实执行职务；（4）管理人依照规定执行职务，向人民法院报告工作，并接受债权人会议和债权人委员会的监督；（5）管理人应当列席债权人会议，向债权人会议报告职务执行情况，并回答询问。

第四节　债权申报与债权人会议

一、债权申报

债权申报是债权人在破产案件受理后依法定程序主张并证明其债权，以便参加破产程序的法律行为。人民法院受理破产申请后，应当确定债权人申报债权的期限。

债权申报期限自人民法院发布受理破产申请公告之日起计算，最短不得少于30日，最长不得超过3个月。债权人应当在法定期限内申报其债权。具体期限为：收到法院通知的债权人，应在收到通知后30日内申报债权。未收到通知的债权人，应当自公告之日起3个月内申报债权。限定债权申报期间，破产程序及时、顺利进行是必要的。只有在债权人人数和债权数额业已确定的情况下，才能召开债权人会议和进行清算分配。

债权人逾期未申报债权的，视为自动放弃债权。其后果是不再是债权人，无权出席债权人会议，无表决权，不能参加破产财产分配。逾期未申报的债权人失去通过破产程序获得清偿的资格。

破产案件受理前成立的对债务人的债权，均为可申报的债权。未到期的债权，在破产案件受理时视为到期。有财产担保的债权和无财产担保的债权均可申报。债务人的保证人在履行担保义务向债权人清偿后，可以在所为之清偿的范围内申报债权。连带债务的债权人在连带债务人之一破产时，享有在破产程序中申报债权的权利。债务人所欠职工的工资和医疗、伤残补助、抚恤费用，所欠的应当划入职工个人账户的基本养老保险、基本医疗保险费用，以及法律、行政法规规定应当支付给职工的补偿金，不必申报，由管理人调查后列出清单并予以公示。

债权人申报债权时，应当向人民法院提交下列材料：（1）债权发生的事实与证据；（2）债权性质、数额、有无担保，并附证据。

人民法院对于申报的债权，应当指派专人进行登记造册，编制债权表。登记造册时，应当对有财产担保的债权和无财产担保的债权分别登记。申报的债权须经债权人会议审查确认，方为确定。在《企业破产法》中，审查债权的唯一主体是债权人会议，这是债权人自治原则的体现。人民法院不负责审查债权。

二、债权人会议

（一）债权人会议的性质

债权人会议是在人民法院受理破产案件后，为保障债权人的合法权益，表达债权人的意志和统一债权人的行动而由全体申报债权的债权人组成的临时性的议事机构。债权人会议是全体债权人参加破产程序并集体行使权利的决议机构。从性质上讲，债权人会议是债权人团体在破产程序中的意思发表机关。也就是说，债权人会议的职能是要使全体债权人能够作为一个整体，就他们的权利行使和权利处分作出共同的意思表示，并为维护他们的共同利益而采取必要的行动。所以，债权人会议本质上是一个组织体，而不是临时的集会活动。

（二）债权人会议的组成

所有债权人都是债权人会议成员。这里所说的债权人，是指在法定期限内已向法院申报债权的人，包括有财产担保的债权人、无财产担保的债权人和代替债务人清偿债务后的保证人等。

债权人会议成员分为有表决权的债权人和无表决权的债权人两种。有表决权的债权人是指有权出席债权人会议和发表意见，并有权对债权人会议议决事项投票表达个人意志的债权人。无表决权的债权人是指有权出席债权人会议和发表意见，但无权对债权人会议议决事项投票表达个人意志的债权人。有财产担保的债权人未放弃优先受偿权时，不享有表决权，因为其不参加破产财产的分配。债权人会议设会议主席，即负责主持和召集债权人会议的人，由人民法院在第一次债权人会议召开时，从有表决权的债权人中指定。第一次债权人会议由人民法院召集，自债权申报期限届满之日起15日内召开。以后的债权人会议，在人民法院认为必要时，或者管理人、债权人委员会、占债权总额1/4以上的债权人向债权人会议主席提议时召开。

债务人的上级主管部门可以派员列席债权人会议，债务人的法人代表必须列席并有义务回答债权人的询问；拒绝列席的，人民法院可依法拘传。

（三）债权人会议的职权

债权人会议行使下列职权：（1）核查债权；（2）申请人民法院更换管理人，审查管理人的费用和报酬；（3）监督管理人；（4）选任和更换债权人委员会成员；（5）决定继续或者停止债务人的营业；（6）通过重整计划；（7）通过和解协议；（8）通过债务人财产的管理方案；（9）通过破产财产的变价方案；（10）通过破产财产的分配方案；（11）人民法院认为应当由债权人会议行使的其他职权。

（四）债权人会议的议事规则

《企业破产法》规定，债权人会议的决议，由出席会议的有表决权的债权人过半数通过，并且其所代表的债权额占无财产担保债权总额的1/2以上。但是，本法另有规定的除外。例如，通过和解协议草案的决议，必须占无担保债权总额的2/3以上。

由此可见，债权人会议决议的通过，应当同时具备两个条件：第一，按人数计算，出席会议的有表决权的债权人过半数赞成；第二，按金额计算，一般情况下，赞成票所代表的债权额占无财产担保债权总额的半数以上，但是，在通过和解协议的情况下，应当占这一总额的2/3以上。这里所说的"过半数"不包括本数，"半数以上"和"2/3以上"均包括本数。

债权人会议的决议，对于全体债权人均有约束力。也就是说，债权人会议的决议是债权人团体的共同意思表示。一旦决议依法定程序获得通过，各债权人不论是否出席了会议，不论是否参加表决，也不论是否投票赞成，都当然地受决议的约束。

债权人认为债权人会议的决议违反法律规定，损害其利益的，可以在债权人会议作出决议后7日内提请法院裁定。

第五节　和解与重整程序

一、和解程序

和解程序，是指不能清偿到期债务的债务人，与债权人之间就债务人债务的减免或者延期以及其他解决债务的措施达成协议，以中止破产程序，避免破产清算的制度。

（一）和解申请

根据《企业破产法》的规定，债务人可以依照本法规定，直接向人民法院申请和解；也可以在人民法院受理破产申请后、宣告债务人破产前，向人民法院申请和解。债务人申请和解，应当提出和解协议草案。人民法院经审查认为和解申请符合规定的，应当裁定和解，予以公告，并召集债权人会议讨论和解协议草案。

（二）和解协议的表决

根据《企业破产法》的规定，债权人会议通过和解协议的决议，由出席会议的有表决权的债权人过半数同意，并且其所代表的债权额占无财产担保债权总额的2/3以上。债权人会议通过和解协议的，由人民法院裁定认可，终止和解程序，并予以公告。管理人应当向债务人移交财产和营业事务，并向人民法院提交执行职务的报告。和解协议草案经债权人会议表决未获得通过，或者已经债权人会议通过的和解协议未获得人民法院认可的，人民法院应当裁定终止和解程序，并宣告债务人破产。

（三）和解的法律后果

和解的法律后果包括：（1）对债务人的特定财产享有担保权的权利人，自人民法院裁定和解之日起可以行使权利。（2）经人民法院裁定认可的和解协议，对债务人和全体和解债权人均有约束力。（3）和解债权人是指人民法院受理破产申请时对债务人享有无财产担保债权的人。（4）债务人应当按照和解协议规定的条件清偿债务。

（四）和解失败处理

第一，因债务人的欺诈或者其他违法行为而成立的和解协议，人民法院应当裁定无效，并宣告债务人破产。和解债权人因执行和解协议所受的清偿，在其他债权人所受清偿同等比例的范围内，不予返还。

第二，债务人不能执行或者不执行和解协议的，人民法院经和解债权人请求，应当裁定终止和解协议的执行，并宣告债务人破产。

第三，人民法院裁定终止和解协议执行的，和解债权人在和解协议中作出的债权调整的承诺失去效力。和解债权人因执行和解协议所受的清偿仍然有效，和解债权未受清偿的部分作为破产债权。

第四，人民法院受理破产申请后，债务人与全体债权人就债权债务的处理自行达成协议的，可以请求人民法院裁定认可，并终结破产程序。按照和解协议减免的债务，自和解协议执行完毕时起，债务人不再承担清偿责任。

二、重整程序

（一）重整的概念和特征

重整是指不对无偿付能力债务人的财产立即进行清算，而是在法院的主持下由债务人与债权人达成协议，制订重整计划，规定在一定的期限内，债务人按一定的方式全部或部分地清偿债务，同时债务人可以继续经营其业务的制度。

重整是在企业无力偿债但有复苏希望的情况下，经债权人同意，允许企业继续经营，实现债务调整和企业重组，使企业摆脱困境，走向复兴的一项制度。重整的特征有：

1.在重整保护期内，债务人可以继续经营

债务人可以继续经营的目的是以经营所得逐步偿还债务，最终使债权人获得最大利益，从而避免在实行破产清算的情况下的财产损失及其他消极后果。实行重整，债权人必须作出某种让步，按照重整计划的安排接受清偿。在重整期内，对所有债权实行冻结，甚至享有担保物权的债权人也不能优先受偿，而必须按照重整计划实现债权。

2.实行重整的企业应当按照重整计划改进经营

重整计划必须由股东、债权人按照一定的程序通过，一旦通过，对所有股东、债权人等都产生拘束力。如果股东、债权人没有通过重整计划，则债权人可以申请法院宣告终止重整程序，进入破产清算程序。如果重整企业不执行重整计划，债权人也可以申请法院终止重整计划的实行。另外，重整的方法比较灵活。在重整期限内，重整企业可以采取改善经营、财产出让、企业兼并、资本变更等措施，在债务重组的同时，实现企业再建。

（二）重整申请和重整期间

1.重整申请

重整是《企业破产法》新引入的一个重要程序，目的是使面临困境但有挽救希望的企业特别是大中型企业避免破产清算，恢复生机。《企业破产法》规定，债务人或者债权人可以依照本法规定，直接向人民法院申请对债务人进行重整。债权人申请对债务人进行破产清算的，在人民法院受理破产申请后、宣告债务人破产前，债务人或者出资额占债务人注册资本1/10以上的出资人，可以向人民法院申请重整。该法还规定，人民法院经审查认为重整申请符合本法规定的，应当裁定债务人重整，并予以公告。据此规定，债权人和债务人均有权向人民法院申请重整。符合法律规定的，人民法院应当裁定债务人重整，并予以公告。

2.重整期间

根据《企业破产法》的规定，重整期间自人民法院裁定债务人重整之日起，至重整程序终止。在重整期间，经债务人申请、人民法院批准，债务人可以在管理人的监督下自行管理财产和营业事务。有前述规定情形的，依照《企业破产法》规定已接管债务人财产和营业事务的管理人应当向债务人移交财产和营业事务，管理人的职权由债务人行使。管理人负责管理财产和营业事务的，可以聘任债务人的经营管理人员负责营业事务。

3.重整期间债务人行为规范

重整期间债务人的行为规范主要包括以下5个方面：（1）在重整期间，对债务人的特定财产享有的担保权暂停行使。但是，担保物有损坏或者价值明显减少的可能，足以危害担保权人权利的，担保权人可以向人民法院请求恢复行使担保权。（2）在重整期间，债务人或者管理人为继续营业而借款的，可以为该借款设定担保。（3）债务人合法占有的他人财产，该财产的权利人在重整期间要求取回的，应当符合事先约定的条件。（4）在重整期间，债务人的出资人不得请求投资收益分配。（5）在重整期间，债务人的董事、监事、高级管理人员不得向第三人转让其持有的债务人的股权。但是，经人民法院同意的除外。

4.重整程序的终止

根据《企业破产法》的规定，在重整期间，有下列情形之一的，经管理人或者利害关系人请求，人民法院应当裁定终止重整程序，并宣告债务人破产：（1）债务人的经营状况和财产状况继续恶化，缺乏挽救的可能性；（2）债务人有欺诈、恶意减少债务人财产或者其他显著不利于债权人的行为；（3）由于债务人的行为致使管理人无法执行职务。

（三）重整计划的制订和批准

《企业破产法》规定，债务人或者管理人应当自人民法院裁定债务人重整之日起6个月内，同时向人民法院和债权人会议提交重整计划草案。

根据《企业破产法》的规定，重整计划草案应当包括下列内容：（1）债务人的经营方案；（2）债权分类；（3）债权调整方案；（4）债权受偿方案；（5）重整计划的执行期限；（6）重整计划执行的监督期限；（7）有利于债务人重整的其他方案。

根据《企业破产法》的规定，重整计划由债务人负责执行。

第六节　破产清算

一、破产宣告

破产宣告是指法院依据当事人的申请或法定职权裁定宣布债务人破产以清偿债务的行为。债权人或债务人的破产申请只有经过人民法院审查，认为债务人已具备破产宣告条件时，才作出破产宣告的裁定。

（一）破产宣告的期限

破产宣告是法院对债务人具有破产原因的事实作出有法律效力的认定。根据《企业破产法》的规定，人民法院依照本法规定宣告债务人破产的，应当自裁定作出之日起5日内送达债务人和管理人，自裁定作出之日起10日内通知已知债权人，并予以公告。

（二）破产宣告的效力

人民法院宣告企业破产的裁定自宣告之日起发生法律效力。破产宣告对于破产案件的效果，就是破产案件转入破产清算程序。在破产案件受理后、破产宣告以前，债务人还可以通过和解或者其他方式（如取得担保，在短期内清偿债务）而避免破产清算。破产一经宣告，则破产案件不可逆转地进入清算程序。

1.对债务人的效力

（1）债务人成为破产企业，破产企业仅在清算意义上存续。

（2）债务人财产成为破产财产。破产宣告后，债务人的财产成为破产财产，即成为归管理人占有、支配并用于破产分配的财产。

（3）破产宣告后，对企业破产负有个人责任的企业法定代表人自企业被批准注销之日起3年之内不能担任公司的董事、监事和经理。

2.对债权人的效力

对债权人来说，破产宣告使他们获得了行使权利的特别许可。在破产宣告前，所有的债权请求都处于冻结状态。破产宣告后，因破产宣告以前的原因而发生的请求权，须依照破产程序的规定接受清偿。

（1）未到期的债权视为到期。破产宣告时未到期的债权，视为已到期债权，但是应当减去未到期的利息。

（2）有财产担保的债权人可以由担保物获得清偿。破产宣告后、破产分配前，有财产担保的债权人可以随时请求就担保物获得优先清偿，受偿不足的部分按一般破产债权处理。

（3）对破产企业负有债务的债权人享有破产抵销权。《企业破产法》规定，债权人对破产企业负有债务的，可以在破产清算前抵销。

（4）无担保债权人依破产分配方案获得清偿。无财产担保的债权人不享有由特定财产优先受偿的权利，而只能依照法律规定的清偿顺序，通过法定程序集体确定分配方案，就破产财产获得清偿。

（三）破产宣告前终结破产程序的法定情形

《企业破产法》规定，破产宣告前，有下列情形之一的，人民法院应当裁定终结破产程序，并予以公告：（1）第三人为债务人提供足额担保或者为债务人清偿全部到期债务的；（2）债务人已清偿全部到期债务的。

二、破产财产

破产财产是指在破产宣告后至破产程序终结前，由管理人接管的可以依照破产程序对破产债权人的债权进行清偿的破产企业的财产。

根据《企业破产法》的规定，我国企业破产财产由下列财产构成：

（一）破产案件受理时属于破产企业经营管理的全部财产

这些财产大体包括4类：（1）有形财产，如厂房、机器设备、运输工具、原材料、产成品和办公用品等；（2）无形财产，如土地使用权、专利权、商标权、著作权、专有技术、特许权等；（3）货币和有价证券；（4）投资权益，如破产企业在其他公司中享有的股权。

（二）破产企业在破产申请受理后至破产程序终结前所取得的财产

其主要包括以下6种：（1）因破产企业的债务人的清偿和财产持有人的交还而取得

的财产;(2)因未履行合同的继续履行而取得的财产;(3)由破产企业享有的投资权益所产生的收益;(4)破产财产所生的孳息,如房租、银行利息;(5)清算期间继续营业的收益,应注意的是破产宣告后,破产企业在有利于破产债权人利益的前提下,可以进行必要的营业,由此增加的营业所得就应归入破产财产;(6)基于其他合法原因而取得的财产,如因他人侵犯破产企业的专利权而获得的赔偿。

（三）应当由破产企业行使的其他财产权利

其包括专利权、商标权、专有技术以及破产企业原来与其他企业联营所投入的财产和应得的利益等。

三、破产债权

破产债权是基于破产宣告前的原因而发生的,能够通过破产分配由破产财产公平受偿的财产请求权。《企业破产法》规定,债务人被宣告破产后,债务人称为破产人,债务人财产称为破产财产,人民法院受理破产申请时对债务人享有的债权称为破产债权。人民法院受理破产申请前成立的无财产担保的债权和放弃优先受偿权利的有财产担保的债权为破产债权。

根据我国现行法律规定和司法解释,破产债权的范围包括:(1)无财产担保的债权;(2)放弃了优先受偿权的债权;(3)有财产担保的债权;(4)破产人的连带债务人,因代替破产人清偿债务而取得的求偿权;(5)应计算利息的债权,至破产宣告之日止的利息;(6)待履行合同之相对人的赔偿请求权;(7)其他合法请求权。

下列请求权不属于破产债权:(1)行政机关、司法机关对破产企业的罚款、罚金以及其他有关费用;(2)人民法院受理破产案件后债务人未支付应付款项的滞纳金;(3)破产宣告后的债务利息;(4)债权人参加破产程序所支出的费用;(5)破产企业的股权、股票持有人在股权、股票上的权利;(6)破产财产分配开始后向清算组申报的债权;(7)超过诉讼时效的债权;(8)债务人开办单位对债务人未收取的管理费、承包费。

【案例分析5-1】某大酒店经上级主管部门同意,于2023年3月2日申请宣告破产。在破产程序中,债权人纷纷申报债权,提出的给付请求如下:(1)陈教授于2022年被该酒店保安人员殴打致伤,住院治疗8个月,要求赔偿医疗费8 730元。(2)因该酒店歌舞厅从事"三陪"被查处,市公安局于2023年2月26日对其作出处罚决定:罚款10 000元,限7日内缴纳。(3)某旅行社与该酒店签订的合同,因酒店被宣告破产而终止,旅行社要求赔偿由此造成的经济损失18 000元。(4)该酒店经理以酒店名义借用某公司小轿车一辆供其亲属使用,现该公司要求返还。

请问:如果你是清算组成员,你认为哪些能够成为破产债权?

分析提示:本案中,第(1)和第(3)项是破产债权。

四、破产费用和共益债务

（一）破产费用

破产费用,是指法院在受理破产案件时收取的案件受理费及管理人为破产债权人的共同利益而在破产程序中所支出的各项费用的总和。由于这些费用是为破产债权人的共同利益而支出的,按照民事执行费用由债务人承担的规则和共益费用优先受偿的规则,这些费用应当从破产财产中优先拨付。

1.破产案件的诉讼费用

其包括：（1）破产申请费用；（2）破产管理人为收回破产财产提起诉讼或进行其他法律程序所发生的费用，以及破产管理人以破产企业名义应诉而发生的诉讼费用等；（3）破产案件在诉讼过程中产生的其他费用，如证据保全费、调查费、财产保全费、公告费、鉴定费、送达费、勘验费，以及人民法院认为其他应当支付的诉讼费用。

2.管理、变价和分配债务人（破产人）财产的费用

其包括但不限于债务人财产的保管费用、保养与修缮费用、拍卖或变价变卖费用、变更权属费用、仓储费用、运输费用、保险费用、评估费用、公告及通知债权人受领财产的送达邮寄费用、提存预分配财产费用等。

3.破产管理人执行职务的费用、报酬和聘用工作人员的费用

需要注意的是，破产管理人报酬的支付必须向人民法院提出书面申请并经过审查批准程序，以防出现自己给自己支付报酬的局面。

（二）共益债务

《企业破产法》规定，人民法院受理破产申请后发生的下列债务，为共益债务：（1）因管理人或者债务人请求对方当事人履行双方均未履行完毕的合同所产生的债务；（2）债务人财产受无因管理所产生的债务；（3）因债务人不当得利所产生的债务；（4）为债务人继续营业而应支付的劳动报酬和社会保险费用以及由此产生的其他债务；（5）管理人或者相关人员执行职务致人损害所产生的债务；（6）债务人财产致人损害所产生的债务。

（三）清偿原则

《企业破产法》规定，破产费用和共益债务由债务人财产随时清偿。债务人财产不足以清偿所有破产费用和共益债务的，先行清偿破产费用。债务人财产不足以清偿所有破产费用或者共益债务的，按照比例清偿。债务人财产不足以清偿破产费用的，管理人应当提请人民法院终结破产程序。人民法院应当自收到请求之日起15日内裁定终结破产程序，并予以公告。

五、破产财产的分配

根据《企业破产法》的规定，破产财产在优先清偿破产费用和共益债务后，依照下列顺序清偿：（1）破产人所欠职工的工资和医疗、伤残补助、抚恤费用，所欠的应当划入职工个人账户的基本养老保险、基本医疗保险费用，以及法律、行政法规规定应当支付给职工的补偿金；（2）破产人欠缴的除前项规定以外的社会保险费用和破产人所欠税款；（3）普通破产债权，破产财产不足以清偿同一顺序的清偿要求的，按照比例分配。破产企业的董事、监事和高级管理人员的工资按照该企业职工的平均工资计算。

六、破产程序的终结

（一）破产程序的终结的概念

破产程序的终结是破产程序的最后阶段，也是每一破产程序的必经环节。

破产程序的终结分为正常终结和非正常终结两种情况。前者是指破产程序进行终了

时的终结，即破产程序在所有的债权人均依该程序获得了全额清偿，或虽未获全额清偿但破产财产已全部分配完毕的情况下发生的终结。后者是在破产程序进行过程中的终结，是指破产程序在其进行中因出现法定事由致使继续进行已无必要而发生的终结，包括因整顿成功而终结和因破产财产不足以支付破产费用而终结两种情形。

（二）破产终结的基本程序

第一步，管理人提请人民法院终结破产程序。（1）破产人无财产可供分配的，管理人应当请求人民法院裁定终结破产程序；（2）管理人在最后分配完结后，应当及时向人民法院提交破产财产分配报告，并提请人民法院裁定终结破产程序。

第二步，人民法院裁定。人民法院应当自收到管理人终结破产程序的请求之日起15日内作出是否终结破产程序的裁定。

第三步，人民法院裁定终结的，应当予以公告。

（三）破产终结后的法律后果

第一，管理人向破产人的原登记机关办理注销登记。管理人应当自破产程序终结之日起10日内，持人民法院终结破产程序的裁定，向破产人的原登记机关办理注销登记。

第二，管理人于办理注销登记完毕的次日终止执行职务，但是，存在诉讼或者仲裁未决情况的除外。

第三，自破产程序依照《企业破产法》第43条第4款或者第120条的规定终结之日起2年内，有下列情形之一的，债权人可以请求人民法院按照破产财产分配方案进行追加分配：一是发现有依照第31条、第32条、第33条、第36条规定应当追回的财产的；二是发现破产人有应当供分配的其他财产的。

第四，有前款规定情形，但财产数量不足以支付分配费用的，不再进行追加分配，由人民法院将其上缴国库。

第五，破产人的保证人和其他连带债务人，在破产程序终结后，对债权人依照破产清算程序未受清偿的债权，依法继续承担清偿责任。

【案例聚焦5-1】A市宏伟机械有限责任公司是在A市市场监督管理局登记的国有企业。由于经营管理不善，A市宏伟机械有限责任公司不能清偿到期债务，该公司法定代表人吴××决定公司破产。2023年5月26日，吴××向公司所在区人民法院申请宣告破产。法院征得A市宏伟机械有限责任公司上级主管部门同意，受理后，召集并主持了债权人会议。

A市宏伟机械有限责任公司最大的债权人是A市某食品公司。A市某食品公司享有20万元有财产担保的债权。A市宏伟机械有限责任公司第二大债权人是B市咏顺贸易公司。A市宏伟机械有限责任公司欠B市咏顺贸易公司15万元。法院指定A市某食品公司担任债权人会议主席。经过一段时间的审理，法院作出裁定宣告A市宏伟机械有限责任公司破产，由其上级主管部门接管，进行清算活动。

本案中，有下述几处是违法的：（1）A市宏伟机械有限责任公司法定代表人自行决定申请企业破产是不合法的。（2）向A市宏伟机械有限责任公司所在区的人民法院申请企业破产是不合法的。（3）A市某食品公司担任债权人会议主席是不合法的。

（4）法院的裁定是不合法的。

七、破产责任

破产责任是指有关方面违反企业破产法律所应承担的法律责任，包括民事责任、行政责任、刑事责任等。破产责任表现为有关人员造成企业严重亏损、导致企业破产，包括如下3种类型：

第一，债权人的责任。如果债权人在破产程序进行中，从事了欺诈或与债务人恶意串通等违法行为，应当承担相应的责任。

第二，破产管理人、重整执行人、监督人等在破产程序进行中，未依法履行职务或利用职务之便获取非法利益，应当承担相应的责任。

第三，债务人企业的法定代表人或直接责任人等的责任。这种责任具体又包括以下两种情形：一是作为债务人的企业从事隐匿资产、逃避债务等欺诈行为，其法定代表人或直接责任人应当向债权人承担民事赔偿责任。债权人也有权在法定期间内通过破产管理人请求法院宣告其侵害债权人利益的民事行为无效。二是债务人企业的法定代表人或直接责任人对导致破产有故意、重大过失甚至构成犯罪的，应当承担相应的民事责任、行政责任甚至刑事责任。

【知识链接5-3】关于破产财产的范围，我国虽然采取的是膨胀主义原则，但在企业破产的情况下，并非所有的财产都属于破产财产，有些财产应排除在破产财产之外，概括起来主要有：

1.债务人基于仓储、保管、加工承揽、委托交易、代销、借用、寄存、租赁等法律关系占有、使用的他人财产。

2.破产企业已作为债务担保物的财产。但如果担保物的价款超过其所担保的债务数额，超过部分属于破产财产。

3.担保物灭失后产生的保险金、补偿金、赔偿金等代位物。

4.依法禁止扣押执行的财产，如企业保卫部门的枪支弹药、涉及国家机密的文件档案等，应上交国家有关部门。

5.破产企业内党、团、工会等社团组织的经费及购置的财产。但这些组织无偿占用的破产企业的财产仍属破产财产。

6.企业在破产前向职工筹借的款项。该款项被视为破产企业所欠职工工资，借款利息按照借款实际使用时间和银行同期存款利率计算。但职工在破产前作为资本金投资的款项，应当作为破产财产。

7.破产企业的职工住房、学校、托幼园（所）、医院等福利性设施。这些设施不计入破产财产，由破产企业所在地人民政府接收处理，其职工由接收单位安置。但上述福利性设施没有必要续办并能整体出让的，可以计入破产财产。

8.试点地区破产企业土地使用权的转让所得用于安置破产企业职工的部分。

9.特定物买卖中，尚未转移占有但相对人已完全支付对价的特定物。

10.债务人在所有权保留买卖中尚未取得所有权的财产。

11.所有权专属于国家且不得转让的财产。

第五章单项选择题

第五章多项选择题

思考题与案例分析

一、简答题

1. 简述破产的概念和特征。

2. 破产原因有哪些?

3. 简述管理人的职责。

4. 简述和解程序。

5. 破产财产如何分配?

二、论述题

1. 论述破产案件受理的法律效果。

2. 论述我国企业破产财产的构成。

3. 论述破产债权的内容。

三、案例分析题

光明电器有限责任公司为国有企业,拥有固定资产原值3 000万元,公司占地百亩,大部分职工具有一定的生产技能。由于多方面的原因,该公司连年亏损,亏损额高达9 000万元。主管部门曾想方设法采取过一系列措施,但是该公司生存无望,职工生活无着落,绝无偿还到期债务的可能。该公司向该市中级人民法院提出破产申请。

人民法院受理后,按照《民事诉讼法》的规定,在规定的期限内通知债权人申报债权。经核定,实际债权人23个,金额1 300万元,其中有抵押的债权为97万元、普通债权为1 203万元。该公司欠职工医药费6.3万元;应该支付的税款为6.1万元、劳动保险费8.1万元。

该公司的实际债权为56万元,固定资产净值为620万元,存货为120万元,土地使用权为170万元,总计966万元。

问题:(1)人民法院是否可以宣告申请人光明电器有限责任公司破产还债?该公司破产的原因是什么?

(2)破产财产分配的顺序是怎样的?

合同法律制度

知识目标

掌握合同及合同法的概念；掌握合同法的基础理论知识，如合同的订立、履行、变更、解除、终止及其救济；了解和认识现代合同制度；掌握有关合同事务实际操作能力。

思政目标

恪守诚实信用原则，积极践行社会主义核心价值观，以诚实守信为荣，深刻认识尊重社会主义法律权威的重要意义，以实际行动维护社会主义法律权威，养成心中有法、自觉守法、遇事找法、解决问题用法、化解矛盾靠法的良好习惯。党的二十大报告强调，"弘扬诚信文化，健全诚信建设长效机制"。

【引导案例】

A市甲公司向B市乙公司购买10台专用设备，双方于7月1日签订了购买合同。合同约定：专用设备每台10万元，总价100万元；乙公司于7月31日交货，甲公司在收货10日内付清款项；甲公司在合同签订后5日内向乙公司交付定金5万元；双方因合同违约而发生的纠纷，提交C市仲裁委员会仲裁。7月3日，甲公司向乙公司交付了5万元定金。7月20日，甲公司告知乙公司，因向甲公司订购该批专业设备的丙公司明确拒绝购买该批货物，甲公司一时找不到新的买家，将不能履行合同。7月22日，乙公司通知甲公司解除合同，定金不予返还，并要求甲公司赔偿定金未能弥补的损失。甲公司不同意赔偿损失，乙公司遂向C市仲裁委员会申请仲裁。据查，甲公司不履行合同给乙公司造成10万元损失。

问题：（1）乙公司7月22日通知甲公司解除合同是否符合法律规定？简要说明理由。

（2）甲公司主张乙公司应向A市法院提起诉讼是否符合法律规定？简要说明理由。

第一节　合同法概述

一、合同的概念及特征

（一）合同的概念

《民法典》规定，合同是民事主体之间设立、变更、终止民事法律关系的协议。

婚姻、收养、监护等有关身份关系的协议，适用有关该身份关系的法律规定；没有规定的，可以根据其性质参照适用《民法典》合同编的规定。

（二）合同的特征

1.合同是一种民事法律行为

民事法律行为作为一种最重要的法律事实，是民事主体实施的能够引起民事权利和民事义务的产生、变更和终止的合法行为。由于合同是一种民事法律行为，因此，民法中关于民事法律行为的一般规定，如民事法律行为的生效要件，民事法律行为的无效、撤销等均适用于合同。

2.合同是两个以上的当事人意思表示一致的法律行为

合同的订立主体必须是两个或两个以上当事人，同时，两个或者两个以上当事人之间必须互相作出意思表示，且意思表示一致，才能订立合同。

3.合同以产生、变更，或者终止权利义务为目的

产生民事权利义务关系是指当事人订立合同旨在形成某种民事法律关系，如买卖关系、租赁关系、雇佣关系等，进而具体享有某项民事权利、承担民事义务。变更民事权利义务关系是指当事人通过订立合同使原有的民事权利义务关系发生变化。终止民事权利义务关系是指当事人通过订立合同使原有的民事权利义务关系归于消灭。

二、合同的分类

依据不同的标准，合同可分为不同的种类。

（一）单务合同与双务合同

根据当事人双方是否互相享有权利、负有义务，可以把合同分为单务合同与双务合同。单务合同是指一方当事人负担义务而他方当事人不负担义务的合同，如赠与合同。双务合同是指双方当事人相互享受权利、承担义务的合同，如买卖合同、租赁合同等。

区分单务合同与双务合同的意义在于：首先，双务合同的当事人享有同时履行抗辩权，而单务合同不存在这一问题。其次，双务合同存在合同风险负担的分配问题。双务合同中一方当事人因不可抗力不能履约时则无权要求对方履行，对方已经履行的应把所得利益返还。单务合同则不存在这一问题。

（二）有名合同与无名合同

根据法律是否对合同规定有确定的名称与调整规则，可以把合同分为有名合同与无名合同。有名合同也称典型合同，是指法律对这类合同已经确定了一定的名称并明确了一系列的规则，如买卖合同、赠与合同、借款合同、租赁合同等。无名合同又称非典型合同，是指法律未对这类合同的类型特别加以规定也未赋予其特定的名称。

区分有名合同与无名合同的意义在于：这两种类型合同的法律适用不同。有名合同可直接适用《民法典》合同编的一些具体规定；无名合同则适用《民法典》的一般规则，同时参照《民法典》合同编或其他法律。

（三）有偿合同与无偿合同

根据当事人取得利益有无对价的给付，可以把合同分为有偿合同与无偿合同。有偿合同是指当事人双方为从合同中取得利益需要支付相应对价的合同，如买卖合同。无偿合同则是指当事人一方取得合同规定的利益而不需支付相应对价的合同，如赠与合同。

区分有偿合同与无偿合同的意义在于：首先，区分两种不同合同中当事人的法律责任。一般情况下，有偿合同债务人的责任比无偿合同债务人的责任重。其次，规定限制民事行为能力人订立有偿合同时非经法定代理人同意为无效；而纯获利益的合同，无民事行为能力人和限制民事行为能力人均可订立。最后，债务人与第三人的合同为无偿或者有偿时，债权人行使撤销权所应具备的条件不同。

【案例分析6-1】旅客李某投宿凯悦饭店，办好住宿手续后，将一只装有5万元现金和其他物品的密码箱寄存在凯悦饭店的总服务台。当班服务员清点了物品。第二天下午，李某凭取物牌去取密码箱，发现已被他人领走，李某要求凯悦饭店赔偿全部损失，凯悦饭店拒绝，遂引起纠纷。

分析提示：旅客李某与凯悦饭店存在保管合同关系。李某将物品交给凯悦饭店保管，并告诉服务员密码箱内有贵重物品，当班服务员清点了物品，双方对保管物无异议，保管合同成立且生效。密码箱被他人冒领，说明凯悦饭店未尽到保管义务，存在重大过失。在司法实践中，一般认为饭店保管旅客随身物品的费用已被住宿费所包含，旅客李某与凯悦饭店之间的保管合同应认定为有偿合同，故保管人凯悦饭店应当赔偿李某的损失。

（四）要式合同与不要式合同

根据合同的成立是否要求履行一定的形式和手续，可以把合同分为要式合同与不要式合同。要式合同是指法律要求必须具备一定的形式和手续方可成立的合同。不要式合同是法律对合同订立未规定一定的形式和手续的合同。通常情况下，各国均以不要式合同为原则而以要式合同为例外。

（五）诺成合同与实践合同

根据合同成立是否需要交付标的物，可以把合同分为诺成合同与实践合同。诺成合同是指当事人意思表示一致即告成立的合同。实践合同是指在当事人意思表示一致后，仍须有实际交付标的物的行为才能成立的合同。

区分诺成合同与实践合同的意义在于：首先，明确两种不同合同的成立要件。诺成合同仅以当事人之间的意思表示一致为成立要件，而实践合同除了意思表示一致外还要交付标的物。其次，区分两种不同合同当事人的义务和责任。诺成合同当事人有交付标的物的义务，不履行该义务构成违约责任。实践合同中交付标的物只是先合同义务，违反该义务则承担缔约过失责任。

（六）主合同与从合同

根据某一合同的存在是否以其他合同的存在为前提，可以把合同分为主合同与从合同。主合同是指可独立存在而无须以其他合同的存在为前提的合同。从合同又称附属合同，是指必须以其他合同的存在为前提才可成立的合同，如保证合同。

（七）利己合同与利他合同

根据订立合同是为自己的利益还是他人的利益，可以把合同分为利己合同与利他合同。利己合同是指订约人为使自己直接获得和享有合同利益而订立的合同。利他合同是指订约人一方不是为自己的利益，而是为第三人获得和享有合同利益而订立的合同。

三、合同法

（一）合同法的含义

合同法是调整合同的订立、效力、履行、变更、转让、终止以及违约责任等法律关系的法律规范。《民法典》合同编在原有合同法的基础上，贯彻全面深化改革的精神，坚持维护契约精神，保护平等交换、公平竞争，促进商品和要素自由流动，完善了合同制度。所以，合同法律制度是规范市场交易的基本法律，是民商法的重要组成部分，与公司、企业的生产经营和人民群众的生活密切相关。

我国合同法律制度的建立始于1981年《中华人民共和国经济合同法》的制定；1985年，为适应对外开放的需要制定了《中华人民共和国涉外经济合同法》；1986年制定的《中华人民共和国民法通则》和2017年通过的《中华人民共和国民法总则》对有关合同的基本问题作了规定；1987年又制定了《中华人民共和国技术合同法》。此外，在商标法、专利法、著作权法、铁路法、海商法、保险法和民用航空法等法律中都规定了相应的合同内容。随着改革开放的不断深入和经济贸易的迅速发展，我国原有的合同法律制度已经不能完全适应经济社会发展、市场主体的经济交往和公民生活的需要。在原有合同法律制度的基础上，1999年3月15日，第九届全国人民代表大会第二次会议审议通过了《中华人民共和国合同法》并于当年10月1日正式实施。《中华人民共和国合同法》分总则、分则、附则3篇，共23章428条，是一部较为详尽的法律。为了配合《中华人民共和国合同法》的实施，最高人民法院分别于1999年12月1日、2009年2月9日和2012年3月31日颁布了《关于适用〈中华人民共和国合同法〉若干问题的解释（一）》（法释〔1999〕19号）、《关于适用〈中华人民共和国合同法〉若干问题的解释（二）》（法释〔2009〕5号）、《关于适用〈中华人民共和国合同法〉若干问题的解释（三）》（法释〔2012〕7号）等。2020年5月28日，中华人民共和国第十三届全国人民代表大会第三次会议审议通过了《民法典》。《民法典》合同编共计526条，几乎占据了整个《民法典》的"半壁江山"。《民法典》合同编的颁行，真正体现了合同法是交易法，是市场经济的基本法，也是鼓励交易、创造财富、维护交易安全与交易秩序的重要法律。

（二）合同法的特征

1.财产性

合同法的调整对象是民事财产流转关系，不包括人身关系。

2.协议性

合同的订立必须尊重当事人的意志，或者说只要当事人能达成意思表示一致就能订立合同，协议性体现在合同的内容、形式上等。

（三）合同法的基本原则

合同法的基本原则是合同法的主旨和根本准则，它贯穿于整个合同法制度和规范之中，是市场经济的内在要求在法律上的表现。《民法典》合同编规定了当事人订立合同应遵循的基本原则：

1.合同当事人法律地位平等原则

民事主体在民事活动中的法律地位一律平等。合同当事人法律地位平等，指当事人在订立、履行、变更、转让、接触、承担违约责任等涉及合同的活动中的法律地位是平等的，无论当事人是法人还是自然人，也不论其经济性质、组织形式、经济实力的大小等，都应当平等地享有权利、履行义务、承担责任。

合同当事人法律地位平等原则包括3方面内容：一是合同当事人的法律地位一律平等；二是合同中的权利义务对等；三是合同当事人必须就合同条款充分协商，取得一致，合同才能成立。

2.合同自愿原则

《民法典》规定，民事主体从事民事活动，应当遵循自愿原则，按照自己的意思设立、变更、终止民事法律关系。合同自愿原则是指合同主体在从事交易活动时，能根据自己内心意愿订立合同。

合同自愿原则包括缔结合同的自由、选择合同相对人的自由、决定合同内容的自由、变更和解除合同的自由、选择合同的方式的自由、约定违约责任的自由等方面。对合同自由的限制主要体现在两个方面：一是格式合同。格式合同是当事人一方为与多数人订约而预先拟订的合同。格式合同的相对人仅有同意或不同意的权利，而无决定合同内容的自由。二是立法上的限制。这表现在邮政、电力、煤气等公用事业中的订约行为的强制。

3.合同公平原则

《民法典》规定，民事主体从事民事活动，应当遵循公平原则，合理确定各方的权利和义务。合同公平原则是指合同当事人公平地确定合同权利义务，使双方的权利义务安排大致相当，同时当事人不得利用自己的优势地位或对方的不利地位，而订立显失公平的合同。公平是价值规律即利益均衡的要求和体现，它是作为一种价值判断来衡量合同当事人之间的权利义务关系。合同当事人应当公平合理地确定双方的权利义务关系。合同内容有重大误解或者显失公平时，一方当事人有权请求人民法院或仲裁机构予以变更或撤销，在合同履行过程中也要遵循公平原则。

4.诚实信用原则

诚实信用原则是民法的一项基本原则，是指当事人在从事民事活动时，应诚实守信，以善意的方式履行其义务。为保持和弘扬传统道德和商业道德，保障合同得到严格遵守，维护社会交易秩序，《民法典》也确立了诚实信用原则。《民法典》规定，民事主体从事民事活动，应当遵循诚实信用原则，秉持诚实，恪守承诺。在订立合同阶段，该原则要求当事人不得有欺诈行为；在履行合同义务时，该原则要求当事人根据合同的性质、目的和交易习惯及时通知、协商、提供必要的条件、防止损失扩大、保密等；在合同终止后，该原则要求当事人要根据交易习惯履行通知、协助、保密等义务。可见，诚实信用原则不仅具有确定行为规范的作用，而且具有平衡利益冲突、为解释法律和合同提供准则等作用。

5.合法原则

为保障合同当事人订立的合同符合国家意志和社会公共利益，协调当事人之间的利益冲突，保护正常的交易秩序，《民法典》确立了合法原则。《民法典》规定，民事主体从事民事活动，不得违反法律，不得违背公序良俗。合同的内容可由双方当事人自由约定，但在特殊情况下，为维护社会公共利益和交易秩序，《民法典》合同编对合同当事人的自由进行了必要的干预和限制，如对标准合同及免责条款生效的限制性规定等。

第二节 合同的订立

合同的订立是指缔约方为达成协议而进行的协商、磋商及达成合意的过程。

一、合同的内容与形式

（一）合同的内容

合同的内容是指当事人依法订立的合同中所约定的个性具体意思表示，具体表现为合同的各项条款。根据《民法典》合同编的规定，合同的内容由当事人约定，一般包括以下条款：

1.当事人的名称或者姓名和住所

合同依法生效后，即在当事人之间产生法律约束力，所以，合同中必须写明当事人的名称。当事人的住所是确定债务履行地的依据，是发生合同纠纷时确定管辖地的一个依据，也是人民法院送达诉讼文书的目的地。因此，合同中也应当写明当事人的住所。

2.标的

标的是合同当事人的权利义务指向的对象。标的是合同成立的必要条件，是一切合同的必备条款。由于合同种类不同，标的也不相同，可以是某种物，也可以是某种服务或者智力成果等。例如，买卖合同的标的是某种实物，委托合同的标的是受托人提供的服务，技术合同的标的是智力成果。合同的标的条款必须清楚地写明标的物或服务的具体名称，特别是对于不易确定的无形财产、劳务、工作成果等，更要尽可能地描述准确。

3.数量

在大多数合同中，数量是必备条款。对于有形财产，数量是对单位个数、体积、面积、长度、容积、重量等的计量；对于无形财产，数量是个数、件数、字数以及使用范围等多种量度方法；对于劳务，数量为劳动量；对于工作成果，数量是工作量及成果数量。数量条款中应当约定明确的计量单位和计量方法，约定合理的磅差、正负尾差、超欠幅度、自然损耗等。计量单位和计量方法必须合法、具体、准确，除国家明文规定以外，当事人双方可以协商确定。

4.质量

质量是指标的的内在素质和外观形象的状况。质量条款是合同的主要条款，当事人必须在合同中约定质量标准。如果质量条款规定不明确，极易产生争议。质量主要包括标的的物理和化学成分、标的的规格、标的的性能、标的的款式、标的的感觉要素等。如果当事人在合同中没有约定质量条款或约定的质量条款不明确，可以根据《民法典》合同编的规定填补漏洞。

5.价款或者报酬

价款或者报酬是有偿合同的主要条款。价款是取得标的物所应支付的对价，报酬是获得服务所应支付的对价。价款或者报酬除国家有定价的以外，由当事人自愿约定，但应当公平。当事人还应当约定价款或者报酬的支付方式（一次性支付或分期支付）、币种（人民币或外币）、支付地点、结算方式（现金计算还是票据支付）等内容。

6.履行期限、履行地点和履行方式

履行期限是有关当事人实际履行合同的时间规定，直接关系到合同义务完成的时间，也是确定合同是否按时履行或者迟延履行的客观依据。合同成立、生效后，当事人还不用实际履行，须待履行期到来时才实际履行。因此，履行期限条款应当尽量明确、具体，或者明确规定计算期限的方法。合同中履行期限约定不明确的，当事人可事后达成补充协议或通过合同解释的办法来弥补。

履行地点是指当事人依据合同约定履行其义务的场所。履行地点是确定风险由谁承担以及所有权是否转移的依据，也是在发生纠纷后确定由哪一地法院管辖的依据。因此，履行地点与双方当事人的权利义务关系有一定联系，在合同中应当规定得明确、具体。

履行方式是指当事人履行合同义务的方法，如在买卖合同中，是采取一次履行还是分次履行，是采用买受人自提还是采用出卖人送货的方式等。履行方式与当事人的利益密切相关，应当从方便、快捷等方面考虑，采取最为适当的履行方式，并且在合同中明确规定。

7.违约责任

违约责任是指合同当事人违反合同义务而应承担的责任，即当事人不履行合同债务时，所应承担的损害赔偿、支付违约金等责任。违约责任是促使当事人履行合同义务、使对方免受或少受损失的法律措施，也是保证合同履行的主要条款。当事人可以在合同中就违约责任作出具体约定，如约定定金、违约金、赔偿金额以及赔偿金的计算方法等。

8.解决争议的方法

解决争议的方法是指发生合同纠纷后的解决途径。按照合同自由原则，当事人可以在合同中约定解决争议的具体方法。解决争议的方法主要有4种：一是自行协商和解；二是由第三人调解；三是申请仲裁；四是提起诉讼。当事人如果意图在发生纠纷后通过诉讼途径解决，则不用在合同中约定。涉外合同的当事人约定采用仲裁方式解决争议的，可以选择中国的仲裁机构进行仲裁，也可以选择在外国进行仲裁。涉外合同的当事人还可以选择解决其争议所适用的法律，但法律有限制性规定的，依照其规定。

（二）合同的形式

合同的形式是指体现合同内容、明确当事人权利义务关系的方式，即合同的载体。

《民法典》合同编规定，当事人订立合同，可以采用书面形式、口头形式或者其他形式。

1.书面形式

书面形式是指当事人以文字等有形的表现形式体现当事人所订立合同的内容的形式。其优点是有据可查，发生纠纷时容易举证，便于分清责任。《民法典》合同编规定，书面形式是合同书、信件、电报、电传、传真等可以有形地表现所载内容的形式。以电子数据交换、电子邮件等方式能够有形地表现所载内容，并可以随时调取查用的数据电文，视为书面形式。

2.口头形式

口头形式是指当事人只用语言为意思表示而订立合同，而不用文字表达协议内容的合同形式。凡当事人未约定、法律未规定特定形式的合同，都可以采用口头形式。口头形式在实践中运用得比较广泛，一般来说，即时结清的买卖、服务和消费合同大都采取口头形式订立。其优点在于简便易行、快捷迅速，其缺点是发生合同纠纷时不易取证，难以分清责任。

3.其他形式

其他形式是指除口头形式、书面形式之外的订立合同的形式，主要包括视听资料形式和默示行为。

二、合同的订立程序

合同的订立程序是指当事人之间互相作出意思表示，并就合同条款达成一致协议的过程。合同的订立程序包括要约和承诺。

（一）要约

1.要约的概念

要约是指一方当事人向他方作出订立合同的意思表示。《民法典》合同编规定，要约是希望与他人订立合同的意思表示。可见，要约是一方当事人以缔结合同为目的，向对方当事人所作的意思表示。表意人即发出要约的人称为要约人，受领要约的人称为相对人或受要约人。

【法律小贴士6-1】《民法典》合同编规定，要约是订立合同的必经阶段，不经过要约阶段，合同是不可能成立的。

要约作为一种希望和他人订立合同的意思表示，它能够对要约人和相对人产生一种约束力。《民法典》合同编规定，要约的意思表示必须"表明经受要约人承诺，要约人即受该意思表示约束"。要约一旦发出，除依法律规定或受要约人的同意外，不得任意变更或撤销。

2.要约的构成要件

依据《民法典》合同编的规定，要约取得法律效力必须具备下列要件：

（1）内容具体、确定。根据《民法典》合同编的规定，要约的内容必须具体、确定。具体是指要约应包括足以使合同成立的主要条款。确定是指要约的内容必须明确，而不能含糊不清，否则便无法承诺。

（2）表明经受要约人承诺，要约人即受该意思表示约束。要约人必须是订立合同的一方当事人，必须是特定的，以便受要约人能够对其进行承诺。要约只有向要约人希望与之订立合同的相对人发出，才能唤起相对人的承诺。要约到达受要约人时生效。

3.要约的生效时间

《民法典》规定，以对话方式作出的意思表示，相对人知道其内容时生效。以非对话方式作出的意思表示，到达相对人时生效。以非对话方式作出的采用数据电文形式的意思表示，相对人指定特定系统接收数据电文的，该数据电文进入该特定系统时生效；未指定特定系统的，相对人知道或者应当知道该数据电文进入其系统时生效。当事人对采用数据电文形式的意思表示的生效时间另有约定的，按照其约定。

4.要约的撤回与撤销

行为人可以撤回意思表示。撤回意思表示的通知应当在意思表示到达相对人前或者与意思表示同时到达相对人。

要约可以撤销，但是有下列情形之一的除外：

（1）要约人以确定承诺期限或者其他形式明示要约不可撤销；

（2）受要约人有理由认为要约是不可撤销的，并已经为履行合同做了合理准备工作。

撤销要约的意思表示以对话方式作出的，该意思表示的内容应当在受要约人作出承诺之前为受要约人所知道；撤销要约的意思表示以非对话方式作出的，应当在受要约人作出承诺之前到达受要约人。

5.要约失效

要约失效是指要约丧失了法律约束力，不再对要约人和受要约人产生约束。要约失效以后，受要约人也丧失了其承诺的权利。根据《民法典》合同编的规定，要约的法律效力因以下4种原因而消灭：

（1）要约被拒绝。拒绝要约是指受要约人没有接受要约所规定的条件，或虽作出承诺但对原要约内容作了修改的，视为拒绝原要约。

（2）要约被依法撤销。

（3）承诺期限届满，受要约人未作出承诺。如果要约中规定了承诺期限，则承诺必须在该期限内作出。

（4）受要约人对要约的内容作出实质性变更。《民法典》合同编规定，有关合同的标的、数量、质量、价款或者报酬、履行期限、履行地点和方式、违约责任和解决争议方法等的变更，是对要约内容的实质性变更。

6.要约邀请

要约邀请是希望他人向自己发出要约的意思表示。拍卖公告、招标公告、招股说明书、债券募集办法、基金招募说明书、商业广告和宣传、寄送的价目表等为要约邀请。要约邀请是订立合同的准备行为，其本身不具备要约的约束力。

要约邀请与要约的区别在于：首先，要约邀请是表意人为唤起他人对其要约的意思表示，行为本身无要约的法律效力；其次，要约的内容中往往包括有合同的主要条款，但是要约邀请只是一个意向；最后，要约邀请指向的不是特定的人，而是不确定的人，但是要约则是向确定的人发出的缔约意思表示。

【案例分析6-2】某果品公司因市场上西瓜脱销，向新疆某农场发出一份传真："我市西瓜脱销，不知贵方能否供应。如有充足货源，我公司欲购10个火车皮。望能及时回电与我公司联系协商相关事宜。"新疆某农场因西瓜丰收，正愁没有销路，接到传真后，喜出望外，立即组织10个车皮货物给某果品公司发去，并随即回电："10个车皮的货已发出，请注意查收。"在某果品公司发出传真后，新疆某农场回电前，外地西瓜大量涌入，价格骤然下跌。接到新疆某农场回电后，某果品公司立即复电："因市场发生变化，贵方发来的货，我公司不能接收，望能通知承运方立即停发。"但因货物已经起运，新疆某农场不能改卖他人。此后，某果品公司拒收，新疆某农场指责某果品公司违约，并向法院起诉。

分析提示：此案双方发生纠纷的原因是新疆某农场没有理解要约和要约邀请的区别。某果品公司给新疆某农场的传真是询问其是否有货源，虽然某果品公司在给新疆某农场的传真中提出了具体数量和品种，但同时希望新疆某农场回电通报情况。因此，某果品公司的传真具有要约邀请的特点。新疆某农场没有按某果品公司的传真要求通报情况，在直接向某果品公司发货后，才向某果品公司回电的行为，因没有要约而不具有承诺的性质，相反倒具有要约的性质。在此情况下如果某果品公司接收这批货物，这一行为就具有承诺性质，合同就成立。但由于某果品公司拒绝接收货物，故此买卖没有承诺，合同不成立。基于上述原因，法院应判决新疆某农场败诉，某果品公司不负赔偿责任。

（二）承诺

1.承诺的概念

根据《民法典》合同编的规定，承诺是指受要约人同意要约的意思表示，即受要约人同意接受要约的条件以缔结合同的意思表示。承诺只能以明示的方式作出，沉默或不作为本身不构成承诺。

2.承诺的构成要件

（1）承诺须由受要约人向要约人作出。只有受要约人或其代理人才能作出承诺。承诺必须向要约人作出，才能使合同成立。如果向要约人以外的其他人作出承诺，不能产生承诺的效力。

（2）承诺须在规定的期限内到达要约人。《民法典》合同编规定，承诺应当在要约确定的期限内到达要约人。只有在规定的期限内到达的承诺才是有效的。要约中如果规定了承诺期限，则承诺应当在规定的期限内到达才生效。

（3）承诺的内容须与要约的内容一致。《民法典》合同编规定，承诺的内容应当与要约的内容一致。承诺是对要约内容的全部接受，即承诺的内容须与要约的内容一致。若受要约人对要约的内容进行了变更，则应视为对原要约的拒绝。

3.承诺的方式

根据《民法典》合同编的规定，承诺应当以通知方式作出，但根据交易习惯或者要约表明可以通过行为作出承诺的除外。通知的方式主要包括对话、信件、电报、电传等。

4.承诺的期限

如前所述，承诺应当在要约确定的期限内到达要约人。要约没有规定承诺期限的，承诺应当在下列期限内到达：要约以对话方式作出的，应当即时作出承诺；要约以非对话方式作出的，承诺应当在合理期限内到达。要约以信件或者电报作出的，承诺期限自信件载明的日期或者电报交发之日开始计算；信件未载明日期的，自投寄该信件的邮戳日期开始计算。要约以电话、传真等快速通信方式作出的，承诺期限自要约到达受要约人时开始计算。

【法律小贴士6-2】受要约人在承诺期限内发出承诺，按照通常情形能够及时到达要约人，但是因其他原因致使承诺到达要约人时超过承诺期限的，除要约人及时通知受要约人因承诺超过期限不接受该承诺外，该承诺有效。

承诺的内容应当与要约的内容一致。受要约人对要约的内容作出实质性变更的，为新要约。有关合同标的、数量、质量、价款或者报酬、履行期限、履行地点和方式、违约责任和解决争议方法等的变更，是对要约内容的实质性变更。

三、合同成立的时间与地点

（一）合同成立的时间

当事人采用合同书形式订立合同的，自当事人均签名、盖章或者按指印时合同成立。在签名、盖章或者按指印之前，当事人一方已经履行主要义务，对方接受时，该合同成立。法律、行政法规规定或者当事人约定合同应当采用书面形式订立，当事人未采用书面形式但是一方已经履行主要义务，对方接受时，该合同成立。

当事人采用信件、数据电文等形式订立合同要求签订确认书的，签订确认书时合同成立。当事人一方通过互联网等信息网络发布的商品或者服务信息符合要约条件的，对方选择该商品或者服务并提交订单成功时合同成立，但是当事人另有约定的除外。

（二）合同成立的地点

承诺生效的地点为合同成立的地点。

采用数据电文形式订立合同的，收件人的主营业地为合同成立的地点；没有主营业地的，其住所地为合同成立的地点。当事人另有约定的，按照其约定。

当事人采用合同书形式订立合同的，最后签名、盖章或者按指印的地点为合同成立的地点，但是当事人另有约定的除外。

四、缔约过失责任

缔约过失责任是指当事人于缔结合同之际，因故意或者过失违反先合同义务从而导致合同不成立、被确认无效或被撤销时，使对方当事人遭受损失而应承担的法律责任。

（一）缔约过失责任的成立条件

1.缔约一方违反了先合同义务

缔约过失责任发生在合同订立过程中，而合同尚未成立之前。缔约一方违反先合同义务主要表现为当事人一方有假借订立合同，恶意进行磋商的行为，或者故意隐瞒与订立合同有关的重要事实或提供虚假情况等违背诚实信用原则的行为。

2.相对方受有损失

法律规定缔约过失责任的目的之一就是弥补缔约过程中由于一方违反先合同义务而给对方造成的信赖利益的损失，因此，相对方受有损失的事实是承担缔约过失责任的前提。这种损失既包括实际利益的损失，也包括可得利益的损失。

3.违反先合同义务与相对方受有损失之间存在因果关系

当事人在缔结合同过程中，应遵守依据诚实信用原则而产生的协助、保密等附随义务。当事人一方如果不履行这种义务，就会给他方造成损害。因此，承担缔约过失责任要求相对方受有损失这一事实与一方当事人违反先合同义务之间存在因果关系。

4.违反先合同义务的一方有过错

缔约的过错是指当事人违背了其负有的义务并破坏了缔约关系。这里的过错包括故意和过失，当事人在合同缔结过程中因不同程度的过错影响到其承担的不同责任后果。

（二）承担缔约过失责任的事由

当事人在订立合同过程中有下列情形之一，给对方造成损失的，应承担损害赔偿责任：第一，假借订立合同，恶意进行磋商；第二，故意隐瞒与订立合同有关的重要事实或者提供虚假情况；第三，有其他违背诚实信用原则的行为。

当事人在订立合同过程中知悉的商业秘密或者其他应当保密的信息，无论合同是否成立，不得泄露或者不正当地使用；泄露、不正当地使用该商业秘密或者信息，造成对方损失的，应当承担赔偿责任。

【案例聚焦6-1】2022年3月28日，甲图书发行公司以书面形式向南京作家朱某发出"约稿"一份，请朱某创作以下图书：

一、青少年辅学广智丛书

1.中国古代思想家的故事

2.中国古代政治家的故事

3.中国古代军事家的故事

4.中国古代科学家的故事

5.中国古代文学家的故事

6.中国古代艺术家的故事

二、"中华四圣"系列长篇历史小说

1.孔子

2.老子

3.墨子

4.庄子

2022年9月，朱某持上述10本书的书稿到甲图书发行公司处，与甲图书发行公司协商出版相关事宜未果，于是，朱某向法院提起诉讼，要求甲图书发行公司赔偿误工费、交通费等合计人民币85 648元。

法院经审理后认为，当事人行使权利、履行义务应当遵循诚实信用原则。当事人在订立合同过程中，一方违背诚实信用原则和法律规定的义务，致另一方的信赖利益损失，应当承担损害赔偿责任。缔约过失责任产生于特定的时间，即要约生效后，合同成立前。本案中，甲图书发行公司向朱某发出的"约稿"虽然只是达成出版合同的合意，但甲图书发行公司这一要约行为足以使朱某产生合理信赖。此外，甲图书发行公司作为图书出版发行单位，在向朱某发出"约稿"要约时，应该考虑对朱某获得的稿酬应该有明确的约定而未约定，甲图书发行公司具有缔约上的过失。综上，朱某基于合理信赖而撰写了甲图书发行公司所约定作品交付甲图书发行公司，甲图书发行公司却违背诚实信用原则和法律规定的义务，撤销要约，而给朱某造成经济损失，甲图书发行公司应当承担损害赔偿责任。

第三节　合同的效力

合同的效力又称合同的法律效力，是指法律赋予依法成立的合同的约束当事人和其他第三人的强制力。合同对当事人的约束力包括有适当履行合同义务、不履行时的违约责任、当事人不得随意变更或解除合同的义务等。合同对第三人的约束力表现在任何第三人不得侵害合同债权、代位权制度等。

一、合同的生效

（一）合同的生效的概念

合同的生效是指已经成立的合同开始在当事人之间产生法律约束力。

合同的成立与合同的生效是两个不同的概念：合同的成立是一种事实判断，而合同的生效则是一种价值判断。一般情况下，合同生效的时间与合同成立的时间是一致的，但是，有些情况下两者则是不一致的。例如附条件的合同，附生效条件的合同自条件成立时生效，附解除条件的合同自条件成立时失效。应该说，合同具备法定要件即可成立，但是，是否能产生法律效力，则还应具备法律所规定的生效要件。

（二）合同的生效的要件

1.当事人具有相应的缔约行为能力

合同以当事人的意思表示为基础，以产生一定的法律效果为目的，因此，要求当事人必须具备与订立某项合同相应的缔约行为能力。对于法人，其缔约能力应与其被核准的经营范围或者设立登记的宗旨相一致。当事人订立合同，应当具有相应的民事权利能力和民事行为能力。这一规定对于保护当事人的利益、维护社会经济秩序有重要意义。

2.合同的内容必须确定并且可能

合同的内容是确定各方当事人各自权利义务的重要根据，也是当事人履行义务的依据。如果合同内容不确定或者不可能，当事人就无法履行合同，也难以确定各方当事人的权利义务。合同的内容不确定或者不可能，合同不生效。

3.合同不违反法律和不损害社会公共利益

这是各国法律均承认的一项原则。合同不违反法律是指合同不得违反法律的强制性规定，而不是任意性规范。合同不损害社会公共利益，主要是指合同的内容不违反公序良俗，如有违反，则合同不产生法律效力。

4.合同的形式须符合法律规定或当事人约定

一般来说，合同的形式可由当事人自由选择。《民法典》合同编规定，当事人订立合同，有书面形式、口头形式和其他形式。如果法律有特别规定或当事人有特别约定的，则须在条件满足时，合同才生效。

二、效力待定的合同

效力待定的合同是指已经成立的合同因欠缺一定的生效要件，进而导致该合同生效与否尚未确定，必须补正后才可生效的合同。需要明确的是，效力待定合同已经成立，但不完全符合有关生效要件的规定，因此其效力能否发生尚未确定，须经其他行为补正后才能生效。

（一）效力待定的合同一般情况

1.无民事行为能力人、限制民事行为能力人依法不能独立订立合同

无民事行为能力人、限制民事行为能力人订立的合同，可以在事后由其法定代理人追认而生效。《民法典》规定，无民事行为能力人由其法定代理人代理实施民事法律行为。限制民事行为能力人实施民事法律行为由其法定代理人代理或者经其法定代理人同意、追认，但是，可以独立实施纯获利益的民事法律行为或者与其年龄、智力相适应的民事法律行为。

《民法典》规定，相对人可以催告法定代理人自收到通知之日起30日内予以追认。法定代理人未作表示的，视为拒绝追认。民事法律行为被追认前，善意相对人有撤销的权利。撤销应当以通知的方式作出。这是《民法典》对善意相对人的合法权益的保护。善意相对人是指不知行为人为限制民事行为能力人的一方。

2.无权代理人订立的合同

行为人没有代理权、超越代理权或者代理权终止以后以被代理人名义订立的合同，未经被代理人追认，对被代理人不发生效力。相对人知道或者应当知道行为人无权代理的，相对人和行为人按照各自的过错承担责任。

这里的无权代理是指表见代理以外的欠缺代理权的代理，主要包括以下3种情况：一是根本无代理权的无权代理。代理人在未得到任何授权的情况下，以本人的名义从事代理活动。二是超越代理权的无权代理。代理人虽享有一定的代理权，但其实施的代理行为超越了代理权的范围。三是代理权终止后的无权代理。在代理权终止以后，代理人仍以原委托人名义从事代理活动。无权代理人承担其给相对人造成的损失。无权代理所产生的合同是一种效力待定合同，经过本人的追认方是有效的合同。

3.无处分权人订立的合同

无处分权的人处分他人财产，经权利人追认或者无处分权的人订立合同后取得处分权的，该合同有效。无处分权合同是指无处分权人处分他人财产，并与相对人订立转让财产的合同，属于效力待定合同，这类合同的效力取决于权利人的追认与取得处分权。

（二）两种特殊的效力待定合同

1.表见代理

表见代理是指在无权代理的情况下，代理人的行为足以使善意相对人相信其具有代理权而进行交易，由此造成的法律后果由被代理人承担的代理。行为人没有代理权、超越代理权或者代理权终止后以被代理人名义订立合同，相对人有理由相信行为人有代理权的，该代理行为有效。

表见代理的构成要件有：（1）行为人以被代理人的名义与相对人订立合同。行为人没有获得被代理人的授权而以被代理人的名义与第三人签订合同。（2）相对人有理由相信行为人具有代理权。如代理关系终止后被代理人未通知相对人，或者未公示这一事实并收回授权委托书。（3）相对人主观上是善意的、无过失的。主观上的善意，是指不知道或不应当知道行为人是无权代理人。（4）行为人与相对人所订立的合同符合合同成立的要件，并且符合代理行为的表面特征。

2.法定代表人、负责人超越权限订立的合同

法人的法定代表人或者非法人组织的负责人超越权限订立的合同，除相对人知道或者应当知道其超越权限外，该代表行为有效，订立的合同对法人或者非法人组织发生效力。

三、无效合同

无效合同是指合同虽然已经成立，但因其内容违反了法律、行政法规的强制性规定和社会公共利益而不产生法律效力的合同。

《民法典》合同编规定，合同中的下列免责条款无效：

（1）造成对方人身损害的；

（2）因故意或者重大过失造成对方财产损失的。

【法律小贴士6-3】《民法典》合同编规定，合同不生效、无效、被撤销或者终止的，不影响合同中有关解决争议方法的条款的效力。

无效合同从合同订立时就没有法律效力，当事人之间的权利义务关系自始无效。合同尚未履行的，不得履行；正在履行的，立即终止履行。合同被确认无效后，当事人依据合同取得的财产应返还给对方；不能返还的或者没必要返还的，应当折价补偿。合同被确认无效后，有过错的一方应赔偿对方因此受到的损失；双方都有过错的，各自承担相应责任。

四、可撤销的合同

可撤销合同是指当事人在订立合同时，因意思表示不真实，法律允许其行使撤销权而使已经生效的合同归于无效。

基于重大误解实施的民事法律行为，行为人有权请求人民法院或者仲裁机构予以撤销。

一方以欺诈手段，使对方在违背真实意思的情况下实施的民事法律行为，受欺诈方有权请求人民法院或者仲裁机构予以撤销。

第三人实施欺诈行为，使一方在违背真实意思的情况下实施的民事法律行为，对方知道或者应当知道该欺诈行为的，受欺诈方有权请求人民法院或者仲裁机构予以撤销。

一方或者第三人以胁迫手段，使对方在违背真实意思的情况下实施的民事法律行为，受胁迫方有权请求人民法院或者仲裁机构予以撤销。

一方利用对方处于危困状态、缺乏判断能力等情形，致使民事法律行为成立时显失公平的，受损害方有权请求人民法院或者仲裁机构予以撤销。

第四节　合同的履行

合同的履行是指当事人按照约定完成义务的过程，是债务人全面、适当地完成其所负担的义务与合同债权人的合同债权得到完全实现的统一。

一、合同履行的原则

合同履行的原则是指合同的双方当事人在履行的过程中应当遵循的基本原则。当事人应当按照约定全面履行自己的义务。当事人应当遵循诚实信用原则，根据合同的性质、目的和交易习惯履行通知、协助、保密等义务。当事人在履行合同过程中，应当避免浪费资源、污染环境和破坏生态。

二、合同没有约定或者约定不明确内容的处理

合同生效后，当事人就质量、价款或者报酬、履行地点等内容没有约定或者约定不明确的，可以协议补充；不能达成补充协议的，按照合同相关条款或者交易习惯确定。

当事人就有关合同内容约定不明确，依据前条规定仍不能确定的，适用下列规定：

（1）质量要求不明确的，按照强制性国家标准履行；没有强制性国家标准的，按照推荐性国家标准履行；没有推荐性国家标准的，按照行业标准履行；没有国家标准、行业标准的，按照通常标准或者符合合同目的的特定标准履行。

（2）价款或者报酬不明确的，按照订立合同时履行地的市场价格履行；依法应当执行政府定价或者政府指导价的，依照规定履行。

（3）履行地点不明确，给付货币的，在接受货币一方所在地履行；交付不动产的，在不动产所在地履行；其他标的，在履行义务一方所在地履行。

（4）履行期限不明确的，债务人可以随时履行，债权人也可以随时请求履行，但是应当给对方必要的准备时间。

（5）履行方式不明确的，按照有利于实现合同目的的方式履行。

（6）履行费用的负担不明确的，由履行义务一方负担；因债权人原因增加的履行费用，由债权人负担。

三、合同履行中的抗辩权

（一）同时履行抗辩权

同时履行抗辩权又称合同不履行抗辩权，是指双务合同当事人应同时履行义务的，一方在对方未履行时，可拒绝自己给付的权利。

根据《民法典》合同编的规定，当事人互负债务，没有先后履行顺序的，应当同时履行。一方在对方履行之前有权拒绝其提出的履行要求；一方在对方履行债务不符合约定时，也有权拒绝其相应的履行要求。

同时履行抗辩权的成立要件主要有：（1）同一双务合同互负给付义务，且双方当事人的义务履行互为条件、互相牵连；（2）双方互负债务均已届履行期，且无先后履行顺序；（3）双方当事人都未履行义务；（4）对方的对待履行是可能的。

（二）不安抗辩权

不安抗辩权，是指在双务合同中，一方当事人应先向另一方给付时，有证据证明他方当事人不能或难以履行合同义务，在他方当事人未履行合同或就合同履行提供担保之前，有拒绝履行合同的权利。

依据《民法典》合同编的规定，应当先履行债务的当事人，有确切证据证明对方有下列情形之一的，可以中止履行：（1）经营状况严重恶化；（2）转移财产、抽逃资金，以逃避债务；（3）丧失商业信誉；（4）有丧失或者可能丧失履行债务能力的其他情形。当事人一方要中止履行的，须提供上述证据，否则视为违约。

当事人行使不安抗辩权时，应当及时将中止履行的情况通知对方。对方提供适当担保的，应恢复履行；如果对方在合理期限内未恢复履行能力且未提供适当担保，中止履行的一方当事人可以解除合同。

【案例聚焦6-2】甲、乙两公司签订钢材购买合同，合同约定：乙公司向甲公司提供钢材，总价款600万元，甲公司预付价款200万元。甲公司在即将支付预付款前，得知乙公司因经营不善，无法交付钢材，并有确切证据证明。于是，甲公司拒绝支付预付款，除非乙公司能提供一定的担保，乙公司拒绝提供担保。为此，双方发生纠纷并诉至法院。本案中，甲公司的行为就属于行使不安抗辩权的行为。

（三）先履行抗辩权

先履行抗辩权是指双务合同中应当先履行的一方当事人没有履行合同义务或者履行不符合约定的，后履行一方有拒绝履行自己义务的权利。

先履行抗辩权的成立要件主要有：（1）当事人之间互负合同义务；（2）双方当事人之间履行义务有先后顺序；（3）先履行义务一方到期未履行合同义务或履行不符合约定的。

四、合同保全

合同保全是指为防止因债务人的财产变化而给债权人的债权带来损害，允许债权人行使代位权或撤销权，以保护债权人的债权。

（一）债权人的代位权

债权人的代位权是指当债务人怠于行使其到期债权而危及债权人利益时，债权人可以以自己的名义代位行使债务人权利的权利。

因债务人怠于行使其到期债权，对债权人造成损害的，债权人可以向人民法院请求以自己的名义代位行使债务人的债权，但该债权专属于债务人自身的除外。代位权的行使范围以债权人的债权为限，其中专属于债务人自身的债权不允许债权人行使代位权，主要包括基于扶养关系、抚养关系、赡养关系、继承关系产生的给付请求权和劳动报酬、退休金、养老金、抚恤金、安置费、人寿保险、人身伤害赔偿请求权等。

债权人代位权的成立要件主要有：（1）债务人享有对第三人的债权；（2）债务人怠于行使其对第三人的债权；（3）债权人的债权已到履行期；（4）债务人的怠于行使债权行为危及了债权人的债权。

（二）债权人的撤销权

债权人的撤销权是指债权人对债务人实施的危及债权人利益的减少财产行为，可以请求人民法院予以撤销的权利。

《民法典》合同编规定，债务人以放弃其债权、放弃债权担保、无偿转让财产等方式无偿处分财产权益，或者恶意延长其到期债权的履行期限，影响债权人的债权实现的，债权人可以请求人民法院撤销债务人的行为。债务人以明显不合理的低价转让财产，对债权人造成损害，并且受让人知道该情形的，债权人也可以请求人民法院撤销债务人的行为。撤销权的行使范围以债权人的债权为限。债权人行使撤销权的必要费用由债务人负担。同时，《民法典》合同编对撤销权的行使规定了时效，撤销权自债权人知道或者应当知道撤销事由之日起1年内行使。自债务人的行为发生之日起5年内没有行使撤销权的，该撤销权消灭。

债权人撤销权的成立要件主要有：（1）债权人与债务人之间存在合法的债权债务关系；（2）债务人实施了不当处分财产（债权）的行为；（3）债务人的行为有害债权；（4）对债权人的有偿行为行使撤销权，第三人（受让人）必须主观上有恶意。

第五节　合同的变更、转让和终止

一、合同的变更

（一）合同变更的概念

合同变更是指有效成立的合同，在尚未履行或者尚未完全履行以前，由于一定法律事实的出现，而使当事人就合同内容达成修改和补充的协议。

《民法典》合同编规定，当事人协商一致，可以变更合同。法律、行政法规规定变更合同应当办理批准、登记等手续的，依照其规定。实际上，合同变更是在保留原合同实质内容的基础上产生一个新的合同关系。

（二）合同变更的条件

1.合同的变更以有效成立的合同为前提

合同有效成立后，如需调整局部内容就要进行合同的变更。如果合同尚未订立，要通过撤回或撤销来进行，不可能发生变更问题。

2.合同的变更原则上要经过当事人协商一致

合同是双方当事人意思表示一致的产物，因而合同的变更也必须经过双方的协商。任何一方未经协商不得擅自变更合同内容，否则将构成违约。此外，《民法典》合同编规定，当事人对合同变更的内容约定不明确的，推定为未变更。可见，当事人对变更内容约定不明确的，视为未变更，当事人仍应当按原合同履行。

3.合同的变更要遵循法定的程序和方式

依据法律、行政法规的规定，在某些情况下合同的变更须履行特定的批准、登记等手续，如中外合作企业的合同内容如需作重大变更的，应当报审查机关批准。这类合同的变更不但要求当事人双方协商一致，还必须履行变更合同的法定的程序和方式。

4.合同变更要使合同内容发生变化

合同的变更对象是合同内容的变化，但合同的变更应该是非实质性条款的变更，也就是说，这些条款的变更不能导致原合同关系的消灭和新合同关系的产生。

（三）合同的变更方式

1.协议变更

其实质上是以新合同取代旧合同。如当事人对合同变更的内容约定不明确的，推断为未变更。若法律规定变更必须办理批准、登记等手续的，必须依法办理相关手续才能发生变更的效力。

2.法定变更

这是指在法律规定的情形出现时，合同的内容发生变更，如合同履行中遭遇不可抗力。

3.裁决变更

这是指人民法院和仲裁机构基于当事人的申请，依法对可撤销合同的依法变更。

二、合同的转让

合同的转让是指当事人将合同的权利和义务全部或者部分转让给第三人。合同的转让分为合同权利转让、合同义务移转及合同权利义务概括移转。

（一）合同权利转让

1.合同权利转让的概念

合同权利转让，又称为债权转让，是指债权人通过协议将其债权全部或部分地转让给第三人的行为。《民法典》合同编规定，债权人可以将合同的权利全部或者部分转让给第三人。合同权利转让是指在不改变合同权利的内容的情况下，由债权人将权利转让给第三人，但应当及时通知债务人。合同权利转让的对象是合同债权，这种转让既可以是全部的转让，也可以是部分的转让。如果是合同权利的全部转让，则第三人完全取代转让人的地位而成为合同当事人，原合同关系消灭，产生了一个新的合同关系。如果是权利的部分转让，则受让人作为第三人将加入到原合同关系之中，与原债权人共同享有债权。

2.合同权利转让的限制

根据《民法典》合同编的规定，下列情况下合同权利不得转让：

（1）根据债权性质不得转让。根据合同权利的性质，如果只能在特定当事人之间生效，则不得转让。一般来说，根据合同性质不得转让的债权主要包括4种：一是具有人身性质的扶养请求权、抚恤金请求权、人身损害赔偿请求权等。二是以特定的债权人为基础发生的合同权利，如与特定人签订的演出合同。三是从权利不得与主权利分离而单独转让，如保证合同权利。四是基于特别信任关系发生的债权。

（2）按照当事人约定不得转让。当事人如果在订立合同时特别约定，禁止任何一方转让合同权利，只要此约定不违反法律的禁止性规定和社会公共道德，就应当产生法律效力。任何一方违反此种约定而转让合同权利，将构成违约行为。

（3）依照法律规定不得转让。依照法律规定应由国家批准的合同，当事人在转让权利义务时，必须经过原批准机关批准。如原批准机关对权利的转让不予批准，则权利的转让无效。

3.合同权利转让的法律效力

（1）对受让人的效力。《民法典》合同编规定，债权人转让权利的，受让人取得与债权有关的从权利，但该从权利专属于债权人自身的除外。受让人取得从权利不因该从权利未办理转移登记手续或者未转移占有而受到影响。可见，合同权利转让后，受让人取得合同权利及属于主权利的从权利。

（2）对债务人的效力。一是债务人不得再向原债权人履行债务。二是债务人应向受让人履行债务，并免除债务人对转让人所负的责任。三是债务人在合同权利转让时所享有的对抗原债权人的抗辩权依然存在。《民法典》合同编规定，债务人接到债权转让通知后，债务人对让与人的抗辩，可以向受让人主张。四是债务人的抵销权只能向新的债权人行使。《民法典》合同编规定，有下列情形之一的，债务人可以向受让人主张抵销：①债务人接到债权转让通知时，债务人对让与人享有债权，且债务人的债权先于转让的债权到期或者同时到期；②债务人的债权与转让的债权是基于同一合同产生。

（二）合同义务移转

1.合同义务移转的概念

合同义务移转又称债务承担，是指在不改变合同内容的前提下，债务人将债务移转给第三人承担。合同义务移转包括两种情况：一是债务人将合同义务全部移转给第三人，由第三人取代债务人的地位，成为新的债务人，称为免责的债务承担；二是债务人将合同义务部分地转移给第三人，由债务人和第三人共同承担债务，称为并存的债务承担。

合同义务移转的限制同于合同权利的转让限制。

2.合同义务移转的效力

合同义务全部移转的，新债务人将代替原债务人成为当事人，原债务人不再是当事人。债权人只能向新债务人请求履行债务或要求其承担违约责任。合同义务部分移转的，第三人与原债务人共同承担合同义务。合同义务移转后，新债务人可以主张原债务人对债权人的抗辩。《民法典》合同编规定，债务人转移债务的，新债务人可以主张原债务人对债权人的抗辩；原债务人对债权人享有债权的，新债务人不得向债权人主张抵销。《民法典》合同编还规定，债务人转移债务的，新债务人应当承担与主债务有关的从债务，但是该从债务专属于原债务人自身的除外。

（三）合同权利义务概括移转

合同权利义务概括移转是指由原合同当事人一方将其债权债务一并移转给第三人，由第三人概括地继受这些债权债务。《民法典》合同编规定，当事人一方经对方同意，可以将自己在合同中的权利和义务一并转让给第三人。合同的权利和义务一并转让的，适用债权转让、债务转移的有关规定。

合同权利义务概括移转可以依据当事人的约定而发生，也可以因法律的规定而产生。

三、合同的终止

合同的终止是指合同当事人之间的权利义务关系的消灭。

当事人协商一致，可以解除合同。当事人可以约定一方解除合同的事由。解除合同的事由发生时，解除权人可以解除合同。

合同终止后，当事人之间的债权债务关系消灭。《民法典》合同编规定了债权债务终止的几种情形：

（一）债务已经按照约定履行

债务已经按照约定履行即合同的清偿，是指债务人按照合同的约定向债权人履行义务行为，这是合同终止的最基本、最常见、最重要的原因。清偿的主体包括清偿人与清偿受领人。清偿人是依合同的约定向受领人履行的人，主要包括债务人、债务人的代理人及第三人。清偿受领人是指有权接受债务人给付的人。债务的清偿须由清偿人向有受领权的人为之，经受领后，即发生清偿的效力。清偿受领人主要包括债权人本人、债权人的代理人、破产管理人或清算人、受领证书持有人、行使代位权的债权人。

（二）合同解除

合同解除是指在合同有效成立后，没有履行或没有履行完毕之前，当事人一方基于法律规定或通过协议而使合同关系提前消灭的一种法律行为。

有下列情形之一的，当事人可以解除合同：

（1）因不可抗力致使不能实现合同目的；

（2）在履行期限届满前，当事人一方明确表示或者以自己的行为表明不履行主要债务；

（3）当事人一方迟延履行主要债务，经催告后在合理期限内仍未履行；

（4）当事人一方迟延履行债务或者有其他违约行为致使不能实现合同目的；

（5）法律规定的其他情形。

以持续履行的债务为内容的不定期合同，当事人可以随时解除合同，但是应当在合理期限之前通知对方。

（三）债务相互抵销

债务相互抵销，是指双方当事人互负债务，且给付种类相同，可以将两项债务相互充抵，从而使各自的债务在对等数额内消灭。在抵销中，用作抵销的债，即抵销人的债权称为主动债权或抵销债权。被抵销的债，即被抵销的对方当事人的债，称为被动债权或主债权。

抵销可以分为法定抵销与合意抵销。《民法典》合同编规定，当事人互负到期债务，该债务的标的物种类、品质相同的，任何一方可以将自己的债务与对方的债务抵销，但依照法律规定或者按照合同性质不得抵销的除外。当事人主张抵销的，应当通知对方。通知自到达对方时生效。抵销不得附条件或者附期限。这是关于法定抵销的规定。合意抵销又称为契约上抵销，是指双方当事人经合意而发生的抵销。合意抵销的构成要件均由双方当事人自由商定。《民法典》合同编规定，当事人互负债务，标的物种类、品质不相同的，经双方协商一致，也可以抵销。

（四）债务人依法将标的物提存

提存是指在一定条件下，债务人将无法给付的标的物提交给一定的机关保存，从而消灭债权债务关系的一种法律制度。在合同的履行中，债权人对债务人的给付负有受领的义务。如果债权人无正当理由，对债务人的履行拒不接受，或者债务人无法向债权人履行，债务人的债务就不能消灭，这对于债务人有失公允。因此，法律设立了提存制度，债务人可以将其无法给付的标的物提交给一定的机关保存，从而消灭债权债务关系，使合同终止。

根据《民法典》合同编的规定，有下列情况之一，难以履行债务的，债务人可以依法办理提存：一是债权人无正当理由拒绝受领；二是债权人下落不明；三是债权人死亡未确定继承人、遗产管理人，或者丧失民事行为能力未确定监护人；四是法律规定的其他情形。标的物不适于提存或者提存费用过高的，债务人依法可以拍卖或者变卖标的物，提存所得的价款。

（五）债权人免除债务

债务免除为合同终止的原因之一，债务一旦免除，债务人就不再负担债务。《民法典》合同编规定，债权人免除债务人部分或者全部债务的，合同的权利义务部分或者全部终止。可见，债务免除是单方行为，债权人可以通过其单方的意思表示免除债务人的债务。免除债务人部分债务的，合同关系于免除的范围内部分消灭；免除债务人全部债务的，合同之债全部消灭。

（六）混同

债权债务归于同一人即混同，合同关系消灭。《民法典》合同编规定，债权和债务同归于一人的，合同的权利义务终止，但涉及第三人利益的除外。混同无须意思表示，是一种事实行为，仅有债权债务归于同一人的事实即发生合同关系消灭的效力。若债权同时作为他人权利的标的，为保护第三人的利益，即使发生混同的事实，合同关系也不消灭。

【案例分析6-3】2024年3月15日，某纺织厂与某服装厂签订一份布料买卖合同，双方约定：由纺织厂于4月15日前提供真丝双绉面料1 000米，服装厂支付价款8万元，并于4月20日将货款一次性支付。4月15日，服装厂通知纺织厂按合同约定的时间交货，纺织厂回函言：因设备老化，按时交付有一定困难，请求暂缓履行。服装厂因为要抢在夏季到来之前上市销售该批真丝服装，没有同意纺织厂迟延履行的要求。4月25日，因纺织厂没有履行合同，服装厂致函纺织厂，要求纺织厂最迟在5月10日前履行合同，否则解除合同。5月20日，纺织厂仍未履行合同，服装厂只好从别的渠道用每米90元的价格购买了真丝双绉面料1 000米，总价款9万元，同时通知纺织厂解除合同，返还8万元货款及利息，并要求纺织厂赔偿误工损失及购买布料多支付的1万元。8月10日，纺织厂要求履行合同，称服装厂解除合同没有征得纺织厂的同意，因而合同没有解除，服装厂应当接受货物。遭到拒绝后，纺织厂起诉至法院。

分析提示：本案中，纺织厂迟延履行主要债务，在服装厂催告后，在合理的期限内仍未履行，服装厂就有权解除合同。服装厂在解除合同时通知了纺织厂，纺织厂对此也没有提出异议，依照法律的规定，合同自解除的通知到达纺织厂时就已经生效，不需要纺织厂同意。对于纺织厂的主张，法院不能支持；对于服装厂要求的损害赔偿，依据法律的有关规定，解除合同与损害赔偿可以并存，当事人解除合同后，如果有其他损失的可以要求赔偿损失。

第六节　违约责任

一、违约责任概述

（一）违约责任的概念

违约责任指合同当事人在无法定免责原因的情况下，不按合同约定履行义务而应承担的责任。合同一旦生效，即在当事人之间产生法律约束力，各方当事人均应按照合同的约定履行合同义务。违约并不一定产生违约责任，如在一定情况下，虽然有违约行为，但因存在法定的或约定的免责事由而免除责任。《民法典》合同编规定，当事人一方不履行合同义务或者履行合同义务不符合约定的，应当承担继续履行、采取补救措施或者赔偿损失等违约责任。

（二）违约责任的特征

1.违约责任以违反合同义务为前提

违约责任是合同当事人不履行合同义务所产生的责任。如果当事人违反的不是合同义务，而是法律规定的其他义务，则应负其他责任。

2.违约责任具有相对性

这种相对性是指违约责任只能在特定的当事人之间即合同关系的当事人之间发生。合同关系以外的人不负违约责任，合同当事人也不对其承担违约责任。

3.违约责任具有补偿性

这种补偿性是指违约责任旨在弥补或补偿因违约行为造成的损害后果。例如，约定的违约金或赔偿金不能过高，否则当事人有权要求法院减少数额。

4.违约责任可由双方当事人约定

合同当事人可以在法律规定的范围内，对一方的违约责任作出事先的约定。《民法典》合同编规定，当事人可以约定一方违约时应当根据违约情况向对方支付一定数额的违约金，也可以约定因违约产生的损失赔偿数额的计算方法。

5.违约责任具有惩罚性和补偿性双重属性

违约责任旨在弥补或补偿违约行为造成的损害后果，具有补偿性。违约责任通过对不履行义务当事人强迫其承担不利的后果与责任，表现出惩罚性。

二、违约责任的构成要件

违约责任的构成要件可分为一般构成要件和特殊构成要件。一般构成要件是指违约当事人承担违约责任形式必须具备的要件。特殊构成要件是指各种具体的违约责任形式所要求的要件。违约责任的构成要件主要包括：

（一）违约行为

违约行为，是指当事人一方不履行合同义务或履行合同义务不符合约定条件的行为。

（二）不存在法定和约定的免责事由

违约责任的免责事由涉及违约责任的归责原则。实际上，违约行为不包括当事人的主观过错。在违约行为发生以后，违约当事人并非一定承担违约责任。如果违约当事人有法定的或约定的免责事由，则其不承担违约责任。

三、承担违约责任的主要形式

当事人一方不履行合同义务或者履行合同义务不符合约定的，应当承担继续履行、采取补救措施或者赔偿损失等违约责任。

当事人一方明确表示或者以自己的行为表明不履行合同义务的，对方可以在履行期限届满前请求其承担违约责任。

当事人一方未支付价款、报酬、租金、利息，或者不履行其他金钱债务的，对方可以请求其支付。

当事人一方不履行非金钱债务或者履行非金钱债务不符合约定的，对方可以请求履行，但是有下列情形之一的除外：

（1）法律上或者事实上不能履行；

（2）债务的标的不适于强制履行或者履行费用过高；

（3）债权人在合理期限内未请求履行。

当事人一方不履行债务或者履行债务不符合约定，根据债务的性质不得强制履行的，对方可以请求其负担由第三人替代履行的费用。

履行不符合约定的，应当按照当事人的约定承担违约责任。

当事人一方不履行合同义务或者履行合同义务不符合约定的，在履行义务或者采取补救措施后，对方还有其他损失的，应当赔偿损失。

当事人一方不履行合同义务或者履行合同义务不符合约定，造成对方损失的，损失赔偿额应当相当于因违约所造成的损失，包括合同履行后可以获得的利益，但是，不得超过违约一方订立合同时预见到或者应当预见到的因违约可能造成的损失。

四、承担违约责任的主要方式

当事人可以约定一方违约时应当根据违约情况向对方支付一定数额的违约金，也可以约定因违约产生的损失赔偿额的计算方法。当事人就迟延履行约定违约金的，违约方支付违约金后，还应当履行债务。

当事人可以约定一方向对方给付定金作为债权的担保。定金合同自实际交付定金时成立。定金的数额由当事人约定，但是，不得超过主合同标的额的20%，超过部分不产生定金的效力。实际交付的定金数额多于或者少于约定数额的，视为变更约定的定金数额。

债务人履行债务的，定金应当抵作价款或者收回。给付定金的一方不履行债务或者履行债务不符合约定，致使不能实现合同目的的，无权请求返还定金；收受定金的一方不履行债务或者履行债务不符合约定，致使不能实现合同目的的，应当双倍返还定金。

当事人既约定违约金，又约定定金的，一方违约时，对方可以选择适用违约金或者定金条款。定金不足以弥补一方违约造成的损失的，对方可以请求赔偿超过定金数额的损失。

债务人按照约定履行债务，债权人无正当理由拒绝受领的，债务人可以请求债权人赔偿增加的费用。在债权人受领迟延期间，债务人无须支付利息。

五、违约责任的免除

违约责任的免除是指在合同履行中，由于一定事由的出现而导致不能履行，债务人不承担违约责任，其中的事由即免责事由。

免责事由包括法定的免责事由和约定的免责事由。在《民法典》合同编中，法定的免责事由仅指不可抗力。不可抗力包括某些自然现象或某些社会现象，如地震、台风、洪水、海啸、战争等。《民法典》合同编规定，当事人一方因不可抗力不能履行合同的，根据不可抗力的影响，部分或者全部免除责任，但法律另有规定的除外。在当事人一方因不可抗力的原因而不能履行合同，应及时通知对方，以减轻可能给对方造成的损失，并应当在合理期限内提供证明。当事人迟延履行后发生不可抗力的，不免除其违约责任。

约定的免责事由指合同双方当事人在合同中约定的旨在排除或限制其未履行责任的条款。一般情况下，只要双方约定不违背法律、不损害公序良俗都是有效的。

自测题

第六章单项选择题   第六章多项选择题

思考题与案例分析

一、简答题

1.合同的特征有哪些？

2.合同法的基本原则有哪些？

3.简述承担缔约过失责任的事由。

4.简述合同的生效的要件。

5.合同变更有哪些条件？

6.违约责任的特征有哪些？

二、论述题

1.论述合同的内容。

2.论述合同的订立程序。

3.论述合同履行中的抗辩权。

4.论述违约责任的免除。

三、案例分析题

1.甲、乙双方为了在办理房屋过户登记时避税，将实际成交价为100万元的房屋价格在买卖合同中写为60万元。

问题：该合同是否有效？为什么？

2.2023年7月1日，甲钢铁公司（以下简称甲公司）向乙建筑公司（以下简称乙公司）发函，其中有甲公司生产的各种型号钢材的数量、价格表和一份订货单。订货单表明：各种型号的钢材符合行业质量标准，若乙公司在8月15日前按价格表购货，甲公司将满足供应，并负责运送至乙公司所在地，交货付款。7月10日，乙公司复函称："如果A型号钢材每吨价格下降200元，我公司愿购买3 000吨A型号钢材。贵公司如同意，须在7月31日前函告。"7月25日，甲公司决定接受乙公司的购买价格。甲公司作出决定后，同日收到乙公司的撤销函件，表示不想购买A型号钢材。7月26日，甲公司正式发出确认函告知乙公司，表示接受乙公司购买A型号钢材的数量及价格，并要求乙公司按约定履行合同。乙公司于当日收到甲公司的确认函。乙公司认为其已给甲公司发出撤销函件，故买卖合同未成立，双方因此发生争议。

问题：（1）2023年7月1日，甲公司向乙公司发出的函是要约还是要约邀请？简要说明理由。

（2）2023年7月10日，乙公司向甲公司回复的函是否构成承诺？简要说明理由。

（3）乙公司主张买卖合同未成立的理由是否成立？简要说明理由。

工业产权法

知识目标

理解工业产权的概念、特征；了解工业产权体系中的专利法和商标法的主要内容。掌握专利权的主体、客体以及专利权的保护；掌握商标权的客体、授予商标权的条件、侵犯商标权的行为种类以及驰名商标的保护。

思政目标

深刻认识加强知识产权保护工作的重要性，结合中国科技的崛起激发爱国情怀，在对知识产品的法律保护中确立文化自信，在法律活动中遵守职业伦理和学术道德规范，培育创新意识、科学思维。党的二十大报告强调，"深化科技体制改革，深化科技评价改革，加大多元化科技投入，加强知识产权法治保障，形成支持全面创新的基础制度"。

【引导案例】

河南省驻马店市王守义十三香调味品集团有限公司（以下简称王守义集团公司）于1999年9月申请注册"十三香"商标，指定使用商品为糕点、锅巴、食盐、酱油、调味品等。该商标注册后，未经其允许，他人不得使用该商标；否则，将构成侵权。山东省菏泽市定陶县①永兴调味品厂是市场上众多生产十三香调味品的厂家之一。商标局初审公告后，永兴调味品厂就在异议期内提出异议，商标局受理后驳回其异议申请。后来，永兴调味品厂向商标评审委员会提出复审，商标评审委员会裁定永兴调味品厂所提复审理由不成立，对"十三香"商标予以注册。

永兴调味品厂不服商标评审委员会作出的商标异议复审裁定，将商标评审委员会和王守义集团公司作为被告和第三人，向北京市第一中级人民法院提起行政诉讼。在一审法院庭审中，原告永兴调味品厂认为第三人王守义集团公司申请注册的"十三香"商标是一种调味品的通用名称。"十三香"中的"十三"表示该调味品的原料、成分及数量，"香"表示该调味品的性质特点。目前，生产该种产品的厂家很多，原告亦是生产

---

① 2016年4月29日，定陶撤县设区。

"十三香"调味品的厂家之一。

王守义集团公司则提出，"十三香"是特定名称，该名称及其品牌信誉是自己多年苦心经营创造出来的，已经取得了区别于其他调味品的显著特征，广大消费者很容易识别商品的来源。

商标评审委员会认为，在我国人民食用调味品的漫长历史过程中，一直没有"十三香"这样一个专门的调味品分类，正是由于王守义集团公司的艰辛经营，才使"十三香"成了调味品领域一个特有的名称和公众知晓的品牌。对于消费者而言，"王守义"和"十三香"都成了识别这一产品的标志。王守义集团公司将"十三香"申请注册，是对其具有较高声誉的特定商品名称的保护。

北京市第一中级人民法院作为一审法院，认为王守义集团公司的"王守义十三香"调味品已在消费者中具有较高的知名度，"王守义"与"十三香"具有紧密的联系，"十三香"是王守义集团公司调味品商品的名称，"十三香"已具备商标的显著性。而原告列举的有关厂家使用"十三香"作为调味品商品名称的时间均晚于王守义集团公司的使用时间，且多数发生在"十三香"调味品取得一定知名度之后，因此判决维持商标评审委员会作出的异议复审裁定书。北京市高级人民法院终审裁定，维持北京市第一中级人民法院作出的一审判决：维持商标评审委员会的裁定，王守义集团公司的"十三香"商标予以核准注册。

问题：（1）什么是商标？如何进行申请注册？

（2）结合相关法律，谈一谈王守义集团公司胜诉的理由。

第一节　工业产权法概述

一、工业产权的概念及特征

（一）工业产权的概念

工业产权，是指人们依法对应用于商品生产和流通中的创造发明和显著标记等智力成果，在一定地区和期限内享有的专有权。按照《保护工业产权巴黎公约》的规定，工业产权包括发明、实用新型、外观设计、商标、服装标记、厂商名称、货源标记、原产地名称及制止不正当竞争的权利。在我国，工业产权主要指专利权和商标专用权。

【知识链接7-1】"工业产权"一词最早出现于1791年法国的《专利法》中。在此之前，英国和法国都称专利权为特权或垄断权。当时法国专利法的起草人德布浮拉认为，使用"特权"或"垄断权"这样的词，会遭到立法议会和反封建的法国人民的反对，因而提出"工业产权"这个概念。

1883年的《保护工业产权巴黎公约》也采用了这个词，"工业产权"一词现已成为国际通用的专业术语。

（二）工业产权的特征

工业产权作为一种无形财产权，与有形财产权相比具有以下法律特征：

1.专有性

工业产权是国家赋予专利权人和商标专用人，在有效期内对其专利和商标享有的独占、适用、收益和处分的权利。未经权利人许可，任何第三人皆不得使用；否则，即构成侵权。

2.地域性

工业产权的地域性是指工业产权的空间限制。工业产权属于无形财产，一个国家的专利法、商标法所保护的工业产权，除在一定情况下适用保护工业产权的国际公约以外，只在该国范围内有效，对其他国家不发生法律效力。

3.时间性

工业产权的时间性是指工业产权的时间限制，即工业产权的保护是有一定期限的，这也就是工业产权的有效期。法律规定的期限届满，工业产权专有权即告终止，权利人即丧失其专有权，这些智力成果即成为社会财富。

二、工业产权法的概念和立法现状

（一）工业产权法的概念

工业产权法是指调整因确认、保护、转让和使用工业产权而发生的各种社会关系的法律规范的总称。我国的工业产权法主要包括专利法和商标法。

（二）立法现状

我国于1982年颁布了《中华人民共和国商标法》（以下简称《商标法》），并于1993年、2001年、2003年、2013年对《商标法》进行了修正，最近一次修正是根据2019年4月23日第十三届全国人民代表大会常务委员会第十次会议《关于修改〈中华人民共和国建筑法〉等八部法律的决定》进行的。

我国于1984年颁布了《中华人民共和国专利法》（以下简称《专利法》），并于1992年、2000年、2008年、2020年对《专利法》进行了修正。新修正的《专利法》于2021年6月1日起施行。

第二节　专利法

一、专利法概述

（一）专利权的概念及特征

专利权是指专利权人在法定期限内对其发明创造所享有的独占权。专利权是民事法律制度中的一项重要的民事权利，除具备工业产权的共同特征之外，还具有以下法律特征：

1.独占性

同一内容的发明创造或者设计只能授予一次专利，即使有两个发明人或者设计人分别独立完成相同的发明创造或者设计，专利权也仅能授予申请在先者。申请人的发明创造或者设计一旦被专利管理机关依法授予专利权，该专利权人或者其合法受让人在法定期限内便享有垄断的权利。除法律另有规定外，其他任何人未经专利权人或者其合法受让人许可,都不得以营利为目的实施该专利,否则就构成侵权。

2.公开性

专利权的内容主要是专利权由专有实施权组成,是专利权人通过独占其发明创造或者设计专利而行使制造、使用或者销售的权利。如果专利权人不具备实施条件,则有权许可他人实施该项专利,以满足其物质利益。实施专利的前提是公开专利成果,使公众知晓,杜绝重复发明或者设计。

3.依法授予

专利权并不是因发明创造或者设计而取得的。有所发明创造或者设计的个人或团体,需按照法定程序向国务院专利行政部门或类似机构提出申请,经审查确认合格后,才能依法被授予专利权。

(二)专利法和专利制度

专利法,是指调整因发明创造而产生的各种社会关系的法律规范的总称。

专利法的实施有赖于专利制度的健全和完善。专利制度是一种利用法律和经济手段推动技术进步的管理制度,能够促进技术信息的交流,促进新技术成果的转让和推广,促进国际技术合作与贸易的顺利开展。

二、专利权的主体和客体

(一)专利权的主体

专利权的主体是指具有参加特定的专利权法律关系并享有专利权的人。根据《专利法》的规定,专利权的主体主要有以下几类:

1.职务发明人

职务发明人,是指对执行本单位的任务或者主要是利用本单位的物质技术条件完成发明创造作出创造性贡献的人。执行本单位的任务所完成的职务发明,包括:在本职工作中作出的发明创造;履行本单位交付的本职工作之外的任务所作出的发明创造;退职、退休或者调动工作后1年内作出的,与其在原单位承担的本职工作或者原单位分配的任务有关的发明创造。本单位的物质技术条件是指本单位的资金、设备、零部件、原材料或者不对外公开的技术资料等。

【法律小贴士7-1】执行本单位的任务或者主要是利用本单位的物质技术条件所完成的发明创造为职务发明创造。职务发明创造申请专利的权利属于单位,申请被批准后,单位为专利权人。单位可以依法处置其职务发明创造申请专利的权利和专利权,促进相关发明创造的实施和运用。利用本单位的物质技术条件所完成的发明创造,单位与发明人或者设计人订有合同,对申请专利的权利和专利权的归属作出约定的,从其约定。

2.非职务发明人

非职务发明人,是指不是为执行本单位的任务或者没有利用本单位的物质技术条件完成发明创造的人。在完成发明创造过程中,只负责组织工作的人、为物质技术条件的利用提供方便的人或者从事其他辅助工作的人,不是发明人或者设计人。申请被批准后,该发明人或者设计人为专利权人。

3.共同发明人

共同发明人，是指两个以上单位或者个人合作，对完成的发明创造共同作出创造性贡献的人。除另有协议外，共同发明申请专利的权利属于完成或者共同完成的单位或者个人，申请被批准后，申请的单位或者个人为专利权人。

4.外国人、外国企业和外国组织

外国人、外国企业和外国组织作出的发明创造在中国申请专利，在中国有经常居所和营业场所的，可以享受国民待遇；在中国没有经常居所和营业场所的，则依照所属国与中国签订的协议或者共同参加的国家条约，或者依照互惠的原则，给予国民待遇。

（二）专利权的客体

专利权的客体，是指专利法保护的对象，即依法可以取得专利权的发明创造。《专利法》规定，发明创造主要包括发明、实用新型和外观设计。

1.发明

发明是指对产品、方法或者对其改进所提出的新的技术方案。《专利法》所指的发明分为产品发明和方法发明。产品发明是指人工制造的各种制品的发明。方法发明是指把一种对象改造成另一种对象所用的手段的发明。

2.实用新型

实用新型是指对产品的形状、构造或者其结合所提出的适于实用的新的技术方案。实用新型的独创性较发明小，要求也比较低，故称为"小发明"。实用新型与发明的重要区别在于，实用新型只涉及对有形物品的革新设计，而不涉及无一定形状的物品，也不涉及制作的方法。为实用新型授予的专利权，称为实用新型专利权。

3.外观设计

外观设计是指对产品的整体或者局部的形状、图案或者其结合以及色彩与形状、图案的结合所作出的富有美感并适于工业应用的新设计。外观设计只涉及产品的整体或者局部的形状、图案或者其结合以及色彩与形状、图案的结合，而不涉及设计技术与制造技术。为外观设计所授予的专利权，称为外观设计专利权。

【案例聚焦7-1】海南省麦尔电器有限公司（简称麦尔公司）系"一种熨烫机的蒸气喷头"的实用新型专利权人。该公司在生产经营中发现，上海域桥电器有限公司（简称域桥公司）未经本公司许可而生产销售的J2hk豪华型、J2强力型、T2000三温型蒸汽熨烫机蒸气喷头，在技术结构上均落入了该专利的保护范围，已对麦尔公司的专利权造成侵害。麦尔公司提起诉讼，要求域桥公司停止侵权，赔偿经济损失并赔礼道歉消除影响。经法院审理，一审判决被告域桥公司停止对原告麦尔公司专利权的侵害，赔偿原告经济损失人民币7万元。

三、授予专利权的条件

（一）授予专利权的发明和实用新型的条件

《专利法》规定，授予专利权的发明和实用新型，应当具备新颖性、创造性和实用性。

1.新颖性

新颖性是指该发明或者实用新型不属于现有技术，也没有任何单位或者个人就同样的发明或者实用新型在申请日以前向国务院专利行政部门提出过申请，并记载在申请日以后公布的专利申请文件或者公告的专利文件中。因此，一项发明创造是否公开是判断其是否丧失新颖性的标准。判断专利权新颖性的公开方式标准，是指一项发明或者实用新型以何种方式公开便丧失了新颖性。

一般来说，公开方式有以下3种：（1）书面公开方式，即以书面的形式将发明或者实用新型的技术内容表达出来；（2）口头公开方式，即通过谈话、讲课、广播等语言形式将其公开；（3）使用公开方式，即通过使用发明或者实用新型技术内容的方式公开专利。根据《专利法》的规定，采用书面公开方式的，则一律丧失新颖性，而采用口头公开方式和使用公开方式的只限于国内。

同时，《专利法》根据实际情况，还规定了专利权在一定期限内不丧失新颖性的例外情况，即申请专利的发明创造在申请日以前6个月内，有下列情形之一的，不丧失新颖性：（1）在国家出现紧急状态或者非常情况时，为公共利益目的首次公开的；（2）在中国政府主办或者承认的国际展览会上首次展出的；（3）在规定的学术会议或者技术会议上首次发表的，学术会议或者技术会议是指国务院有关主管部门或者全国性学术团体组织召开的学术会议或者技术会议；（4）他人未经申请人同意而泄露其内容的。

2.创造性

创造性是指同申请日以前已有的技术相比，该发明有突出的实质性特点和显著的进步，该实用新型有实质性特点和进步。已有的技术是指申请日前在国内外出版物上公开发表、在国内公开使用或者以其他方式为公众所知的技术，即现有技术。实质性特点是指申请专利的发明或者实用新型与原来的技术相比有本质性突破，它不是原来技术的类似或推导，而是创造性构思的结果。

3.实用性

实用性是指该发明或者实用新型能够制造或者使用，并且能够产生积极效果。这就要求发明或者实用新型要具备以下3个条件：（1）具有可实施性；（2）具有再现性，即能够在工业上制造和使用；（3）具有收益性，即能够产生积极的经济效益和社会效益。

（二）授予专利权的外观设计的条件

授予专利权的外观设计，应当不属于现有设计，也没有任何单位或者个人就同样的外观设计在申请日以前向国务院专利行政部门提出过申请，并记载在申请日以后公告的专利文件中。

授予专利权的外观设计与现有设计或者现有设计特征的组合相比，应当具有明显区别。

授予专利权的外观设计不得与他人在申请日以前已经取得的合法权利相冲突。

《专利法》还就不能授予专利权的范围作出了明确的规定，具体包括以下内容：

（1）对违反国家法律、法规和社会公德或者妨害公共利益的发明创造，不能授予专利权。

（2）有以下情形之一的，也不能授予专利权：①科学发现；②智力活动的规则方法；③疾病的诊断和治疗方法；④动物和植物品种；⑤用原子核变换方法获得的物质；⑥对平面印刷品的图案、色彩或者二者的结合作出的主要起标识作用的设计。

动物和植物品种的生产方法，可以依法授予专利权。

四、专利的申请

（一）专利申请的原则

1.申请优先原则

申请优先原则，是指两个或两个以上的申请人分别就同样的发明创造申请专利的，专利权授予最先申请的人。两个或两个以上的申请人在同一日分别就同样的发明创造申请专利的，应当在收到国务院专利行政部门的通知后自行协商确定申请人。判断申请在先的标准是专利的申请日。申请日是指国务院专利行政部门收到专利申请文件之日。如果该申请文件是邮寄的，以寄出的邮戳日为申请日。如果两个或两个以上申请人在同一日分别就同样的发明创造申请专利，应当在收到国务院专利行政部门的通知后自行协商确定申请日。

2.申请单一性原则

申请单一性原则，是指一件发明或者实用新型专利申请应当限于一项发明或者实用新型。属于一个总的发明构思的两个以上的发明或者实用新型，可以作为一件申请。

3.优先权原则

优先权原则，是指申请人在某一公约成员方首次提出专利申请后，在一定期限内就相同主题的发明创造又向其他缔约方提出申请时，申请人有权要求以第一次申请的日期作为以后申请的日期。优先权原则包括国内优先权和国际优先权。《专利法》增加了外观设计的国内优先权，这样三种专利都能主张国际或者国内优先权。

国际优先权是申请人自发明或者实用新型在外国第一次提出专利申请之日起12个月内，或者自外观设计在外国第一次提出专利申请之日起6个月内，又在中国就相同主题提出专利申请的，依照该外国同中国签订的协议或者共同参加的国际条约，或者依照相互承认优先权的原则，可以享有优先权。

国内优先权是指申请人自发明或者实用新型在中国第一次提出专利申请之日起12个月内，或者自外观设计在中国第一次提出专利申请之日起6个月内，又向国务院专利行政部门就相同主题提出专利申请的，可以享有优先权。

申请人要求发明、实用新型专利优先权的，应当在申请的时候提出书面声明，并且在第一次提出申请之日起16个月内，提交第一次提出的专利申请文件的副本。申请人要求外观设计专利优先权的，应当在申请的时候提出书面声明，并且在3个月内提交第一次提出的专利申请文件的副本。申请人未提出书面声明或者逾期未提交专利申请文件副本的，视为未要求优先权。

（二）专利申请的提出

专利申请应当向国务院专利行政部门提出。申请发明或者实用新型专利的，应当提交请求书、说明书及其摘要和权利要求书等文件；申请外观设计专利的，应当提交请求书以及该外观设计的图片或者照片等文件，并写明使用该外观设计的产品及其所属的文件。请求书应当写明发明或者实用新型的名称，发明人或者设计人的姓名，申请人的姓名或者名称、地址以及其他事项。说明书应当对发明或者实用新型作出清楚、完整的说明，以所属技术领域的技术人员能够实现为主，必要的时候应当有附图。摘要应当简要说明发明或者实用新型的技术要点。申请人在专利权被授予之前可以随时撤回其专利申请。如果申请人要撤回专利申请，应当向国务院专利行政部门提出声明，写明发明创造的名称、申请号和申请日。申请人也可以对其专利申请文件进行修改，但是，对发明和实用新型专利申请文件的修改不得超出原说明书和权利要求书记载的范围，对外观设计专利申请文件的修改不得超出原图片或者照片表示的范围。

【法律小贴士7-2】《专利法》第20条规定，申请专利和行使专利权应当遵循诚实信用原则，不得滥用专利权损害公共利益或者他人合法权益。

五、专利申请的审查批准

（一）发明专利申请的审查批准

关于专利的审查和批准，目前世界上存在不同的制度。我国对发明专利审批采用审查制，即必须经过初步审查公开和实质审查才可授予专利权。对实用新型专利和外观设计专利的审批采用登记制，即只经过初步审查就可以授予专利权。发明专利的审查程序则比较复杂，主要经过以下步骤：初步审查、早期公开、实质审查、授予专利权或专利申请的驳回。

【法律小贴士7-3】发明专利申请经实质审查应当予以驳回的情形主要包括：发明专利申请不是对产品、方法或者其改进所提出的新的技术方案；属于违反国家法律、社会公德或者妨害公共利益的发明创造；符合《专利法》规定的不授予专利权的事项；不具备新颖性、创造性和实用性的发明创造；违反了申请单一性原则；两个以上的申请人在同一日分别就同样的发明创造申请专利经自行协商未确定申请人等。

（二）实用新型和外观设计专利申请的审查批准

实用新型和外观设计专利的审查实行初步审查制度，即经初步审查，实用新型和外观设计专利申请没有发现驳回理由的，由国务院专利行政部门作出授予实用新型专利权或者外观设计专利权的决定，发给相应的专利证书，同时予以登记和公告。实用新型专利权和外观设计专利权自公告之日起生效。

（三）专利申请的复审

专利申请人对国务院专利行政部门驳回申请的决定不服的，可以自收到通知之日起3个月内向国务院专利行政部门请求复审。国务院专利行政部门复审后，作出决定，并通知专利申请人。专利申请人对国务院专利行政部门的复审决定不服的，可以自收到通知之日起3个月内向人民法院起诉。

六、专利权人的权利和义务

（一）专利权人的权利

专利权申请人在依法取得发明创造的专利权后，就享有了《专利法》所规定的各项权利。

1.独占权

专利权人有权自己制造、使用、销售和进口专利产品，或者使用其专利方法，以及使用、许诺销售、销售进口依照其专利方法直接获得的产品。《专利法》规定，发明和实用新型专利权被授予后，除法律另有规定外，任何单位或者个人未经专利权人许可，都不得实施其专利。外观设计专利权被授予后，任何单位或者个人未经专利权人许可，都不得为生产经营目的制造、销售、进口其外观设计专利产品。

2.转让权

专利权人有将自己的专利权转让给他人的权利。中国单位或者个人向外国人、外国企业或者外国其他组织转让专利申请权或者专利权的，应当依照有关法律、行政法规的规定办理手续。

转让专利申请权或者专利权的，当事人应当订立书面合同，并向国务院专利行政部门登记，由国务院专利行政部门予以公告。专利申请权或者专利权的转让自登记之日起生效。

3.许可权

专利权人有许可他人实施其专利并收取使用费的权利。《专利法》规定，任何单位或者个人实施他人专利，应当与专利权人订立书面实施许可合同，向专利权人支付专利使用费。被许可人无权允许合同规定以外的任何单位或者个人实施该专利。

4.标记权

专利权人有权在其专利产品或者该产品的包装上标明专利标记和专利号。

（二）专利权人的义务

1.缴纳专利年费的义务

年费是专利权人付给专利局的管理费用。不按规定缴纳年费的，专利权应予终止。

2.被授予专利权的单位对发明人或者设计人奖励的义务

职务发明创造取得专利后，被授予专利权的单位应当对职务发明创造的发明人或者设计人给予奖励；发明创造专利实施后，根据其推广应用的范围和取得的经济效益，应对发明人或者设计人给予合理的报酬。国家鼓励被授予专利权的单位实行产权激励，采取股权、期权、分红等方式，使发明人或者设计人合理分享创新收益。

（三）专利开放实施许可制度

专利权人自愿以书面方式向国务院专利行政部门声明愿意许可任何单位或者个人实施其专利，并明确许可使用费支付方式、标准的，由国务院专利行政部门予以公告，实行开放许可。就实用新型、外观设计专利提出开放许可声明的，应当提供专利权评价报告。

专利权人撤回开放许可声明的，应当以书面方式提出，并由国务院专利行政部门予以公告。开放许可声明被公告撤回的，不影响在先给予的开放许可的效力。

任何单位或者个人有意愿实施开放许可的专利的，以书面方式通知专利权人，并依照公告的许可使用费支付方式、标准支付许可使用费后，即获得专利实施许可。开放许可实施期间，对专利权人缴纳专利年费相应给予减免。实行开放许可的专利权人可以与被许可人就许可使用费进行协商后给予普通许可，但不得就该专利给予独占或者排他许可。

（四）专利权的限制

1.强制许可

强制许可是指国务院专利行政部门依照法律规定，不经专利权人的同意，直接许可具备实施条件的申请者实施发明或实用新型专利的一种行政措施。其目的是促进获得专利的发明创造得以实施，防止专利权人滥用专利权，维护国家利益和社会公共利益。《专利法》将强制许可分为3类：一是不实施时的强制许可；二是根据公共利益需要的强制许可；三是从属专利的强制许可。

2.不视为侵犯专利权的行为

（1）专利产品或者依照专利方法直接获得的产品，由专利权人或者经其许可的单位、个人售出后，使用、许诺销售、销售、进口该产品的。

（2）在专利申请日前已经制造相同产品、使用相同方法或者已经作好制造、使用的必要准备，并且仅在原有范围内继续制造、使用的。

（3）临时通过中国领陆、领水、领空的外国运输工具，依照其所属国同中国签订的协议或者共同参加的国际条约，或者依照互惠原则，为运输工具自身需要而在其装置和设备中使用有关专利的。

（4）专为科学研究和实验而使用有关专利的。

（5）为提供行政审批所需要的信息，制造、使用、进口专利药品或者专利医疗器械的，以及专门为其制造、进口专利药品或者专利医疗器械的。

七、专利权的期限和终止

（一）专利权的期限

专利权的期限是指专利权的法定期满终止时间。从专利权授权公告之日起，如无因其他事由造成专利权终止的，则该专利权到专利权期限届满之日终止。

《专利法》规定，发明专利权的期限为20年，实用新型专利权的期限为10年，外观设计专利权的期限为15年，均自申请日起计算。

（二）专利权的终止

专利权的终止，是指专利权人丧失对发明创造的专利权。《专利法》规定了专利权终止的两种情况：第一，期限届满自然终止。第二，期限届满前终止，具体包括以下两种情形：没有按照规定缴纳年费；专利权人以书面声明放弃其专利权。专利权在期限届满前终止的，由国务院专利行政部门登记和公告。

八、专利权的宣告无效和专利实施的强制许可

（一）专利权的宣告无效

自国务院专利行政部门公告授予专利权之日起，任何单位或者个人认为该专利权的授予不符合《专利法》有关规定的，可以请求国务院专利行政部门宣告该专利权无效。国务院专利行政部门对宣告专利权无效的请求应当及时审查并作出决定，通知请求人和专利权人。宣告专利权无效的决定，由国务院专利行政部门登记和公告。宣告无效的专利权视为自始即不存在。

（二）专利实施的强制许可

专利实施的强制许可又称非自愿许可，是指国务院专利行政部门在一定的条件下，为了国家利益和社会公共利益，无专利权人的同意而强制专利权人许可他人实施其专利的一种强制性法律措施。

专利实施的强制许可主要适用于以下情况：（1）具备实施条件的单位以合理的条件请求发明或者实用新型专利权人许可实施其专利，而未能在合理的时间内获得这种许可时，国务院专利行政部门根据该单位的申请，可以给予实施该发明专利或者实用新型专利的强制许可。（2）在国家出现紧急状态或者非常情况时，或者为了公共利益，国务院专利行政部门可以给予实施发明专利或者实用新型专利的强制许可。（3）一项取得专利权的发明或者实用新型比以前已经取得专利权的发明或者实用新型具有显著经济意义的重大技术进步，其实施又有赖于前一发明或者实用新型的实施的，国务院专利行政部门根据后一专利权人的申请，可以给予实施前一发明或者实用新型的强制许可。在实施强制许可的情形下，国务院专利行政部门也可以根据前一专利权人的申请，给予实施后一发明或者实用新型的强制许可。

九、专利权的法律保护

（一）专利权的保护范围

《专利法》规定，发明或者实用新型专利权的保护范围以其权利要求的内容为准，说明书及附图可以用于解释权利要求。外观设计专利权的保护范围以表示在图片或者照片中的该外观设计专利产品为准。

（二）侵犯专利权的行为

侵犯专利权的行为，是指他人未经专利权人的同意，以营利为目的实施其专利的行为。

1.未经专利权人许可实施其专利的行为

未经专利权人许可实施其专利的行为主要有以下3种：（1）为生产经营目的制造、使用、许诺销售、销售、进口其专利产品；（2）使用专利方法以及使用、许诺销售、销售、进口依照该专利方法直接获得的产品；（3）外观设计专利权被授予后，未经专利权人许可，为生产经营目的制造、销售、进口其外观设计专利产品。

2.假冒他人专利的行为

假冒他人专利的行为主要有以下4种：（1）未经许可，在其制造或者销售的产品、产品的包装上标注他人的专利号；（2）未经许可，在广告或者其他宣传材料中使用他人的专利号，使人将所涉及的技术误认为是他人的专利技术；（3）未经许可，在合同中使用他人的专利号，使人将合同涉及的技术误认为是他人的专利技术；（4）伪造或者变造他人的专利证书、专利文件或者专利申请文件。

3.冒充专利产品、专利方法的行为

冒充专利产品、专利方法的行为主要有以下5种：（1）制造或者销售标有专利标记的非专利产品；（2）专利权被宣告无效后，继续在制造或者销售的产品上标注专利标记；（3）在广告或者其他宣传材料中将非专利技术称为专利技术；（4）在合同中将非专利技术称为专利技术；（5）伪造或者变造专利证书、专利文件或者专利申请文件。

（三）侵犯专利权的法律责任

【法律小贴士7-4】根据《专利法》第74条的规定，侵犯专利权的诉讼时效为3年，自专利权人或者利害关系人知道或者应当知道侵权行为以及侵权人之日起计算。

发明专利申请公布后至专利权授予前使用该发明未支付适当使用费的，专利权人要求支付使用费的诉讼时效为3年，自专利权人知道或者应当知道他人使用其发明之日起计算，但是，专利权人于专利权授予之日前即已知道或者应当知道的，自专利权授予之日起计算。

1.民事责任

在专利侵权行为发生后，专利权人或者利害关系人可以请求行政机关或者人民法院追究行为人的民事责任，主要有停止侵权、赔偿损失、消除影响等。

专利权人或者利害关系人有证据证明他人正在实施或者即将实施侵犯专利权、妨碍其实现权利的行为，如不及时制止将会使其合法权益受到难以弥补的损害的，可以在起诉前依法向人民法院申请采取财产保全、责令作出一定行为或者禁止作出一定行为的措施。

侵犯专利权的赔偿数额按照权利人因被侵权所受到的实际损失或者侵权人因侵权所获得的利益确定；权利人的损失或者侵权人获得的利益难以确定的，参照该专利许可使用费的倍数合理确定。对故意侵犯专利权，情节严重的，可以在按照上述方法确定数额的1倍以上5倍以下确定赔偿数额。权利人的损失、侵权人获得的利益和专利许可使用费均难以确定的，人民法院可以根据专利权的类型、侵权行为的性质和情节等因素，确定给予3万元以上500万元以下的赔偿。赔偿数额还应当包括权利人为制止侵权行为所支付的合理开支。

2.行政责任

未经专利权人许可，实施其专利，即侵犯其专利权，引起纠纷的，由当事人协商解决；不愿协商或者协商不成的，专利权人或者利害关系人可以向人民法院起诉，也可以请求管理专利工作的部门处理。管理专利工作的部门处理时，认定侵权行为成立的，可以责令侵权人立即停止侵权行为，当事人不服的，可以自收到处理通知之日起15日内依照《中华人民共和国行政诉讼法》向人民法院起诉；侵权人期满不起诉又不停止侵权行为的，管理专利工作的部门可以申请人民法院强制执行。进行处理的管理专利工作的部门应当事人的请求，可以就侵犯专利权的赔偿数额进行调解；调解不成的，当事人可以依照《民事诉讼法》向人民法院起诉。

假冒专利的，除依法承担民事责任外，由负责专利执法的部门责令改正并予以公告，没收违法所得，可以处违法所得5倍以下的罚款；没有违法所得或者违法所得在5万元以下的，可以处25万元以下的罚款；构成犯罪的，依法追究刑事责任。

违法向外国申请专利、泄露国家秘密的，由所在单位或者上级主管机关给予行政处分；构成犯罪的，依法追究刑事责任。管理专利工作的部门不得参与向社会推荐专利产品等经营活动，如违反规定，由其上级机关或者监察机关责令改正，消除影响，有违法收入的予以没收；情节严重的，对直接负责的主管人员和其他直接责任人员依法给予处分。

3.刑事责任

侵犯他人专利情节严重的，对直接责任人依照《刑法》追究刑事责任。从事专利管理工作的国家机关工作人员以及其他有关国家机关工作人员玩忽职守、滥用职权、徇私舞弊，构成犯罪的，依法追究刑事责任；尚不构成犯罪的，依法给予行政处分。

【案例聚焦7-2】河北省某造纸有限公司2018年在其××牌卫生纸商标和外包装上打出了"注册专利1260441号"的字样，并标明为专利产品。该产品在河南××量贩（即超市）大量销售。事实上，该号并不是由国务院专利行政部门授予的专利号，而只是该公司于2006年在国家工商行政管理总局商标局登记注册的商标注册号，该公司将该商标注册号作为专利号，印制在商品的外包装上，从而构成了冒充专利行为。2019年8月10日，洛阳市专利管理局依据专利法及其实施细则的有关规定，对该造纸有限公司、××纸行、河南××量贩3家生产、销售单位下达了处罚决定：一是立即停止生产、销售标有专利标记的非专利产品；二是全部收缴并销毁冒充有专利标记的产品；三是对上述3家生产、销售单位处以罚款3万元，并予以公告。

第三节　商标法

一、商标法概述

（一）商标的概念与特征

1.商标的概念

商标是指任何能够将自然人、法人或者其他组织的商品与他人的商品区别开的标志，包括文字、图形、字母、数字、三维标志、颜色组合和声音等，以及上述要素的组合。

2.商标的特征

商标是随着商品经济的发展而逐渐形成的。它作为一种标记，能够使商品生产者、经营者或者商业服务的提供者所生产、经营的产品或者所提供的服务与他人生产、经营的产品或者提供的服务相区别，便于消费者选购。商标具有如下特征：

第一，商标主要是由文字、图形、字母、数字、三维标志、颜色组合和声音等，以及上述要素的组合而成的标记。商标的构成具有多样性，是能够将一企业的商品或者服务与另一企业的商品或者服务加以区别的任何标志或者标志的组合。

第二，商标是用于商品或者服务上的显著标记。商标依附于商品或者服务而存在，其使用具有商业意义和商业价值。

第三，商标是代表特定商品生产者、经销者或者服务提供者的专用符号。商标具有商品来源识别、广告和质量保障等功能。

第四，商标是依附于商品表面或包装，或标于与所提供的服务相关的物品上的具有显著特征的简洁符号。商标是用于商品、商品包装或者容器以及商品交易文书上，或者将商标用于广告宣传、展览以及其他商业活动中，用于识别商品来源的具有显著特征的简洁符号。

（二）注册商标及其分类

1.注册商标的概念

注册商标，是指由当事人申请，经商标注册机构核准注册的商标。注册商标是《商标法》的保护对象。

未注册商标，是指未经商标注册机构核准注册的商标。未注册商标一般不受法律保护。未注册商标可以使用，但其使用人不享有商标专用权。当他人就相同商标取得注册后，未注册商标应当停止使用；否则，就构成侵权。

2.注册商标的种类

经商标局核准注册的商标为注册商标，包括商品商标、服务商标、证明商标和集体商标。商标注册人享有商标专用权，受法律保护。

（1）商品商标，是指生产者在生产、制造、加工、拣选或者销售的商品上使用的商标。这类商标的使用者主要是商品的生产者、经营者。我们平时见到的商标大部分是商品商标。

（2）服务商标，是指商业服务的提供者用以区别自己所提供的服务不同于他人所提供的服务的一种标记，也是表明服务提供者服务质量的一种标记。

（3）证明商标，是指由对某种商品或者服务具有监督能力的组织所控制，而由该组织以外的单位或者个人使用于其商品或者服务，用以证明该商品或者服务的原产地、原料、制造方法、质量或者其他特定品质的标志。

经营者提供的商品或者服务符合证明商标使用条件的，注册人不得拒绝使用。证明商标注册人不得在经营活动中使用其证明商标。

（4）集体商标，是指以团体、协会或者其他组织名义注册，供该组织成员在商事活动中使用，以表明使用者在该组织中的成员资格的标志。集体商标的作用就在于表明商品的经营者或服务的提供者属于同一组织，其生产的商品或提供的服务具有共同的特征。

【知识链接7-2】按照商标的构成不同，商标可以分为文字商标、图形商标、组合商标。

（1）文字商标，是指由文字构成的商标。文字既可以是汉字，也可以是少数民族文字、阿拉伯数字以及外文。我国的文字商标以汉字为主，有的还附有汉语拼音字母或者外国文字。

（2）图形商标，是指由平面图形构成的商标。

（3）组合商标，是指由文字和图形组成的商标。组合商标图文并茂、引人注目，便于记忆和识别。

（三）商标权

商标权又称商标专用权，是指商标注册人依法在法定期限内对商标管理机关核准注册的商标所享有的独占权、排他使用权和处分权。《商标法》规定，经商标局核准注册的商标为注册商标，商标注册人享有商标专用权，受法律保护。因此，只有经过商标局核准注册的商标才享有商标专用权并受法律保护，未注册商标则不享有商标专用权，也不受法律保护。

商标专用权主要包括以下权利：

1.独占使用权

独占使用权是指商标权人依法对核准注册的商标享有的在核定的商品或服务上所独占使用的权利。商标独占使用权的运用还得满足以下条件：一是必须在法定的时间和法定的范围内使用；二是必须将商标使用于商标管理机关核定的商品或者服务上。

2.禁用权

禁用权是指商标权人享有的禁止他人实施侵犯其商标专用权的权利。

3.转让权与许可使用权

转让权是指注册商标所有人享有的依照法律规定的程序将自己的商标权转让给第三人的权利；许可使用权是指商标所有人享有的依法同他人签订使用许可合同，允许他人使用其注册商标的权利。

（四）商标法的概念

商标法是调整在商标的确认、使用、保护和管理过程中发生的各种社会关系的法律规范的总称。《商标法》是社会主义市场经济法律体系的重要组成部分，对于加强商标管理，保护商标专用权，促使生产、经营者保证商品和服务质量，维护商标信誉，以及保障消费者和生产、经营者的利益，促进社会主义市场经济的发展，都有着重要的作用。

二、商标注册

商标注册，是指商标使用人为取得商标专用权，依照法定条件和程序向商标局提出申请，经过审核予以注册，授予商标专用权的行为。

（一）商标注册的原则

1.自愿注册和强制注册相结合原则

根据《商标法》的规定，我国的商标注册实行自愿注册和强制注册相结合原则。目前，我国大部分商标是自愿注册的。法律、行政法规规定必须使用注册商标的商品，必须申请商标注册，如烟草制品；未经核准注册的，不得在市场上销售。

2.申请在先原则

两个或者两个以上商标注册申请人，在同一种商品或者类似商品上，以相同或者近似的商标申请注册，初步审定并公告申请在先的商标；同一天申请的，初步审定并公告使用在先的商标，驳回其他人的申请，不予公告。

【法律小贴士7-5】两个以上的自然人、法人或者其他组织可以共同向商标局申请注册同一商标，共同享有和行使该商标专用权。

3.优先权原则

商标注册申请人自其商标在外国第一次提出商标注册申请之日起6个月内，又在中国就相同商品以同一商标提出商标注册申请的，依照该外国同中国签订的协议或者共同参加的国际条约，或者按照相互承认优先权的原则，可以享有优先权。此种情况要求优先权的，应当在提出商标注册申请的时候提出书面声明，并且在3个月内提交第一次提出的商标注册申请文件的副本；未提出书面声明或者逾期未提交商标注册申请文件副本的，视为未要求优先权。

商标在中国政府主办的或者承认的国际展览会展出的商品上首次使用的，自该商品展出之日起6个月内，该商标的注册申请人可以享有优先权。此种情况要求优先权的，应当在提出商标注册申请的时候提出书面声明，并且在3个月内提交展出其商品的展览会名称、在展出商品上使用该商标的证据、展出日期等证明文件；未提出书面声明或者逾期未提交证明文件的，视为未要求优先权。

4.诚实信用原则

申请注册和使用商标，应当遵循诚实信用原则。不以使用为目的的恶意商标注册申请，商标局应当予以驳回。商标使用人应当对其使用商标的商品质量负责。各级市场监督管理部门应当通过商标管理，制止欺骗消费者的行为。

（二）商标注册的条件

1.商标注册的申请人

《商标法》规定，自然人、法人或者其他组织在生产经营活动中，对其商品或者服务需要取得商标专用权的，应当向商标局申请商标注册。申请商标注册或者办理其他商标事宜，可以自行办理，也可以委托依法设立的商标代理机构办理。

外国人或者外国企业在中国申请商标注册的，应当按其所属国和中国签订的协议或者共同参加的国际条约办理，或者按对等原则办理。外国人或者外国企业在中国申请商标注册和办理其他商标事宜的，应当委托依法设立的商标代理机构办理。

2.申请注册的商标应当具有显著特征

任何能够将自然人、法人或者其他组织的商品与他人的商品区别开的标志，包括文字、图形、字母、数字、三维标志、颜色组合和声音等，以及上述要素的组合，均可以作为商标申请注册。

申请注册的商标应当有显著特征，便于识别，并不得与他人在先取得的合法权利相冲突。

商标注册人有权标明"注册商标"或者注册标记。

3.申请注册商标的禁止性规定

（1）下列标志不得作为商标使用：

同中华人民共和国的国家名称、国旗、国徽、国歌、军旗、军徽、军歌、勋章等相同或者近似的，以及同中央国家机关的名称、标志、所在地特定地点的名称或者标志性建筑物的名称、图形相同的；

同外国的国家名称、国旗、国徽、军旗等相同或者近似的，但经该国政府同意的除外；

同政府间国际组织的名称、旗帜、徽记等相同或者近似的，但经该组织同意或者不易误导公众的除外；

与表明实施控制、予以保证的官方标志、检验印记相同或者近似的，但经授权的除外；

同"红十字""红新月"的名称、标志相同或者近似的；

带有民族歧视性的；

带有欺骗性，容易使公众对商品的质量等特点或者产地产生误认的；

有害于社会主义道德风尚或者有其他不良影响的。

县级以上行政区划的地名或者公众知晓的外国地名不得作为商标，但是，地名具有其他含义或者作为集体商标、证明商标组成部分的除外；已经注册的使用地名的商标继续有效。

（2）下列标志不得作为商标注册：

仅有本商品的通用名称、图形、型号的；

仅直接表示商品的质量、主要原料、功能、用途、重量、数量及其他特点的；

其他缺乏显著特征的。

这里所列标志经过使用取得显著特征，并便于识别的，可以作为商标注册。

（三）商标注册的程序

1.商标注册的申请

商标注册申请人应当按规定的商品分类表填报使用商标的商品类别和商品名称，提出注册申请。商标注册申请人可以通过一份申请就多个类别的商品申请注册同一商标。商标注册申请等有关文件，可以以书面方式或者数据电文方式提出。为申请商标注册所申报的事项和所提供的材料应当真实、准确、完整。

【法律小贴士7-6】注册商标需要在核定使用范围之外的商品上取得商标专用权的，应当另行提出注册申请。

注册商标需要改变其标志的，应当重新提出注册申请。

2.商标注册的审查

（1）形式审查和实质审查。

《商标法》对商标注册的审查实行形式审查和实质审查。形式审查是对商标注册申请的书件、手续是否符合法律规定的审查。形式审查的内容主要包括：申请人是否具备申请资格；申请书的填写是否属实、准确、清晰；有关手续是否完备等。通过形式审查，商标局可以决定商标注册申请能否受理。实质审查是对申请注册的商标是否具备注册商标条件的审查。实质审查主要包括：审查申请注册的商标是否违背《商标法》禁用条款；是否具备法定构成要素；是否具有显著特征；是否与他人在同一种或类似商品上的注册商标相混同等。

（2）初步审定和公告。

对申请注册的商标，商标局应当自收到商标注册申请文件之日起9个月内审查完毕，符合《商标法》有关规定的，予以初步审定公告。在审查过程中，商标局认为商标注册申请内容需要说明或者修正的，可以要求申请人作出说明或者修正。申请人未作出说明或者修正的，不影响商标局作出审查决定。

申请注册的商标，凡不符合《商标法》有关规定或者同他人在同一种商品或者类似商品上已经注册的或者初步审定的商标相同或者近似的，由商标局驳回申请，不予公告。对驳回申请、不予公告的商标，商标局应当书面通知商标注册申请人。商标注册申请人不服的，可以自收到通知之日起15日内向商标评审委员会申请复审。商标评审委员会应当自收到申请之日起9个月内作出决定，并书面通知申请人。有特殊情况需要延长的，经国务院市场监督管理部门批准，可以延长3个月。当事人对商标评审委员会的决定不服的，可以自收到通知之日起30日内向人民法院起诉。

【法律小贴士7-7】申请商标注册不得损害他人现有的在先权利，也不得以不正当手段抢先注册他人已经使用并有一定影响的商标。

3.商标异议

对初步审定公告的商标提出异议的，商标局应当听取异议人和被异议人陈述事实和理由，经调查核实后，自公告期满之日起12个月内作出是否准予注册的决定，并书面通知异议人和被异议人。有特殊情况需要延长的，经国务院市场监督管理部门批准，可以延长6个月。

商标局作出准予注册决定的，发给商标注册证，并予以公告。异议人不服的，可以依法向商标评审委员会请求宣告该注册商标无效。

商标局作出不予注册决定，被异议人不服的，可以自收到通知之日起15日内向商标评审委员会申请复审。商标评审委员会应当自收到申请之日起12个月内作出复审决定，并书面通知异议人和被异议人。有特殊情况需要延长的，经国务院市场监督管理部门批准，可以延长6个月。被异议人对商标评审委员会的决定不服的，可以自收到通知之日起30日内向人民法院起诉。人民法院应当通知异议人作为第三人参加诉讼。

商标评审委员会在依照规定进行复审的过程中，所涉及的在先权利的确定必须以人民法院正在审理或者行政机关正在处理的另一案件的结果为依据的，可以中止审查。中止原因消除后，应当恢复审查程序。

法定期限届满，当事人对商标局作出的驳回申请决定、不予注册决定不申请复审或者对商标评审委员会作出的复审决定不向人民法院起诉的，驳回申请决定、不予注册决定或者复审决定生效。

4.准予注册

经审查，异议不成立而准予注册的商标，商标注册申请人取得商标专用权的时间自初步审定公告3个月期满之日起计算。自该商标公告期满之日起至准予注册决定作出前，对他人在同一种或者类似商品上使用与该商标相同或者近似的标志的行为不具有追溯力，但是，因该使用人的恶意给商标注册人造成的损失，应当给予赔偿。

三、注册商标的续展、变更、转让和使用许可

注册商标的有效期为10年，自核准注册之日起计算。注册商标有效期满，需要继续使用的，商标注册人应当在期满前12个月内按照规定办理续展手续；在此期间未能办理的，可以给予6个月的宽展期。每次续展注册的有效期为10年，自该商标上一届有效期满次日起计算。期满未办理续展手续的，注销其注册商标。商标局应当对续展注册的商标予以公告。

注册商标需要变更注册人名义、地址或者其他注册事项的，应当提出变更申请。

转让注册商标的，转让人和受让人应当签订转让协议，并共同向商标局提出申请。受让人应当保证使用该注册商标的商品质量。转让注册商标的，商标注册人对其在同一种商品上注册的近似的商标，或者在类似商品上注册的相同或者近似的商标，应当一并转让。对容易导致混淆或者有其他不良影响的转让，商标局不予核准，书面通知申请人并说明理由。转让注册商标经核准后，予以公告。受让人自公告之日起享有商标专用权。

商标注册人可以通过签订商标使用许可合同，许可他人使用其注册商标。许可人应当监督被许可人使用其注册商标的商品质量，被许可人应当保证使用该注册商标的商品质量。经许可使用他人注册商标的，必须在使用该注册商标的商品上标明被许可人的名称和商品产地。许可他人使用其注册商标的，许可人应当将其商标使用许可报商标局备案，由商标局公告。商标使用许可未经备案不得对抗善意第三人。

四、注册商标的无效宣告

已经注册的商标，违反《商标法》规定的，或者是以欺骗手段或其他不正当手段取得注册的，由商标局宣告该注册商标无效；其他单位或者个人可以请求商标评审委员会宣告该注册商标无效。

商标局作出宣告注册商标无效的决定，应当书面通知当事人。当事人对商标局的决定不服的，可以自收到通知之日起15日内向商标评审委员会申请复审。商标评审委员会应当自收到申请之日起9个月内作出决定，并书面通知当事人。有特殊情况需要延长的，经国务院市场监督管理部门批准，可以延长3个月。当事人对商标评审委员会的决定不服的，可以自收到通知之日起30日内向人民法院起诉。

宣告无效的注册商标，由商标局予以公告，该注册商标专用权视为自始即不存在。

宣告注册商标无效的决定或者裁定，对宣告无效前人民法院作出并已执行的商标侵权案件的判决、裁定、调解书和市场监督管理部门作出并已执行的商标侵权案件的处理决定，以及已经履行的商标转让或者使用许可合同不具有追溯力。但是，因商标注册人的恶意给他人造成的损失，应当给予赔偿。

五、商标使用的管理

商标的使用，是指将商标用于商品、商品包装或者容器以及商品交易文书上，或者将商标用于广告宣传、展览以及其他商业活动中，用于识别商品来源的行为。

商标注册人在使用注册商标的过程中，自行改变注册商标、注册人名义和地址或者其他注册事项的，由地方市场监督管理部门责令限期改正；期满不改正的，由商标局撤销其注册商标。

注册商标成为其核定使用的商品的通用名称或者没有正当理由连续3年不使用的，任何单位或者个人可以向商标局申请撤销该注册商标。商标局应当自收到申请之日起9个月内作出决定。有特殊情况需要延长的，经国务院市场监督管理部门批准，可以延长3个月。

注册商标被撤销、被宣告无效或者期满不再续展的，自撤销、宣告无效或者注销之日起1年内，商标局对与该商标相同或者近似的商标注册申请，不予核准。

对商标局撤销或者不予撤销注册商标的决定，当事人不服的，可以自收到通知之日起15日内向商标评审委员会申请复审。商标评审委员会应当自收到申请之日起9个月内作出决定，并书面通知当事人。有特殊情况需要延长的，经国务院市场监督管理部门批准，可以延长3个月。当事人对商标评审委员会的决定不服的，可以自收到通知之日起30日内向人民法院起诉。

六、注册商标专用权的保护

注册商标专用权的保护，是指运用法律手段制裁商标侵权行为，以确保商标权人对其注册商标所享有的商标权得以实现的法律机制。只有建立起完善的注册商标专用权的保护制度，商标权人的权利才能够实现。《商标法》规定了注册商标专用权的保护范围，应当以核准注册的商标和核定使用的商品为限。

（一）侵犯商标专用权的行为

商标侵权行为是指侵犯他人注册商标专用权的行为。《商标法》规定，有下列行为之一的，均属侵犯注册商标专用权：

（1）未经商标注册人许可，在同一种商品上使用与其注册商标相同的商标的；

（2）未经商标注册人许可，在同一种商品上使用与其注册商标近似的商标，或者在类似商品上使用与其注册商标相同或者近似的商标，容易导致混淆的；

（3）销售侵犯注册商标专用权的商品的；

（4）伪造、擅自制造他人注册商标标识或者销售伪造、擅自制造的注册商标标识的；

（5）未经商标注册人同意，更换其注册商标并将该更换商标的商品又投入市场的；

（6）故意为侵犯他人商标专用权行为提供便利条件，帮助他人实施侵犯商标专用权行为的；

（7）给他人的注册商标专用权造成其他损害的。

不过，注册商标中含有的本商品的通用名称、图形、型号，或者直接表示商品的质量、主要原料、功能、用途、重量、数量及其他特点，或者含有的地名，注册商标专用权人无权禁止他人正当使用。

三维标志注册商标中含有的商品自身的性质产生的形状、为获得技术效果而需有的商品形状或者使商品具有实质性价值的形状，注册商标专用权人无权禁止他人正当使用。

商标注册人申请商标注册前，他人已经在同一种商品或者类似商品上先于商标注册人使用与注册商标相同或者近似并有一定影响的商标的，注册商标专用权人无权禁止该使用人在原使用范围内继续使用该商标，但可以要求其附加适当区别标识。

【法律小贴士7-8】将他人注册商标、未注册的驰名商标作为企业名称中的字号使用，误导公众，构成不正当竞争行为的，依照《中华人民共和国反不正当竞争法》处理。

（二）侵犯注册商标专用权的法律责任

1.民事责任

对侵犯注册商标专用权的行为，引起纠纷的，由当事人协商解决；不愿协商或者协商不成的，商标注册人或者利害关系人可以请求市场监督管理部门处理，也可以直接向人民法院起诉，要求侵权人承担民事责任，主要包括停止侵害、消除影响、赔偿损失等。侵犯商标专用权的赔偿数额，为侵权人在侵权期间因侵权所获得的利益，或者被侵权人在被侵权期间因被侵权所受到的损失，包括被侵权人为制止侵权行为所支付的合理开支。对侵犯商标专用权的赔偿数额的争议，当事人可以请求进行处理的市场监督管理部门调解，也可以依照《民事诉讼法》向人民法院起诉。经市场监督管理部门调解，当事人未达成协议或者调解书生效后不履行的，当事人可以依照《民事诉讼法》向人民法院起诉。

【法律小贴士7-9】侵犯商标专用权的赔偿数额，按照权利人因被侵权所受到的实际损失确定；实际损失难以确定的，可以按照侵权人因侵权所获得的利益确定。权利人的损失或者侵权人获得的利益难以确定的，参照该商标许可使用费的倍数合理确定。对恶意侵犯商标专用权，情节严重的，可以在按照上述方法确定数额的1倍以上5倍以下确定赔偿数额。赔偿数额应当包括权利人为制止侵权行为所支付的合理开支。

人民法院为确定赔偿数额，在权利人已经尽力举证，而与侵权行为相关的账簿、资料主要由侵权人掌握的情况下，可以责令侵权人提供与侵权行为相关的账簿、资料；侵权人不提供或者提供虚假的账簿、资料的，人民法院可以参考权利人的主张和提供的证据判定赔偿数额。

权利人因被侵权所受到的实际损失、侵权人因侵权所获得的利益、注册商标许可使用费难以确定的，由人民法院根据侵权行为的情节判决给予500万元以下的赔偿。

人民法院审理商标纠纷案件，应权利人请求，对属于假冒注册商标的商品，除特殊情况外，责令销毁；对主要用于制造假冒注册商标的商品的材料、工具，责令销毁，且不予补偿；或者在特殊情况下，责令禁止前述材料、工具进入商业渠道，且不予补偿。

假冒注册商标的商品不得在仅去除假冒注册商标后进入商业渠道。

2.行政责任

市场监督管理部门处理时，认定侵权行为成立的，责令立即停止侵权行为，没收、销毁侵权商品和主要用于制造侵权商品、伪造注册商标标识的工具。违法经营额5万元以上的，可以处违法经营额5倍以下的罚款；没有违法经营额或者违法经营额不足5万元的，可以处25万元以下的罚款。对5年内实施两次以上商标侵权行为或者有其他严重情节的，应当从重处罚。销售不知道是侵犯注册商标专用权的商品，能证明该商品是自己合法取得并说明提供者的，由市场监督管理部门责令停止销售。

【法律小贴士7-10】商标代理机构有下列行为之一的，由市场监督管理部门责令限期改正，给予警告，处1万元以上10万元以下的罚款；对直接负责的主管人员和其他直接责任人员给予警告，处5 000元以上5万元以下的罚款；构成犯罪的，依法追究刑事责任：

（1）办理商标事宜过程中，伪造、变造或者使用伪造、变造的法律文件、印章、签名的；

（2）以诋毁其他商标代理机构等手段招徕商标代理业务或者以其他不正当手段扰乱商标代理市场秩序的；

（3）违反《商标法》第4条，第19条第3款、第4款规定的。

商标代理机构有前款规定行为的，由市场监督管理部门记入信用档案；情节严重的，商标局、商标评审委员会可以决定停止受理其办理商标代理业务，予以公告。

商标代理机构违反诚实信用原则，侵害委托人合法利益的，应依法承担民事责任，并由商标代理行业组织按照章程规定予以惩戒。

对恶意申请商标注册的，根据情节给予警告、罚款等行政处罚；对恶意提起商标诉讼的，由人民法院依法给予处罚。

3.刑事责任

根据《商标法》的规定，以下行为构成侵犯注册商标专用权的犯罪行为：

（1）未经商标注册人许可，在同一种商品上使用与其注册商标相同的商标，构成犯罪的，除赔偿被侵权人的损失外，依法追究刑事责任。

（2）伪造、擅自制造他人注册商标标识或者销售伪造、擅自制造的注册商标标识，构成犯罪的，除赔偿被侵权人的损失外，依法追究刑事责任。

（3）销售明知是假冒注册商标的商品，构成犯罪的，除赔偿被侵权人的损失外，依法追究刑事责任。

自测题

第七章单项选择题

第七章多项选择题

思考题与案例分析

一、简答题

1.简述专利权的概念及特征。

2.专利权的客体是什么？

3.简述商标的概念与特征。

4.授予专利权的发明和实用新型需要哪些条件？

5.商标注册的条件是什么？

二、论述题

1.论述专利权人的权利和义务。

2.论述不视为侵犯专利权的行为。

3.论述侵犯商标专用权的行为及其法律责任。

三、案例分析题

1.甲公司为其生产的啤酒申请注册了"冬雨之恋"商标，但在使用商标时没有在商标标识上加注"注册商标"字样或注册标记。

（1）乙公司误认为该商标属于未注册商标，故在自己生产的啤酒产品上也使用"冬雨之恋"商标。乙公司的行为是否为商标侵权行为？

（2）丁饭店将购买的甲公司"冬雨之恋"啤酒倒入自制啤酒桶，自制"侠客"牌散装啤酒出售。丁饭店的行为是否为商标侵权行为？

2.A研究院在我国首先研制出一种新药技术，向我国有关部门申请专利。B制药公司想以7 000万元的价格购买该技术。

问题：（1）A研究院和B制药公司之间应当如何转让专利申请权？

（2）专利申请权的转让何时生效？

第八章

市场规制法律制度

知识目标

掌握不正当竞争的概念和特征；了解反不正当竞争法的基本原则；掌握各种不正当竞争行为的特征及表现；理解产品质量法的概念、特点及体系；掌握产品标准、产品质量与产品质量责任；了解掌握消费者应有的权利；理解生产者、销售者的产品责任与义务。

思政目标

知晓市场规制法律主要用于确保市场的公平竞争、保护消费者权益、维护市场秩序和促进经济发展；贯彻自由、平等、公正、法治、诚信的社会主义核心价值观，形成符合市场规律的法治思维，促进法治人才培养和社会观念的转变，满足中国社会主义市场法治经济建构的现实需求。党的二十大报告指出，"加强反垄断和反不正当竞争，破除地方保护和行政性垄断，依法规范和引导资本健康发展"。"增强消费对经济发展的基础性作用和投资对优化供给结构的关键作用"。

【引导案例】

2017年7月12日，原告唐海宏（乙方）与被告宝华公司（甲方）签订买卖协议一份，约定乙方购买甲方所售、车型为2016款福睿斯1.5升自动时尚型轿车一辆。2017年8月27日，涉案车辆在泰兴市珊瑚镇发生事故受损，在修理过程中，唐海宏发现该车之前曾经修理过，遂委托靖江天安达汽车贸易有限公司对后保险杠进行拆解，发现涉案车辆的前后保险杠均存在维修过的痕迹，于是与宝华公司产生纠纷并诉至法院。法院认为：唐海宏因生活所需向被告宝华公司购买涉案车辆，属于生活消费，其购买行为受《消费者权益保护法》的保护。消费者有知悉其购买、使用的商品或者接受服务的真实情况的权利。宝华公司作为专业的汽车销售商，在无特别约定的情况下，其在向唐海宏交付车辆前应对车辆进行全面检测，将符合约定的新车交付给唐海宏。宝华公司作为经营者，理应明确、具体地将涉案车辆已经经过维修的事实告知消费者。宝华公司未提供任何证据证明其对原告履行了上述告知义务，明显侵犯了唐海宏的知情权。本案中，宝华公司明知其隐瞒涉案车辆的真实情况会让唐海宏陷入错误认识，并作出签订合同、购买涉案车辆的决定，但其仍然放任这种结果发生，主观上具有欺诈故意，应当认定宝华公司的行为构成欺诈。故法院判决宝华公司于判决生效后10日内赔偿原告唐海宏3倍购车款，共计270 000元。

问题：请说出法院判决的法律依据。

第一节 反不正当竞争法

一、反不正当竞争法概述

（一）反不正当竞争法的概念

反不正当竞争法有广义和狭义之分。狭义的反不正当竞争法是指全国人民代表大会常务委员会于1993年通过并实施的《中华人民共和国反不正当竞争法》（以下简称《反不正当竞争法》），该法于2017年11月4日进行了修订（自2018年1月1日起施行），2019年4月23日再次进行了修正。2022年11月22日，市场监管总局起草了《反不正当竞争法（修订草案征求意见稿）》，向社会公开征求意见。广义的反不正当竞争法是调整在制止不正当竞争行为过程中发生的经济关系的法律规范的总称。

（二）反不正当竞争法的立法目的

《反不正当竞争法》的立法目的是保障社会主义市场经济健康发展，鼓励和保护正当竞争，制止不正当竞争，保护经营者和消费者的合法权益，最大限度地让各经营主体在市场经济环境下平等地参与经济活动，以实现社会资源的优化配置，达到最佳效益。

（三）反不正当竞争法的基本原则

经营者在生产经营活动中，应当遵循自愿、平等、公平、诚信的原则，遵守法律和商业道德。

1.自愿原则

自愿原则是指在社会主义市场经济条件下，经营者能够实行意思自治，按照自己真实的意愿参与市场交易活动，设立、变更和终止特定的法律关系。

2.平等原则

市场经济的一个基本原则，就是市场中各种经济主体在市场经济规律面前一律平等。在市场交易中应平等协商，任何一方不能把自己的意志强加于人。

3.公平原则

公平原则是指在市场交易中应当公平合理、权利和义务相一致。公平原则主要有两方面的含义：第一，交易条件公平。第二，交易结果公平。

4.诚信原则

经营者在市场交易中，应当严格依据法律的规定和合同的约定行事，要尊重实际情况，讲究商业信誉，诚实待人，不得弄虚作假，不欺骗竞争对手和社会公众，不损人利己。这一原则是人们对市场交易安全的起码要求，同时也是对法律具体规定不足的补救。

二、不正当竞争行为

（一）不正当竞争行为的概念与特征

1.不正当竞争行为的概念

1883年的《保护工业产权巴黎公约》对不正当竞争行为的定义是："凡在工业、商业中违反诚实信用的竞争行为即构成不正当竞争行为。"1896年德国《反不正当竞争法》则将其定义为："在营业中为竞争目的采取非善良风俗的行为。"

《反不正当竞争法》将不正当竞争行为定义为："经营者违反本法规定，损害其他经营者的合法权益，扰乱社会经济秩序的行为。"本教材采用《反不正当竞争法》对不正当竞争行为所下的定义。

2.不正当竞争行为的特征

（1）危害社会性。这是指不正当竞争行为会破坏公平竞争、阻碍技术进步和社会生产力的发展、破坏社会资源合理配置和市场经济结构、扰乱市场经济秩序，使市场失去活力，最终危害社会公共利益。

（2）违法交易性。这是指不正当竞争是违反国家法律、行政法规的交易行为。在我国，区分正当竞争行为和不正当竞争行为的标准就是看该行为是否违反《反不正当竞争法》的原则和具体规范。《反不正当竞争法》将11种行为列为不正当竞争行为。

（3）主体特定性。不正当竞争行为的主体是经营者。根据《反不正当竞争法》的规定，经营者是指从事商品生产、经营或者提供服务（以下所称商品包括服务）的自然人、法人和非法人组织。

（4）民事侵权性。这是指凡是经营者以不正当竞争手段已经获得或将要获得的竞争优势或某种利益，必定是对某一特定的或不特定的经营者的财产权利或人身权利的侵犯，使其应得利益遭受损失。因此，不正当竞争行为是侵犯他人民事权利的行为。

（二）不正当竞争行为的种类

《反不正当竞争法》规定了以下7种不正当竞争行为：

1.混淆行为

假冒或仿冒行为，是指盗用他人的商业信誉、商品或服务声誉，使其商品或服务发生混淆，从中牟取非法利益的行为。根据《反不正当竞争法》的规定，经营者不得实施下列混淆行为，使人误认为是他人商品或者与他人存在特定联系。

（1）擅自使用与他人有一定影响的商品名称、包装、装潢等相同或者近似的标识；

（2）擅自使用他人有一定影响的企业名称（包括简称、字号等）、社会组织名称（包括简称等）、姓名（包括笔名、艺名、译名等）；

（3）擅自使用他人有一定影响的域名主体部分、网站名称、网页等；

（4）其他足以使人误认为是他人商品或者与他人存在特定联系的混淆行为。

2.商业贿赂行为

商业贿赂行为，是指经营者在市场交易活动中，通过暗中给付财物或采取其他手段收买交易对象或有关人员，以获得交易机会或占据市场优势的行为。《反不正当竞争法》规定：经营者不得采用财物或者其他手段贿赂下列单位或者个人，以谋取交易机会或者竞争优势。包括：

（1）交易相对方的工作人员；

（2）受交易相对方委托办理相关事务的单位或者个人；

（3）利用职权或者影响力影响交易的单位或者个人。

经营者在交易活动中，可以以明示方式向交易相对方支付折扣，或者向中间人支付佣金。经营者向交易相对方支付折扣、向中间人支付佣金的，应当如实入账。接受折扣、佣金的经营者也应当如实入账。

经营者的工作人员进行贿赂的，应当认定为经营者的行为；但是，经营者有证据证明该工作人员的行为与为经营者谋取交易机会或者竞争优势无关的除外。

3.虚假宣传行为

虚假宣传行为，是指经营者利用广告或者其他方法，对商品质量、制作成分、性能、用途、生产者、有效期限、产地等做引人误解的虚假宣传。《反不正当竞争法》规定：经营者不得对其商品的性能、功能、质量、销售状况、用户评价、曾获荣誉等做虚假或者引人误解的商业宣传，欺骗、误导消费者

经营者不得通过组织虚假交易等方式，帮助其他经营者进行虚假或者引人误解的商业宣传。

4.侵犯商业秘密行为

侵犯商业秘密行为，是指以盗窃、利诱、胁迫或其他不正当的手段获取、披露、使用其他人的商业秘密的行为。商业秘密，是指不为公众所知悉、具有商业价值并经权利人采取相应保密措施的技术信息和经营信息。《反不正当竞争法》规定经营者不得实施下列侵犯商业秘密的行为：

（1）以盗窃、贿赂、欺诈、胁迫、电子侵入或者其他不正当手段获取权利人的商业秘密。

（2）披露、使用或者允许他人使用以前项手段获取的权利人的商业秘密。

（3）违反保密义务或者违反权利人有关保守商业秘密的要求，披露、使用或者允许他人使用其所掌握的商业秘密。

（4）教唆、引诱、帮助他人违反保密义务或者违反权利人有关保守商业秘密的要求，获取、披露、使用或者允许他人使用权利人的商业秘密。

经营者以外的其他自然人、法人和非法人组织实施以上所列违法行为的，视为侵犯商业秘密。第三人明知或者应知商业秘密权利人的员工、前员工或者其他单位、个人实施前款所列违法行为，仍获取、披露、使用或者允许他人使用该商业秘密的，视为侵犯商业秘密。

5.不当有奖销售行为

不当有奖销售行为，是指经营者利用金钱、物质或其他利益引诱购买者与之发生交易关系，以排挤竞争对手的行为。有奖销售行为有正当和不正当之分。根据《反不正当竞争法》的规定，经营者进行有奖销售不得存在下列情形：

（1）所设奖的种类、兑奖条件、奖金金额或者奖品等有奖销售信息不明确，影响兑奖；

（2）采用谎称有奖或者故意让内定人员中奖的欺骗方式进行有奖销售；

（3）抽奖式的有奖销售，最高奖的金额超过5万元。

6.商业诽谤行为

商业诽谤行为是指经营者捏造、散布虚伪事实，损害竞争对手的商业信誉或商品声誉的行为。经营者采取商业诋毁的行为，目的是削弱竞争对手的竞争能力，破坏竞争对手的正常经营活动。这种行为是为《反不正当竞争法》所禁止的。

《反不正当竞争法》规定，经营者不得编造、传播虚假信息或者误导性信息，损害竞争对手的商业信誉、商品声誉。

7.妨碍、破坏其他经营者合法提供的网络产品或者服务正常运行的行为

经营者利用网络从事生产经营活动，应当遵守《反不正当竞争法》的各项规定。

经营者不得利用技术手段，通过影响用户选择或者其他方式，实施下列妨碍、破坏其他经营者合法提供的网络产品或者服务正常运行的行为：

（1）未经其他经营者同意，在其合法提供的网络产品或者服务中，插入链接、强制进行目标跳转；

（2）误导、欺骗、强迫用户修改、关闭、卸载其他经营者合法提供的网络产品或者服务；

（3）恶意对其他经营者合法提供的网络产品或者服务实施不兼容；

（4）其他妨碍、破坏其他经营者合法提供的网络产品或者服务正常运行的行为。

三、对不正当竞争行为的法律规制

（一）对涉嫌不正当竞争行为的查处与监督

1.对涉嫌不正当竞争行为的查处

（1）查处部门。县级以上人民政府履行市场监督管理职责的部门对不正当竞争行为进行查处；法律、行政法规规定由其他部门查处的，依照其规定。

（2）监督检查部门调查涉嫌不正当竞争行为，可以采取下列措施：

① 进入涉嫌不正当竞争行为的经营场所进行检查；

② 询问被调查的经营者、利害关系人及其他有关单位、个人，要求其说明有关情况或者提供与被调查行为有关的其他资料；

③ 查询、复制与涉嫌不正当竞争行为有关的协议、账簿、单据、文件、记录、业务函电和其他资料；

④ 查封、扣押与涉嫌不正当竞争行为有关的财物；

⑤ 查询涉嫌不正当竞争行为的经营者的银行账户。

【法律小贴士8-1】监督检查部门及其工作人员对调查过程中知悉的商业秘密负有保密义务。

2.对涉嫌不正当竞争行为的监督

国家鼓励、支持和保护一切组织和个人对不正当竞争行为进行社会监督。国家机关及其工作人员不得支持、包庇不正当竞争行为。行业组织应当加强行业自律，引导、规范会员依法竞争，维护市场竞争秩序。

对涉嫌不正当竞争行为，任何单位和个人有权向监督检查部门举报，监督检查部门

接到举报后应当依法及时处理。监督检查部门应当向社会公开受理举报的电话、信箱或者电子邮件地址，并为举报人保密。对实名举报并提供相关事实和证据的，监督检查部门应当将处理结果告知举报人。

（二）不正当竞争行为的法律责任

1.经营者违反《反不正当竞争法》的民事责任

经营者违反法律规定，给他人造成损害的，应当依法承担民事责任。经营者的合法权益受到不正当竞争行为损害的，可以向人民法院提起诉讼。

因不正当竞争行为受到损害的经营者的赔偿数额，按照其因被侵权所受到的实际损失确定；实际损失难以计算的，按照侵权人因侵权所获得的利益确定。经营者恶意实施侵犯商业秘密行为，情节严重的，可以在按照上述方法确定数额的1倍以上5倍以下确定赔偿数额。赔偿数额还应当包括经营者为制止侵权行为所支付的合理开支。经营者违反《反不正当竞争法》第6条、第9条的规定，权利人因被侵权所受到的实际损失、侵权人因侵权所获得的利益难以确定的，由人民法院根据侵权行为的情节判决给予权利人500万元以下的赔偿。

2.经营者违反《反不正当竞争法》的行政责任

（1）实施混淆行为的行政责任。经营者违反《反不正当竞争法》的规定实施混淆行为的，由监督检查部门责令停止违法行为，没收违法商品。违法经营额5万元以上的，可以并处违法经营额5倍以下的罚款；没有违法经营额或者违法经营额不足5万元的，可以并处25万元以下的罚款。情节严重的，吊销营业执照。

【案例分析8-1】安阳县××食品饮料厂于2009年6月4日让河北省磁县一彩印厂模仿"蒙牛"纯牛奶包装箱的图案及颜色印制了510个带有"蒙奶"纯牛奶字样的包装箱，并印有当事人自己的名称和生产地址。该食品饮料厂于2009年6月14日使用这种包装箱，把本厂生产的酸奶饮料装到包装箱内。该食品饮料厂共生产了510箱，销售了500箱。2009年8月27日，安阳县工商局依据《反不正当竞争法》对当事人作出没收违法所得5000元、罚款5000元的行政处罚。

分析提示："蒙牛"奶制品是消费者公认的知名商品，安阳县××食品饮料厂擅自使用与"蒙牛"产品近似的名称、包装、装潢，严重误导了消费者，侵害了消费者的合法权益，其行为违反了《反不正当竞争法》的规定，属于典型的不正当竞争行为。

（2）贿赂他人的行政责任。经营者违反《反不正当竞争法》第7条的规定贿赂他人的，由监督检查部门没收违法所得，处10万元以上300万元以下的罚款。情节严重的，吊销营业执照。

（3）对商品作虚假或者引人误解的商业宣传的行政责任。经营者违反《反不正当竞争法》的规定对其商品作虚假或者引人误解的商业宣传，或者通过组织虚假交易等方式帮助其他经营者进行虚假或者引人误解的商业宣传的，由监督检查部门责令停止违法行为，处20万元以上100万元以下的罚款；情节严重的，处100万元以上200万元以下的罚款，可以吊销营业执照。经营者违反《反不正当竞争法》第8条的规定发布虚假广告的，依照《中华人民共和国广告法》的规定处罚。

（4）侵犯商业秘密的行政责任。经营者以及其他自然人、法人和非法人组织违反

《反不正当竞争法》的规定侵犯商业秘密的，由监督检查部门责令停止违法行为，没收违法所得，处10万元以上100万元以下的罚款；情节严重的，处50万元以上500万元以下的罚款。

（5）违法进行有奖销售的行政责任。经营者违反《反不正当竞争法》的规定进行有奖销售的，由监督检查部门责令停止违法行为，处5万元以上50万元以下的罚款。

（6）损害竞争对手商业信誉、商品声誉的行政责任。经营者违反《反不正当竞争法》的规定损害竞争对手商业信誉、商品声誉的，由监督检查部门责令停止违法行为、消除影响，处10万元以上50万元以下的罚款；情节严重的，处50万元以上300万元以下的罚款。

（7）妨碍、破坏其他经营者合法提供的网络产品或者服务正常运行的行政责任。经营者违反《反不正当竞争法》的规定妨碍、破坏其他经营者合法提供的网络产品或者服务正常运行的，由监督检查部门责令停止违法行为，处10万元以上50万元以下的罚款；情节严重的，处50万元以上300万元以下的罚款。

【法律小贴士8-2】经营者违反《反不正当竞争法》的规定从事不正当竞争，有主动消除或者减轻违法行为危害后果等法定情形的，依法从轻或者减轻行政处罚；违法行为轻微并及时纠正，没有造成危害后果的，不予行政处罚。

经营者违反《反不正当竞争法》的规定，应当承担民事责任、行政责任和刑事责任，其财产不足以支付的，优先用于承担民事责任。

（8）妨害监督检查部门依法履行职责的行政责任。妨害监督检查部门依照《反不正当竞争法》履行职责，拒绝、阻碍调查的，由监督检查部门责令改正，对个人可以处5 000元以下的罚款，对单位可以处5万元以下的罚款，并可以由公安机关依法给予治安管理处罚。

3.经营者违反《反不正当竞争法》的刑事责任

违反《反不正当竞争法》的规定，构成犯罪的，依法追究刑事责任。

【法律小贴士8-3】监督检查部门的工作人员滥用职权、玩忽职守、徇私舞弊或者泄露调查过程中知悉的商业秘密的，依法给予处分。

第二节　反垄断法

一、反垄断法概述

反垄断工作坚持中国共产党的领导。国家坚持市场化、法治化原则，强化竞争政策基础地位，制定和实施与社会主义市场经济相适应的竞争规则，完善宏观调控，健全统一、开放、竞争、有序的市场体系。

（一）反垄断法的概念

反垄断法是指通过规范市场经营主体的垄断和限制竞争行为来调整市场经营主体之间的竞争关系的法律规范的总称。从内涵上讲，反垄断法是禁止行为人排除或者限制市场竞争行为的法律部门或法律规范的总称；从外延上讲，反垄断法是禁止反竞争的购并、联合行为或者滥用市场力量行为的法律部门或者法律规范的总称。反垄断法是通过国家的干预来实现经济秩序的正常运转，寻求实质的公平正义。

（二）我国反垄断法的历史进程

2008年我国正式实施《中华人民共和国反垄断法》（以下简称《反垄断法》），2022年6月24日，第十三届全国人民代表大会常务委员会第三十五次会议通过修改《反垄断法》的决定，自2022年8月1日起施行。该法的立法目的在于预防和制止垄断行为，保护市场公平竞争，鼓励创新，提高经济运行效率，维护消费者的利益和社会公共利益，促进社会主义市场经济健康发展。

（三）经营者与相关市场

经营者，是指从事商品生产、经营或者提供服务的自然人、法人和非法人组织。

相关市场，是指经营者在一定时期内就特定商品或者服务（以下统称商品）进行竞争的商品范围和地域范围。

（四）反垄断的一般要求

在社会主义市场经济体制下，经营者可以通过公平竞争、自愿联合，依法实施集中，扩大经营规模，提高市场竞争能力。经营者应当依法经营，诚实守信，严格自律，接受社会公众的监督，不得利用其控制地位或者专营专卖地位损害消费者利益。经营者不得利用数据和算法、技术、资本优势以及平台规则等从事《反垄断法》禁止的垄断行为。

行政机关和法律、法规授权的具有管理公共事务职能的组织不得滥用行政权力，排除、限制竞争。

行业协会应当加强行业自律，引导本行业的经营者依法竞争，合规经营，维护市场竞争秩序。

《反垄断法》禁止的垄断行为包括经营者达成垄断协议，经营者滥用市场支配地位，具有或者可能具有排除、限制竞争效果的经营者集中。

【案例聚焦8-1】2021年4月，国家市场监管总局根据举报，依法对美团科技有限公司在平台上实施"二选一"等涉嫌垄断行为进行立案调查。10月8日，国家市场监管总局依法作出行政处罚决定，责令美团科技有限公司停止违法行为，全额退还独家合作保证金12.89亿元，并处以其2020年中国境内销售额1 147.48亿元3%的罚款，计34.42亿元。

国务院设立反垄断委员会，负责组织、协调、指导反垄断工作。国务院反垄断执法机构负责反垄断统一执法工作。

二、垄断协议

垄断协议，是指排除、限制竞争的协议、决定或者其他协同行为。

《反垄断法》禁止具有竞争关系的经营者达成下列垄断协议：（1）固定或者变更商品价格；（2）限制商品的生产数量或者销售数量；（3）分割销售市场或者原材料采购市场；（4）限制购买新技术、新设备或者限制开发新技术、新产品；（5）联合抵制交易；（6）国务院反垄断执法机构认定的其他垄断协议。

《反垄断法》禁止经营者与交易相对人达成下列垄断协议：（1）固定向第三人转售

商品的价格；（2）限定向第三人转售商品的最低价格；（3）国务院反垄断执法机构认定的其他垄断协议。

经营者不得组织其他经营者达成垄断协议或者为其他经营者达成垄断协议提供实质性帮助。

【案例聚焦8-2】英国的佳士得拍卖行和美国的苏富比拍卖行作为国际上两家最著名的拍卖行，因商定佣金的价格被指控违反了美国反垄断法。最后，这两家拍卖行不仅被课以巨额罚金，其总裁还面临刑事监禁。

三、滥用市场支配地位

市场支配地位，是指经营者在相关市场内具有能够控制商品价格、数量或者其他交易条件，或者能够阻碍、影响其他经营者进入相关市场能力的市场地位。

《反垄断法》禁止具有市场支配地位的经营者从事下列滥用市场支配地位的行为：（1）以不公平的高价销售商品或者以不公平的低价购买商品；（2）没有正当理由，以低于成本的价格销售商品；（3）没有正当理由，拒绝与交易相对人进行交易；（4）没有正当理由，限定交易相对人只能与其进行交易或者只能与其指定的经营者进行交易；（5）没有正当理由搭售商品，或者在交易时附加其他不合理的交易条件；（6）没有正当理由，对条件相同的交易相对人在交易价格等交易条件上实行差别待遇；（7）国务院反垄断执法机构认定的其他滥用市场支配地位的行为。

具有市场支配地位的经营者不得利用数据和算法、技术以及平台规则等从事前款规定的滥用市场支配地位的行为。

《反垄断法》规定，认定经营者具有市场支配地位，应当依据下列因素：（1）该经营者在相关市场的市场份额，以及相关市场的竞争状况；（2）该经营者控制销售市场或者原材料采购市场的能力；（3）该经营者的财力和技术条件；（4）其他经营者对该经营者在交易上的依赖程度；（5）其他经营者进入相关市场的难易程度；（6）与认定该经营者市场支配地位有关的其他因素。

四、经营者集中

《反垄断法》规定经营者集中是指下列情形：（1）经营者合并；（2）经营者通过取得股权或者资产的方式取得对其他经营者的控制权；（3）经营者通过合同等方式取得对其他经营者的控制权或者能够对其他经营者施加决定性影响。

经营者集中具有或者可能具有排除、限制竞争效果的，国务院反垄断执法机构应当作出禁止经营者集中的决定，但是，经营者能够证明该集中对竞争产生的有利影响明显大于不利影响，或者符合社会公共利益的，国务院反垄断执法机构可以作出对经营者集中不予禁止的决定。

五、滥用行政权力排除、限制竞争

第一，行政机关和法律、法规授权的具有管理公共事务职能的组织不得滥用行政权力，限定或者变相限定单位或者个人经营、购买、使用其指定的经营者提供的商品。

第二，行政机关和法律、法规授权的具有管理公共事务职能的组织不得滥用行政权力，通过与经营者签订合作协议、备忘录等方式，妨碍其他经营者进入相关市场或者对其他经营者实行不平等待遇，排除、限制竞争。

第三，行政机关和法律、法规授权的具有管理公共事务职能的组织不得滥用行政权力，实施下列行为，妨碍商品在地区之间的自由流通：对外地商品设定歧视性收费项目、实行歧视性收费标准，或者规定歧视性价格；对外地商品规定与本地同类商品不同的技术要求、检验标准，或者对外地商品采取重复检验、重复认证等歧视性技术措施，限制外地商品进入本地市场；采取专门针对外地商品的行政许可，限制外地商品进入本地市场；设置关卡或者采取其他手段，阻碍外地商品进入或者本地商品运出；妨碍商品在地区之间自由流通的其他行为。

第四，行政机关和法律、法规授权的具有管理公共事务职能的组织不得滥用行政权力，以设定歧视性资质要求、评审标准或者不依法发布信息等方式，排斥或者限制经营者参加招标投标以及其他经营活动。

第五，行政机关和法律、法规授权的具有管理公共事务职能的组织不得滥用行政权力，采取与本地经营者不平等待遇等方式，排斥、限制、强制或者变相强制外地经营者在本地投资或者设立分支机构。

第六，行政机关和法律、法规授权的具有管理公共事务职能的组织不得滥用行政权力，强制或者变相强制经营者从事《反垄断法》规定的垄断行为。

另外，行政机关和法律、法规授权的具有管理公共事务职能的组织不得滥用行政权力，制定含有排除、限制竞争内容的规定。

六、法律责任

（一）经营者违法达成并实施垄断协议的法律责任

经营者违法达成并实施垄断协议的，由反垄断执法机构责令停止违法行为，没收违法所得，并处上一年度销售额1%以上10%以下的罚款，上一年度没有销售额的，处500万元以下的罚款；尚未实施所达成的垄断协议的，可以处300万元以下的罚款。经营者的法定代表人、主要负责人和直接责任人员对达成垄断协议负有个人责任的，可以处100万元以下的罚款。经营者组织其他经营者达成垄断协议或者为其他经营者达成垄断协议提供实质性帮助的，适用前款规定。经营者主动向反垄断执法机构报告达成垄断协议的有关情况并提供重要证据的，反垄断执法机构可以酌情减轻或者免除对该经营者的处罚。

（二）经营者滥用市场支配地位的法律责任

经营者违反法律规定，滥用市场支配地位的，由反垄断执法机构责令停止违法行为，没收违法所得，并处上一年度销售额1%以上10%以下的罚款。

（三）经营者违法实施集中的法律责任

经营者违法实施集中，且具有或者可能具有排除、限制竞争效果的，由国务院反垄断执法机构责令停止实施集中、限期处分股份或者资产、限期转让营业以及采取其他必要措施恢复到集中前的状态，处上一年度销售额10%以下的罚款；不具有排除、限制竞争效果的，处500万元以下的罚款。

（四）经营者实施垄断行为的法律责任

经营者实施垄断行为，给他人造成损失的，依法承担民事责任。经营者实施垄断行为，损害社会公共利益的，设区的市级以上人民检察院可以依法向人民法院提起民事公益诉讼。

（五）行政机关和法律、法规授权的具有管理公共事务职能的组织滥用行政权力的法律责任

行政机关和法律、法规授权的具有管理公共事务职能的组织滥用行政权力，实施排除、限制竞争行为的，由上级机关责令改正；对直接负责的主管人员和其他直接责任人员依法给予处分。反垄断执法机构可以向有关上级机关提出依法处理的建议。行政机关和法律、法规授权的具有管理公共事务职能的组织应当将有关改正情况书面报告上级机关和反垄断执法机构。法律、行政法规对行政机关和法律、法规授权的具有管理公共事务职能的组织滥用行政权力实施排除、限制竞争行为的处理另有规定的，依照其规定。

另外，对反垄断执法机构依法实施的审查和调查，拒绝提供有关材料、信息，或者提供虚假材料、信息，或者隐匿、销毁、转移证据，或者有其他拒绝、阻碍调查行为的，由反垄断执法机构责令改正，对单位处上一年度销售额1%以下的罚款，上一年度没有销售额或者销售额难以计算的，处500万元以下的罚款；对个人处50万元以下的罚款。

第三节　产品质量法

一、产品质量法概述

（一）产品

《中华人民共和国产品质量法》（以下简称《产品质量法》）所称的产品是指经过加工、制作，用于销售的产品。建设工程不属于产品的范畴。

（二）产品质量的概念

产品质量，是指产品满足需要的适用性、安全性、可用性、可靠性、维修性、经济性和环境等所具有的特征和特性的总和。产品质量责任是指产品质量因不符合国家法律、法规、质量标准的规定或合同约定，产品的生产者或销售者所应承担的责任。

（三）我国的产品质量法

产品质量法可以从狭义和广义两种角度理解。

狭义的产品质量法仅指第七届全国人民代表大会常务委员会第三十次会议于1993年通过实施，并于2000年、2009年、2018年修正的《产品质量法》。

广义的产品质量法包括所有的有关产品质量管理和产品质量责任内容的法律、法规，主要有1984年4月7日国务院发布的《工业产品生产许可证试行条例》、1985年9月6日第六届全国人民代表大会常务委员会第十二次会议通过的《中华人民共和国计量法》（该法于2018年10月26日第五次修正）、1988年12月29日第七届全国人民代表大会常务委员会第五次会议通过的《中华人民共和国标准化法》（该法于2017年11月4日修订）、2003年国务院发布的《中华人民共和国认证认可条例》（该法于2023年7月20日第三次修订）。此外，在国家颁布的《中华人民共和国食品安全法》、《中华人民共和国药品管理法》、《反不正当竞争法》、《中华人民共和国消费者权益保护法》（以下简称

《消费者权益保护法》）及《民法典》等法律中，都有关于产品质量的规定。

二、产品标准、产品质量与产品质量责任

（一）产品标准和产品质量

1.产品标准

产品标准是对产品所作的技术规定，是判断产品合格与否的主要依据。《产品质量法》规定，产品质量应当检验合格。产品质量合格，是指产品的质量指标符合有关的标准和要求。作为合格产品，应当同时符合国家标准、行业标准和地方标准，不存在危及人身、财产安全的不合理的危险。

2.产品质量

国际标准化组织（ISO）规定的产品质量的定义是，产品能满足规定的或者潜在需要的特征和特性的总和。总和，是指在标准中规定的产品的安全性、适用性、可靠性、维修性、有效性、经济性等质量指标。它反映、代表了产品的质量状况。根据产品标准进行检验，符合标准的即是合格产品，达到了质量要求。

（二）产品质量责任

产品质量责任是指产品的生产者、销售者以及对产品质量负有直接责任的人违反《产品质量法》规定的产品质量义务应承担的法律后果。在下列3种情况下，可判定上述主体应承担产品质量责任：

1.违反明示担保义务

明示担保义务是指生产者、销售者以各种公开的方式，就产品质量向消费者所作的说明或者陈述。这些方式，如订立合同、体现于产品标识及说明书中、展示实物样品、作广告宣传等，一旦生产者、销售者以上述方式明确表示产品所依据和达到的质量标准，就产生了明示担保义务。如果产品质量不符合承诺的标准，必须承担相应的法律责任。

2.违反默示担保义务

默示担保义务是指法律、法规对产品质量所作的强制性要求，即使当事人之间有合同约定，也不能够免除和限制这种义务。它要求生产和销售的产品应该具有安全性和普通公众期待的使用性能，因此是对产品质量的内在要求。违反该义务，无论是否造成消费者损失，均应当承担产品质量责任。

3.产品存在缺陷

产品缺陷是指存在于产品的设计、原材料和零部件、制造装配或说明指示等方面的，未能满足消费或使用产品所必需的合理安全要求的情形。有缺陷的产品存在危及人身、他人财产安全的不合理的危险。合理的危险是不可避免的危险，不是产品缺陷，但要如实说明，如香烟一般都含有焦油，否则便无香味，包装上应明确注明"吸烟有害健康"。《产品质量法》不仅保留了安全性条款，还将产品标准条款引入产品缺陷领域，使产品缺陷认定在许多场合下变得更易行，也更有利于对消费者权益的保护。

【案例聚焦8-3】2006年1月12日，根据举报，浙江省质监局、杭州市质监局、拱墅区质监局三级质监部门联合行动，在拱墅区半山镇金星村一举查处了4个黑心棉加工作坊和一个无主仓库。这些加工作坊用霉烂的棉花和工业下脚料经过简单的开松工序

后，用漂亮的外包装加工成"精制棉胎"流向市场，现场查获棉被1810条、内胎643条、枕头465个及黑心棉原料2吨。查获的黑心棉已依法予以销毁，黑心棉生产窝点已被依法取缔。

三、产品质量监督管理制度

（一）产品质量的行政监督

各级市场监督管理部门作为依法对生产者、销售者生产、销售的产品质量实施监督的国家机关，应当依法公正地履行对产品质量的法定监督职责，对违反《产品质量法》的行为依法进行查处，做到有法必依、执法必严、违法必究。其他国家机关及工作人员，应当在各自的职责范围内，依法公正履行职务，保证《产品质量法》的贯彻实施。

（二）产品质量监督管理制度的主要内容

1.产品质量抽查制度

产品质量抽查是由市场监督管理部门对产品质量进行的抽样检查，是国家对产品质量的监督检查的主要方式之一。抽查所需检验的样品应当在市场上和企业的成品仓库内的待销售产品中随机抽取，以保证检验结果的公平性和代表性。抽取样品的数量应当合理，抽样部门不得超过检验的合理需要向企业索要样品。监督检查应当由市场监督管理部门统一规划和组织，不得向被检查人收取检验费用，所需经费应按国务院的规定由财政解决。

2.产品质量认证制度

产品质量认证是依据产品标准和相应的技术要求，经认证机构确认并经过颁发认证证书和认证标志来证明某一产品已经达到相应标准和相应技术要求的活动。对于认证合格的产品，认证机构发给相应的标志和证书，企业可在产品标识、包装和广告宣传中使用，使产品对消费者更具有吸引力，并为企业进入国际市场提供了通行证。

3.质量状况信息发布制度

为使质量监督管理制度公开、透明，为使公众及时了解产品质量状况，引导、督促市场经营主体切实提高产品质量，《产品质量法》规定，国务院和省、自治区、直辖市人民政府的市场监督管理部门应当定期发布其监督的产品质量状况公告。政府质量状况信息发布是消费者知情权的基本要求，也是其行使监督权的前提条件，政府有关部门必须依法履行该职责。

四、生产者、销售者的产品责任与义务

（一）生产者的产品责任与义务

1.生产者对其产品质量的责任和义务

生产者对自己生产的产品负责，应提供符合以下要求的产品：（1）不存在危及人身、财产安全的不合理的危险，有保障人体健康和人身、财产安全的国家标准、行业标准的，应当符合该标准。产品安全是法律对产品最基本的要求，也是衡量产品质量最起码的限度。（2）产品应具有应当具备的使用性能，但是，对产品存在使用性能的瑕疵作出说明的除外。（3）产品应当符合在其表面或包装上注明采用的产品标准，符合以产品说明、实物样品等方式表明的质量情况。对产品性能或采用标准的任何陈述都构成生产者对产品的购买者或使用者作出的产品质量担保，不论这种陈述采用的是什么形式。即

使产品质量合格，但不符合生产者所作出的有关产品质量的陈述，生产者也要承担法律责任。

2.生产者对其所做产品标识的责任和义务

产品标识是表明产品特征的记号或者标志。除裸装食品和其他根据产品特点难以标识的裸装产品外，生产者在其产品或产品包装上应作出符合以下规定的标识：（1）产品质量检验合格证明；（2）中文标明的产品名称、生产厂厂名和厂址；（3）根据产品的特点和使用要求，需要标明产品规格、等级、所含主要成分的名称和含量的，应当予以标明；（4）限期使用的产品，应标明生产日期和安全使用期或者失效日期；（5）使用不当，容易造成产品本身损坏或者可能危及人身、财产安全的产品，应当有警示标志或者中文警示说明。

此外，剧毒、危险、易碎、储运中不能倒置以及其他有特殊要求的产品，其包装必须符合相应要求，并且有警示标志或者中文警示说明，标明储运注意事项。

3.生产者的其他责任和义务

《产品质量法》规定，生产者不得为法律所禁止实施的下述行为：生产者不得生产国家明令淘汰的产品；生产者不得伪造产地，不得伪造或者冒用他人的厂名、厂址；生产者不得伪造或者冒用认证标志等质量标志；生产者生产产品，不得掺杂、掺假，不得以假充真、以次充好，不得以不合格产品冒充合格产品。

（二）销售者的产品责任与义务

1.销售者承担进货检验义务

销售者应在进货时对产品进行验收检查，验明产品合格证明和其他标志。销售者的进货验收责任的范围是产品处于表面合格的状态。如果产品存在销售者无法直接辨认的内在品质缺陷，销售者不承担责任。

2.销售者承担产品质量保持义务

销售者应当采取措施，保持销售产品的质量。销售者应按产品自身性质和特性保管产品，使产品一直处于符合生产者要求的环境，并在有效期内保持质量合格状态。

3.销售者要对销售不合格产品负责

销售者不得销售失效、变质的产品。失效产品是指已过保质期的产品，如过期食品和药品等；变质产品是指产品已经丧失应有的使用功能，不管是否已过有效期。

4.销售者应遵守诚信原则

销售者应遵守诚信原则，其主要内容包括：（1）销售者销售产品不得掺杂、掺假，不得以假充真、以次充好，不得以不合格产品冒充合格产品；（2）销售者不得伪造产地，不得伪造或者冒用他人的厂名、厂址；（3）销售者不得伪造或者冒用认证标志、名优标志等质量标志。

5.销售者的产品标识义务

产品或其包装上的标识应符合《产品质量法》的规定。销售者承担的产品表面或包装上标识的责任与生产者相同。如果生产者未正确履行其在产品或产品包装上的义务，销售者应拒绝进货，否则也将承担法律责任。

五、损害赔偿责任和罚则

（一）产品质量责任制度的概念

产品质量责任是指生产者、销售者以及对产品质量有直接责任的责任者，因违反《产品质量法》所规定的产品质量义务所应承担的法律责任。产品质量责任制度既包括因产品缺陷而给消费者、使用者造成人身财产损失时，由生产者和销售者根据法律规定应承担的责任，也包括违反标准化法、计量法以及规范产品质量的其他法规应当承担的责任。

（二）产品质量民事责任

产品质量民事责任是指违反产品质量义务所应当承担的民事法律后果，包括产品瑕疵责任和产品缺陷责任。损害赔偿是解决产品民事纠纷的主要方式。当生产者和销售者违法提供瑕疵产品或者存在缺陷的产品时，造成使用者和消费者损害的应当依法予以补偿。

1.产品缺陷

产品缺陷是指产品存在危及人身、他人财产安全的、不合理的危险，产品不符合保障人体健康，人身、财产安全的国家标准、行业标准。

根据产生原因的不同，产品缺陷分为设计缺陷、未事先通知缺陷和其他产品缺陷。

2.生产者和销售者的损害赔偿责任

（1）生产者的损害赔偿责任。根据《产品质量法》的规定，因产品存在缺陷造成人身、缺陷产品以外的其他财产（简称他人财产）损害的，生产者应当承担赔偿责任。生产者承担责任的条件是：产品存在缺陷；造成人身、缺陷产品以外的其他财产损害；产品自身的缺陷与损害之间存在因果关系。

《产品质量法》还规定，生产者能够证明下列情形之一的，不承担赔偿责任：未将产品投入流通的；产品投入流通时，引起损害的缺陷尚未存在的；将产品投入流通时的科学技术水平尚不能发现缺陷的存在的。

生产者因其产品缺陷承担损害赔偿责任不需要过失或过错证明，所以其所承担的是严格责任或无过错责任。产品质量责任采用由生产者负责举证的原则，这在很大程度上保护了现代社会弱小的消费者的合法权益。

（2）销售者的损害赔偿责任。销售者的损害赔偿责任包括销售者的产品瑕疵责任和销售者的产品缺陷责任。销售者的产品瑕疵责任主要体现在《产品质量法》中，售出的产品有下列情形之一的，销售者应当负责修理、更换、退货；给购买产品的消费者造成损失的，销售者应当赔偿损失：①不具备产品应当具备的使用性能而事先未作说明的；②不符合在产品或者其包装上注明采用的产品标准的；③不符合以产品说明、实物样品等方式表明的质量状况的。销售者的产品缺陷责任主要体现在《产品质量法》中，由于销售者的过错使产品存在缺陷，造成人身、他人财产损害的，销售者应当承担赔偿责任；销售者不能指明缺陷产品的生产者，也不能指明缺陷产品的供货者的，销售者应当承担赔偿责任。

（3）生产者与销售者之间的责任关系。《产品质量法》规定，因产品存在缺陷造成人身、他人财产损害的，受害人可以向产品的生产者要求赔偿，也可以向产品的销售者要求赔偿。属于产品生产者的责任，产品销售者赔偿的，产品销售者有权向产品生产者追偿。属于产品销售者的责任，产品生产者赔偿的，产品生产者有权向产品销售者追偿。

3.损害赔偿的范围

（1）人身损害赔偿范围。人身损害赔偿分为3种情况：第一，产品缺陷造成受害人人身伤害的，赔偿范围包括赔偿医疗费、治疗期间的护理费、因误工减少的收入等费用。第二，致人残疾伤害的，赔偿范围包括支付医疗费、治疗期间的护理费、因误工减少的收入和残疾者生活自助具费、生活补助费、残疾赔偿金以及由其扶养的人所必需的生活费等费用。第三，致人死亡伤害的，赔偿范围除包括赔偿死亡人员在治疗、抢救过程中所支付的医疗费、因误工减少的收入、残疾者生活补助费等费用外，还应当支付丧葬费、死亡赔偿金、死者生前扶养的人所必需的生活费等费用。

（2）财产损害赔偿范围。财产损害，是指侵害人因产品缺陷给受害人财产权益造成的损害。《产品质量法》规定因产品缺陷造成受害人财产损害的，侵害人应当恢复原状或者折价赔偿。受害人因此遭受其他重大损害的，侵害人应当赔偿损失。

【案例聚焦8-4】自2022年春天以来，薛某伙同其妻焦某从张某（另案处理）处购进"风湿通胶囊"假药后对外销售牟利，销售金额14 000余元。2023年6月14日，A市公安局民警会同A市药品监督管理局工作人员，在A市大信镇金家村薛某经营的同方药店内当场查扣"风湿通胶囊"108盒。

法院最终以销售假药罪，判处被告人焦某有期徒刑1年6个月，并处罚金人民币1.5万元，判处被告人焦某有期徒刑6个月，缓刑1年，并处罚金人民币1万元。

4.产品责任时效

《产品质量法》明确规定，因产品存在缺陷造成损害要求赔偿的诉讼时效期间为2年，自当事人知道或者应当知道其权益受到损害时起计算。这样规定主要是因为产品缺陷致人损害有其特殊性，许多缺陷产品造成的损害很难立即发现，可能有一个潜伏期。此规定可以使受害人有较长时间观察自己受害的程度和危害后果，有充分的时间准备诉讼。

（三）产品质量的行政责任

产品质量的行政责任是指产品的生产者、销售者因违反产品质量监督、管理的法律法规而应承担的法律后果。《产品质量法》规定，生产者、销售者有下述行为之一的，应承担行政责任：（1）生产、销售不符合保障人体健康和人身、财产安全的国家标准、行业标准的产品的；（2）在产品中掺杂、掺假，以假充真，以次充好，或者以不合格产品冒充合格产品的；（3）生产、销售国家明令淘汰的产品的；（4）伪造产地，伪造、冒用他人厂名、厂址，伪造、冒用认证标志等质量标志的；（5）产品标识不符合《产品质量法》有关规定的。生产者、销售者的产品质量行政责任的形式主要有：责令停止生产；责令停止销售；没收违法生产或销售的产品；没收违法所得；责令公开更正；吊销营业执照等。

（四）产品质量刑事责任

1.生产者、销售者的刑事责任条款

《产品质量法》第49条、第50条、第52条、第61条规定了生产者、销售者的刑事责任。

2.国家工作人员的刑事责任

《产品质量法》第65条、第68条规定了国家工作人员的刑事责任。

3.其他刑事责任

《产品质量法》第69条规定，以暴力、威胁方法阻碍市场监督管理部门的工作人员依法执行公务的，依法追究刑事责任。

【案例聚焦8-5】"SAMSUNG"是三星电子株式会社在中国注册的商标，有效期至2021年7月27日。三星（中国）投资有限公司是三星电子株式会社在中国投资设立，并经三星电子株式会社特别授权负责三星电子株式会社名下商标、专利、著作权等知识产权管理和法律事务的公司。2013年11月，被告人郭明升通过网络中介购买店主为"汪亮"、账号为play2011-1985的淘宝店铺，并改名为"三星数码专柜"，在未经三星（中国）投资有限公司授权许可的情况下，从深圳市华强北远望数码城、深圳福田区通天地手机市场批发假冒的三星I8552手机裸机及配件进行组装，并通过"三星数码专柜"在淘宝网上以"正品行货"进行宣传、销售。被告人郭明锋负责该网店的客服工作及客服人员的管理，被告人孙淑标负责假冒的三星I8552手机裸机及配件的进货、包装及联系快递公司发货。至2014年6月，该网店共组装、销售假冒三星I8552手机20 000余部，非法经营额2 000余万元，非法获利200余万元。

江苏省宿迁市中级人民法院于2015年9月8日作出刑事判决：被告人郭明升犯假冒注册商标罪，判处有期徒刑5年，并处罚金人民币160万元；被告人孙淑标犯假冒注册商标罪，判处有期徒刑3年，缓刑5年，并处罚金人民币20万元；被告人郭明锋犯假冒注册商标罪，判处有期徒刑3年，缓刑4年，并处罚金人民币20万元。宣判后，3名被告人均没有提出上诉，该判决已经生效。

第四节　消费者权益保护法

一、消费者概述

消费者是社会消费的主体，包括生产性消费者和生活性消费者两种。《消费者权益保护法》中所涉及的"消费者"主要是指生活资料的消费者，在特殊情况下也包括生产资料的消费者，如农民的生产性消费活动等。本教材所称的消费者是指为了满足个人生活消费的需要而购买、使用商品或接受服务的居民。这里的居民是指自然人或称个体社会成员。在我国，消费者是与经营者对称的，而经营者就是向消费者出售商品或提供服务的市场主体。

二、消费者权益保护法的概念及特征

消费者权益保护法的概念有广义和狭义之分。广义的消费者权益保护法是指保护消费者合法权益的所有的法律规范的总称，包括消费者权益保护基本法、安全保障法、商品的计量标准和计量监督法、价格监督法、消费合同法及竞争监督法等；而狭义的消费者权益保护法仅指 1993 年 10 月 31 日颁布、1994 年 1 月 1 日起施行的《消费者权益保护法》，该法分别于 2009 年 8 月 27 日和 2013 年 10 月 25 日进行了修正。《中华人民共和国消费者权益保护法实施条例》已经 2024 年 2 月 23 日国务院第 26 次常务会议通过，自 2024 年 7 月 1 日起施行。《消费者权益保护法》具有如下几方面的特征：

（一）《消费者权益保护法》保护手段具有强制性

消费者权益保护工作坚持中国共产党的领导，坚持以人民为中心，遵循合法、公平、高效的原则。国家加大消费者合法权益保护力度，建立和完善经营者守法、行业自律、消费者参与、政府监管和社会监督相结合的消费者权益保护共同治理体系。

《消费者权益保护法》通过国家干预市场经济运行来实现保护消费者的合法权益。在实践中，国家通过制定实施强制性、禁止性的法律规范来干预市场经济的运行，而这些强制性、禁止性的规范是针对生产经营者的义务所作的规定，同时也包含了对标准合同条款的限制。因此，《消费者权益保护法》的保护手段具有强制性。

（二）《消费者权益保护法》保护的是消费者的消费权益

消费者权益，是指消费者依法享有的权利以及该权利受到保护时，给消费者带来的应得利益。消费者权益的核心是消费者的权利，包括知情权、安全权等若干权利。

（三）《消费者权益保护法》调整对象具有确定性

《消费者权益保护法》调整的对象是消费者和经营者在购买、使用商品或接受商品服务过程中所发生的关系。从范围上看，它既包括购买商品，也包括使用商品；既包括本人使用商品，也包括他人使用商品。因此，《消费者权益保护法》保护的不仅是和经营者发生买受行为的消费者，也包括没有与经营者发生直接合同行为但受到商品侵害的其他人。

三、消费者权益保护法的调整范围

《消费者权益保护法》规定，消费者为生活消费需要购买、使用商品或者接受服务，其权益受本法保护；本法未作规定的，受其他有关法律、法规保护。

（一）主体

《消费者权益保护法》的保护主体是消费者。虽然我国现行立法并未明确指出消费者就是个人，但是我们可以结合立法理解为，消费者主要指个人，还包括购买生活消费品，以满足本单位个人成员消费需求的组织。

（二）客体

《消费者权益保护法》调整的客体是生活消费资料而非生产资料，但是《消费者权益保护法》所列的"农民购买、使用直接用于农业生产的资料"仍属于该法保护范围。

（三）调整的社会关系

《消费者权益保护法》调整的是以保护消费者为核心在购买生活消费商品过程中所发生的社会关系。具体而言，它包括消费者和经营者之间在购买商品过程中、使用商品过程中以及接受商品服务过程中所发生的各种社会关系。从构成上看，该关系以消费者和经营者的关系为主导，还包括国家与经营者、国家与消费者、其他组织或个人与经营者之间的社会关系。

四、消费者权利

（一）安全权

《消费者权益保护法》规定了消费者的安全权，具体是指消费者在购买、使用商品和接受服务时享有人身、财产安全不受损害的权利。

消费者的安全权包括：第一，人身安全权。人身安全权又包括生命安全保障和生命健康不受损害。第二，财产安全权。上述两方面权利的确立要求经营者在销售商品或提供服务时，必须严格执行国家相关的标准，确保消费者的生命健康和财产安全。同时，经营者不能生产、销售或者提供不符合国家、行业标准的商品或服务，一旦有上述违法行为存在，国家将追究其责任。

【知识链接8-1】经营者向消费者提供商品或者服务（包括以奖励、赠送、试用等形式向消费者免费提供商品或者服务），应当保证商品或者服务符合保障人身、财产安全的要求。免费提供的商品或者服务存在瑕疵但不违反法律强制性规定且不影响正常使用性能的，经营者应当在提供商品或者服务前如实告知消费者。

（二）知情权

《消费者权益保护法》规定，消费者有知悉其购买、使用的商品或者接受的服务的真实情况的权利。消费者的知情权是指消费者享有知悉其购买、使用的商品或者接受服务的真实情况的权利。消费者有权根据商品或者服务的不同情况，要求经营者提供商品的价格、产地、生产者、用途、性能、规格、等级、主要成分、生产日期、有效期限、检验合格证明、使用方法说明书、售后服务，或者服务的内容、规格、费用等有关情况。

消费者的知情权包括两层含义：一是消费者在购买、使用商品或接受服务时，有权询问、了解商品或者服务的有关情况；二是经营者依消费者要求所提供的信息必须是真实的。

【知识链接8-2】经营者应当采用通俗易懂的方式，真实、全面地向消费者提供商品或者服务相关信息，不得通过虚构经营者资质、资格或者所获荣誉，虚构商品或者服务交易信息、经营数据，篡改、编造、隐匿用户评价等方式，进行虚假或者引人误解的宣传，欺骗、误导消费者。

（三）自主选择权

《消费者权益保护法》规定，消费者享有自主选择商品或者服务的权利。消费者的自主选择权是指消费者依法享有的自主选择商品或者服务的权利。

消费者的自主选择权包括如下4个方面：第一，消费者有权选择提供商品或者服务的经营者；第二，消费者有权自主选择商品品种或者服务方式；第三，消费者有权自主决定购买或者不购买任何一种商品，接受或者不接受任何一项服务；第四，消费者在选择商品或者服务时，有权进行比较、鉴别和挑选。

（四）公平交易权

《消费者权益保护法》规定，消费者享有公平交易的权利。消费者的公平交易权是指消费者在购买商品或者接受服务时依法享有的获得质量保障和价格合理、计量准确等公平交易条件的权利。

公平交易是市场经济最基本的原则和要求。《消费者权益保护法》规定，经营者与消费者进行交易，应当遵循自愿、平等、公平、诚实信用的原则。同时，《民法典》规定，民事活动应遵循自愿、公平、诚实信用的原则。应当说，经营者提供商品和服务，消费者购买商品或者接受服务，是一种市场交易行为，亦即法律上所称的民事法律行为。在整个市场活动中，消费者和经营者都享有公平交易的权利。

（五）依法获得赔偿权

《消费者权益保护法》规定，消费者享有依法获得赔偿权，赔偿的范围包括人身损害赔偿和财产损失赔偿，其中人身损害赔偿又包括生命、健康损害赔偿和精神损害赔偿。消费者依法获得赔偿权的法律依据是《民法典》，其中规定了对自然人的人身权利、财产权利的保护，并以民事责任的方式规定了侵权人或者债务人所应承担的法律责任。就损害赔偿的一般性质而言，它具有补偿性，这主要是基于民事法律关系中的平等、等价有偿原则，即在当事人所遭受的实际财产损失或者由于人身伤害而造成的财产损失得到充分完全的补偿后，侵权人或者债权人的民事责任即告承担完毕。在消费者权益保护领域，法律又特别规定了惩罚性损害赔偿金的适用，即《消费者权益保护法》针对经营者欺诈行为规定了双倍赔偿。

（六）结社权

《消费者权益保护法》规定，消费者享有依法成立维护自身合法权益的社会组织的权利。结社权是指消费者在购买、使用商品或接受商品服务时享有依法成立维护自身合法权益的社会团体的权利。

消费者结社权的法律依据是《宪法》的规定，即"中华人民共和国公民有言论、出版、集会、结社、游行、示威的自由"，这是公民结社权的一部分。换句话说，消费者的结社权是其《宪法》权利在生活消费领域的具体体现。

消费者的结社权主要体现在：第一，消费者结成的组织是保障个体消费者合法权益的重要组织形态，它在维护消费者权益方面起着重要作用；第二，消费者结成的组织可以通过调解、仲裁等形式解决消费者与经营者之间的纠纷；第三，消费者结成的组织也可以在消费者与政府之间起沟通的桥梁作用。

（七）获得知识权

《消费者权益保护法》规定了消费者在购买、使用商品或接受服务时有获得相关知识的权利。这里的知识包括两个方面：一是消费者权益保护方面的知识，主要是关于消费者权益保护的法律规范、政策以及具体维护自身权益的诉讼知识等；二是消费者在购买、使用商品或接受服务中关于具体商品或者服务的知识。对此，国家和经营者都有义务为消费者提供基本的培训、咨询和指导。

（八）人格尊严、民族风俗习惯受尊重权

《消费者权益保护法》规定，消费者在购买、使用商品和接受服务时享有其人格尊严、民族风俗习惯得到尊重的权利，享有个人信息依法得到保护的权利。经营者不得对消费者进行侮辱、诽谤，不得搜查消费者的身体及携带的物品，不得侵犯消费者的人身自由。

《宪法》规定，中华人民共和国公民的人格尊严不受侵犯。《民法典》规定，自然人的人格尊严受法律保护。人格尊严作为基本人权，在任何法律关系中无论双方地位是否平等，都应该得到实现，在消费领域也不例外。

（九）监督批评权

《消费者权益保护法》规定，消费者享有对商品和服务以及保护消费者权益工作进行监督的权利。消费者有权检举、控告侵害消费者权益的行为和国家机关及其工作人员在保护消费者权益工作中的违法失职行为，有权对保护消费者权益工作提出批评、建议。消费者的监督权表现在两个方面：一是对消费者权益保护工作进行监督的权利，二是对商品和服务进行监督的权利。

五、经营者的义务

经营者，就是向消费者提供其生产、销售的商品或者提供服务的单位或者个人，是以营利为目的的从事生产经营活动并与消费者对立存在的另一方当事人。

在买卖或接受服务的法律关系中，经营者与消费者是相对应的消费法律关系主体，因而消费者的权利与经营者的义务是相对的一个问题的两个方面，即消费者的权利是经营者的义务，消费者的权利是通过经营者履行义务来实现的。

《消费者权益保护法》中的经营者具备以下特征：（1）经营者的外延包含生产者、销售者和服务的提供者；（2）营利是经营者最主要的构成要件，也是所有经营者追求的目标和其从事经营活动的直接动因；（3）经营者不是泛指所有从事生产经营活动的人，而仅指那些向消费者提供与生活消费有关的商品和服务的公民、法人及其他组织。

（一）经营者依法定或依约定履行义务

《消费者权益保护法》规定，经营者向消费者提供商品或者服务，应当依照《产品质量法》和其他有关法律、法规的规定履行义务。此外，经营者和消费者有约定的，应当按照约定履行义务，但双方的约定不得违背法律、法规的规定。

该规定明确了经营者的义务来源于两个方面：一是消费者与经营者的约定。按照意思自治原则，消费者和经营者可以约定履行义务的内容、方式等，可以对法律有关义务规定进行变通，更加符合消费者的需要。约定的内容优先于法定内容。二是法律规定。当消费者和经营者未对经营者的义务作出具体的规定时，由法律规定的义务作为补充，适用法律规定。作为法律义务的来源不仅仅限于《产品质量法》等法律，其他有关的法规等亦可作为义务的补充。

（二）经营者听取意见和接受监督的义务

《消费者权益保护法》规定，经营者应当听取消费者对其提供的商品或者服务的意见，接受消费者的监督。法律规定这一义务体现了两个方面的含义：一是对个案交易具有促进作用。在消费过程中，消费者有权利就接受的服务或者商品的提供方式方法等表达个人意见，行使监督权利，并借此来提升商品质量，完善服务方式，使其符合消费者的要求。二是对于商品或者服务行业服务水平的提高具有推动作用。听取意见和接受监督的义务，充分地表明立法者的倾向性的意图，不仅在于规范个体的消费行为，还在于推动消费行业水平的提高。

（三）保障人身和财产安全的义务

此项义务具体包含以下3点要求：（1）经营者应当保证其提供的商品或者服务符合保障人身、财产安全的要求。（2）经营者发现其提供的商品或服务存在严重缺陷，即使正确使用或接受仍无安全保障，应立即向有关行政部门报告和告知消费者，并积极采取措施防止危害发生。（3）对可能危及人身、财产安全的商品和服务，应明确说明和警示，并说明或标明正确使用或接受服务及防止危害发生的方法。

经营者发现其提供的商品或者服务存在缺陷，有危及人身、财产安全危险的，应当立即向有关行政部门报告和告知消费者，并采取停止销售、警示、召回、无害化处理、销毁、停止生产或者服务等措施。采取召回措施的，经营者应当承担消费者因商品被召回支出的必要费用。

（四）经营者不作虚假宣传的义务

《消费者权益保护法》规定，经营者向消费者提供有关商品或者服务的质量、性能、用途、有效期限等信息，应当真实、全面，不得作虚假或者引人误解的宣传。经营者对消费者就其提供的商品或者服务的质量和使用方法等问题提出的询问，应当作出真实、明确的答复。经营者提供商品或者服务应当明码标价。

采用网络、电视、电话、邮购等方式提供商品或者服务的经营者，以及提供证券、保险、银行等金融服务的经营者，应当向消费者提供经营地址、联系方式、商品或者服务的数量和质量、价款或者费用、履行期限和方式、安全注意事项和风险警示、售后服务、民事责任等信息。

（五）标明经营者真实名称和标记的义务

《消费者权益保护法》规定，经营者应当标明其真实名称和标记；租赁他人柜台或者场地的经营者，应当标明其真实名称和标记。

经营者的名称和标记是区别于其他商品和服务的来源的标志。如果名称和标记不实，消费者就会被误导，无法正确选择经营者。在发生纠纷时，则无法准确地确定求偿主体。对租赁柜台或场地的行为，该条强调承租方有义务标明自己的真实名称和标记，目的在于区分承租方和出租方，一旦发生责任问题，便于确定责任承担者。即使是租赁期满后，也可以借助名称和标记来进行追偿。

（六）向消费者出具购货凭证或者服务单据的义务

《消费者权益保护法》规定，经营者提供商品或者服务，应当按照国家有关规定或者商业惯例向消费者出具购货凭证或者服务单据；消费者索要发票等购货凭证或者服务单据的，经营者必须出具。这里的购货凭证或服务单据通常指发票。此项规定意在保护消费者接受服务和购买商品的证据，当发生法律责任时，免于消费者处于被动状态。

（七）保证商品品质和服务质量的义务

《消费者权益保护法》规定了经营者保证商品质量和服务质量的义务。经营者应当保证，在正常使用商品或者接受服务的情况下，其提供的商品或者服务应当具有一定的质量、性能、用途和有效期限，但消费者在购买该商品或者接受该服务前已经知道其存在瑕疵，且存在该瑕疵不违反法律强制性规定的除外。经营者以广告、产品说明、实物样品或者其他方式表明商品或者服务的质量状况的，应当保证其提供的商品或者服务的实际质量与表明的质量状况相符。经营者提供的机动车、计算机、电视机、电冰箱、空调、洗衣机等耐用商品或者装饰装修等服务，消费者自接受商品或者服务之日起6个月内发现瑕疵，发生纠纷的，由经营者承担有关瑕疵的举证责任。

（八）承担退货、更换、修理和其他责任的义务

《消费者权益保护法》规定，经营者提供的商品或者服务不符合质量要求的，消费者可以依照国家规定、当事人约定退货，或者要求经营者履行更换、修理等义务。没有国家规定和当事人约定的，消费者可以自收到商品之日起7日内退货。7日后符合法定解除合同条件的，消费者可以及时退货；不符合法定解除合同条件的，可以要求经营者履行更换、修理等义务。发生上述情形退货、更换、修理的，经营者应当承担运输等必要费用。

经营者采用网络、电视、电话、邮购等方式销售商品，消费者有权自收到商品之日起7日内退货，且无须说明理由，但下列商品除外：消费者定做的；鲜活易腐的；在线下载或者消费者拆封的音像制品、计算机软件等数字化商品；交付的报纸、期刊。消费者退货的商品应当完好。经营者应当自收到退回商品之日起7日内返还消费者支付的商品价款。退回商品的运费由消费者承担，经营者和消费者另有约定的，按照约定。

（九）不得排除或者限制消费者权利的义务

《消费者权益保护法》规定，经营者在经营活动中使用格式条款的，应当以显著方式提请消费者注意商品或者服务的数量和质量、价款或者费用、履行期限和方式、安全注意事项和风险警示、售后服务、民事责任等与消费者有重大利害关系的内容，并按照消费者的要求予以说明。经营者不得以格式条款、通知、声明、店堂告示等方式，作出排除或者限制消费者权利、减轻或者免除经营者责任、加重消费者责任等对消费者不公平、不合理的规定，不得利用格式条款并借助技术手段强制交易。格式条款、通知、声明、店堂告示等含有前款所列内容的，其内容无效。

（十）不得侵犯消费者人格权的义务

《消费者权益保护法》规定，经营者不得对消费者进行侮辱、诽谤，不得搜查消费者的身体及其携带的物品，不得侵犯消费者的人身自由。此项权利的规定是对人的基本权利在《消费者权益保护法》中的再次强调，充分地体现了对于消费者作为弱势群体的人身安全的保护和最基本权利的保障。

（十一）经营者收集、使用消费者个人信息方面的义务

《消费者权益保护法》规定，经营者收集、使用消费者个人信息，应当遵循合法、正当、必要的原则，明示收集、使用信息的目的、方式和范围，并经消费者同意。经营者收集、使用消费者个人信息，应当公开其收集、使用规则，不得违反法律、法规的规定和双方的约定。

经营者及其工作人员对收集的消费者个人信息必须严格保密，不得泄露、出售或者

非法向他人提供。经营者应当采取技术措施和其他必要措施，确保信息安全，防止消费者个人信息泄露、丢失。在发生或者可能发生信息泄露、丢失的情况下，经营者应当立即采取补救措施。

经营者未经消费者同意或者请求而消费者明确表示拒绝的，不得向其发送商业性信息。

六、消费争议解决途径与法律责任

（一）消费争议解决途径

《消费者权益保护法》中所说的消费争议是指消费者与经营者之间因商品的质量或者提供的服务内容等造成消费者人身、财产损失而引发的争执、争端。

按照《消费者权益保护法》的规定，在发生消费纠纷时，可以依次选择协商和解、申请调解、行政申诉、申请仲裁、提起诉讼等途径解决纠纷。

1.协商和解

协商和解是指在争议发生后，消费者与经营者在平等、自愿的基础上就有关争议进行协商、交换意见而最终达成解决争议的方式。

协商和解适用于争议标的不大、案情较简单的纠纷。该方式具有简便、高效、经济的特点，在实际生活中最普遍。

2.申请调解

申请调解是指在第三方的参与主持下，由当事人就有关问题自愿协商，达成协议解决纠纷的一种方式。

申请调解是一种由来已久的解决方式，其中以消费者协会调解最为正规。消费者协会调解是指消费者和经营者将争议提交消费者协会居中调和，双方相互协商调解，从而达成解决争议的方式。如果达成调解协议，即由双方当事人自动履行协议，消费者协会不得强迫履行。消费者协会还可以在调解过程中提供双方当事人解决纠纷的参考方案，但是不能代协议双方当事人作决定。

3.行政申诉

行政申诉是指公民或者法人认为自己的合法权益受到损害而向行政机关提出的、请求行政机关予以保护的请求。在消费者权益保护领域的行政申诉是指消费者依法向市场监督管理机关、质量技术监督机关及各有关专业部门提出的申诉。我国法律规定，对消费者提出的申诉，相关行政机关应予以接受、及时答复和处理。

对行政机关依法作出的行政决定和行政处罚，当事人未在法定期限内提起行政诉讼的，应当执行；如当事人拒不执行，行政机关可以依法执行或者向人民法院申请执行。

4.申请仲裁

申请仲裁是指发生纠纷的当事人，自愿将他们之间的争议提交仲裁机构进行裁决的行为。与其他处理消费者纠纷的方式相比，仲裁是由消费者、经营者、仲裁机构三方当事人参加，但是必须有仲裁协议，才能申请仲裁。它是一种准司法活动，并具有公正性、权威性、经济性、快速性、保密性强的优点。

5.提起诉讼

按照《民事诉讼法》的规定，消费者还可以向人民法院起诉，请求人民法院依法行使审判权来查明争议事实，进而解决争议。诉讼是解决争议最有力的方式。法院代表国家行使审判权，其判决具有强制力。但是以诉讼保护消费者权益，只是保护消费者的最终途径，不是首选途径，因为通过诉讼解决问题需要花费大量的人力和财力，经济成本和时间成本都比较高。

（二）法律责任

依照《消费者权益保护法》的规定，经营者因其行为性质、程度的不同，可能承担民事责任、行政责任，甚至刑事责任，具体情况如下：

1.民事责任

《民法典》规定的民事责任可以分为两大类，即违约责任和侵权责任，而侵权责任又可以分为一般侵权责任和特殊侵权责任。在消费纠纷中，经营者承担的民事责任主要有以下几种：

（1）经营者违反《产品质量法》和其他法律法规规定应承担的民事责任。《消费者权益保护法》规定以下几种情形：①商品或者服务存在缺陷的；②不具备商品应当具备的使用性能而出售时未作说明的；③不符合在商品或者其包装上注明采用的商品标准的；④不符合商品说明、实物样品等方式表明的质量状况的；⑤生产国家明令淘汰的商品或者销售失效、变质的商品的；⑥销售的商品数量不足的；⑦服务的内容和费用违反约定的；⑧对消费者提出的修理、重作、更换、退货、补足商品数量、退还货款和服务费用或者赔偿损失的要求，故意拖延或者无理拒绝的；⑨法律、法规规定的其他损害消费者权益的情形。经营者对消费者未尽到安全保障义务，造成消费者损害的，应当承担侵权责任。其中，经营者提供商品或者服务有欺诈行为的，应当按照消费者的要求增加赔偿其受到的损失。增加赔偿的金额为消费者购买商品的价款或者接受服务的费用的3倍；增加赔偿的金额不足500元的，为500元。法律另有规定的，依照其规定。经营者明知商品或者服务存在缺陷，仍然向消费者提供，造成消费者或者其他受害人死亡或者健康严重损害的，受害人有权要求经营者依照《消费者权益保护法》等法律规定赔偿损失，并有权要求所受损失2倍以下的惩罚性赔偿。

（2）致人伤害的民事责任。《消费者权益保护法》规定，经营者提供商品或者服务，造成消费者或者其他受害人人身伤害的，应当赔偿医疗费、护理费、交通费等为治疗和康复支出的合理费用，以及因误工减少的收入。造成残疾的，还应当赔偿残疾生活辅助用具费和残疾赔偿金。造成死亡的，还应当赔偿丧葬费和死亡赔偿金。

（3）侵犯其他人身权的民事责任。《消费者权益保护法》规定，经营者侵害消费者的人格尊严、侵犯消费者人身自由或者侵害消费者个人信息依法得到保护的权利的，应当停止侵害、恢复名誉、消除影响、赔礼道歉，并赔偿损失。

（4）造成精神损害的民事责任。经营者有侮辱诽谤、搜查身体、侵犯人身自由等侵害消费者或者其他受害人人身权益的行为，造成严重精神损害的，受害人可以要求精神损害赔偿。

（5）造成财产损害的民事责任。《消费者权益保护法》规定，经营者提供商品或者服务，造成消费者财产损害的，应当依照法律规定或者当事人的约定承担修理、重作、更换、退货、补足商品数量、退还货款和服务费用或者赔偿损失等民事责任。

2.行政责任

经营者有下列情形之一，除承担相应的民事责任外，其他有关法律、法规对处罚机关和处罚方式有规定的，依照法律、法规的规定执行；法律、法规未作规定的，由市场监督管理部门或者其他有关行政部门责令改正，可以根据情节单处或者并处警告、没收违法所得、处违法所得1倍以上10倍以下罚款，没有违法所得的，处50万元以下罚款；情节严重的，责令停业整顿、吊销营业执照：

（1）提供的商品或者服务不符合保障人身、财产安全要求的；（2）在商品中掺杂、掺假，以假充真，以次充好，或者以不合格商品冒充合格商品的；（3）生产国家明令淘汰的商品或者销售失效、变质的商品的；（4）伪造商品的产地，伪造或者冒用他人的厂名、厂址，篡改生产日期，伪造或者冒用认证标志等质量标志的；（5）销售的商品应当检验、检疫而未检验、检疫或者伪造检验、检疫结果的；（6）对商品或者服务作虚假或者引人误解的宣传的；（7）拒绝或者拖延有关行政部门责令对缺陷商品或者服务采取停止销售、警示、召回、无害化处理、销毁、停止生产或者服务等措施的；（8）对消费者提出的修理、重作、更换、退货、补足商品数量、退还货款和服务费用或者赔偿损失的要求，故意拖延或者无理拒绝的；（9）侵害消费者人格尊严、侵犯消费者人身自由或者侵害消费者个人信息依法得到保护的权利的；（10）法律、法规规定的对损害消费者权益应当予以处罚的其他情形。

经营者有上述违法行为的，除依照法律、法规规定予以处罚外，处罚机关应当将处罚记入经营者的信用档案，向社会公布。经营者违反法律规定，应当承担民事赔偿责任和缴纳罚款、罚金，其财产不足以同时支付的，先承担民事赔偿责任。

对于行政机关的行政处罚，经营者不服的，可以申请复议，或向人民法院提起行政诉讼。

【知识链接8-3】通过夹带、调包、造假、篡改商品生产日期、捏造事实等方式骗取经营者的赔偿或者对经营者进行敲诈勒索的，不适用《消费者权益保护法》第55条第1款①的规定，依照《中华人民共和国治安管理处罚法》等有关法律、法规处理；构成犯罪的，依法追究刑事责任。

3.刑事责任

（1）经营者的刑事责任。经营者违反《消费者权益保护法》的规定提供商品或者服务，侵害消费者合法权益，构成犯罪的，依法追究刑事责任。

经营者以暴力、威胁等方法阻碍有关行政部门工作人员依法执行职务的，依法追究刑事责任；拒绝、阻碍有关行政部门工作人员依法执行职务，未使用暴力、威胁方法的，由公安机关依照《中华人民共和国治安管理处罚法》的规定处罚。

（2）国家机关工作人员的刑事责任。国家机关工作人员有玩忽职守或者包庇经营者侵害消费者合法权益的行为的，由其所在单位或者上级机关给予行政处分；情节严重，构成犯罪的，依法追究刑事责任。

---

① 《消费者权益保护法》第55条规定：经营者提供商品或者服务有欺诈行为的，应当按照消费者的要求增加赔偿其受到的损失，增加赔偿的金额为消费者购买商品的价款或者接受服务的费用的3倍；增加赔偿的金额不足500元的，为500元。法律另有规定的，依照其规定。

第五节 电子商务法

一、电子商务法概述

我国电子商务已深度融入生产生活各领域,在经济社会数字化转型方面发挥了举足轻重的作用。"十四五"时期,电子商务将充分发挥联通线上线下、生产消费、城市乡村、国内国际的独特优势,全面践行新发展理念,以新动能推动新发展,成为促进强大国内市场、推动更高水平对外开放、抢占国际竞争制高点、服务构建新发展格局的关键动力。

(一)电子商务和电子商务法的概念

电子商务,是指通过互联网等信息网络销售商品或者提供服务的经营活动。在我国,国家鼓励发展电子商务新业态,创新商业模式,促进电子商务技术研发和推广应用,推进电子商务诚信体系建设,营造有利于电子商务创新发展的市场环境,充分发挥电子商务在推动高质量发展、满足人民日益增长的美好生活需要、构建开放型经济方面的重要作用。国家平等对待线上线下的商务活动,促进线上线下融合发展,各级人民政府和有关部门不得采取歧视性政策措施,不得滥用行政权力排除、限制市场竞争。

电子商务法,是指调整通过互联网等信息网络销售商品或者提供服务的经营活动所引起的商事关系的法律规范的总称。

(二)电子商务法的调整对象

电子商务法的调整对象的确定是立法首先要解决的问题,是电子商务法立法的前提和基础,直接关系到整部法律的实际执行效果和电子商务行业的规范性发展。从本质上讲,电子商务仍然是一种商务活动,因此,电子商务法需要涵盖电子商务经营者、电子商务平台经营者、消费者和政府的地位、作用和运行规范;需要涵盖电子商务环境下的合同、支付、销售商品和提供服务、商品配送的演变形式和操作规则;也需要涵盖涉及交易安全的大量问题;同时,还需要涵盖某些现有民商法尚未涉及的特定领域的法律规范。

(三)我国电子商务法立法进程

全国人民代表大会常务委员会于2000年12月审议通过了《关于维护互联网安全的决定》,2004年8月通过了《中华人民共和国电子签名法》(以下简称《电子签名法》,2019年4月23日第十三届全国人民代表大会常务委员会第十次会议修正),2012年12月通过了《关于加强网络信息保护的决定》。2013年年底,全国人民代表大会常务委员会召开了《中华人民共和国电子商务法》(以下简称《电子商务法》)第一次起草组会议,正式启动了《电子商务法》的立法进程。随后《电子商务法》被列入第二类立法项目。2016年6月,《电子商务法(草案)》完成;2016年12月27日至2017年1月26日,该草案在中国人大网向全国公开征求意见。2018年8月31日,全国人民代表大会常务委员会表决通过《电子商务法》,自2019年1月1日起施行。

二、电子商务经营者

（一）电子商务经营者的概念

电子商务经营者，是指通过互联网等信息网络从事销售商品或者提供服务的经营活动的自然人、法人和非法人组织，包括电子商务平台经营者、平台内经营者以及通过自建网站、其他网络服务销售商品或者提供服务的电子商务经营者。

电子商务平台经营者，简称电商平台，是指在电子商务中为交易双方或者多方提供网络经营场所、交易撮合、信息发布等服务，供交易双方或者多方独立开展交易活动的法人或者非法人组织，如淘宝网、美团、飞猪等。电商平台的本质特征在于其搭建的交易平台的属性，各类电子商务主体通过平台服务协议和交易规则相互连接，开展经营活动。只有法人或者非法人组织才可以注册成为电商平台，自然人无法取得该项资质。

平台内经营者，也称商家，是指通过电子商务平台销售商品或者提供服务的电子商务经营者。商家通过平台服务协议与电商平台之间联系起来。商家既可以是法人或非法人组织，也可以是自然人，如C2C模式。

自建网站电子商务经营者，是指在自行搭建的网络平台上从事商品销售和提供服务的电子商务经营者。《电子商务法》之所以规定"通过其他网络服务销售商品或者提供服务的电子商务经营者"这样一种电子商务经营者，主要是考虑到技术的发展可能会带来不同的电商经营形式，立法需要有一定的前瞻性，同时也是为其他通过特殊信息网络进行电商活动的经营者提供一个兜底的界定。

（二）电子商务经营者的一般法律义务

1.法定登记

电子商务经营者应当依法办理市场主体登记。但是个人销售自产农副产品、家庭手工业产品，个人利用自己的技能从事依法无须取得许可的便民劳务活动和零星小额交易活动，以及依照法律、行政法规不需要进行登记的除外。

2.依法纳税与办理纳税登记

电子商务经营者应当依法履行纳税义务，并依法享受税收优惠。

【法律小贴士8-4】（1）依法纳税是市场主体应尽的义务，对于线上线下经营者是一致的；（2）不需要办理市场主体登记并不意味着不履行依法纳税义务。

3.合法合规经营

电子商务平台经营者应当遵循公开、公平、公正的原则，制定平台服务协议和交易规则，明确进入和退出平台、商品和服务质量保障、消费者权益保护、个人信息保护等方面的权利和义务。

电子商务经营者从事经营活动，依法需要取得相关行政许可的，应当依法取得行政许可。

电子商务经营者销售商品或者提供服务应当依法出具纸质发票或者电子发票等购货凭证或者服务单据。电子发票与纸质发票具有同等法律效力。

电子商务经营者应当在其首页显著位置持续公示营业执照信息及相关信息的链接标识。信息发生变更的，电子商务经营者应当及时更新公示信息。

电子商务经营者因其技术优势、用户数量、对相关行业的控制能力以及其他经营者对该电子商务经营者在交易上的依赖程度等因素而具有市场支配地位的，不得滥用市场支配地位，排除、限制竞争。

4.电子商务经营者的消费者权益保护义务

电子商务经营者销售的商品或者提供的服务应当符合保障人身、财产安全的要求和环境保护要求，不得销售或者提供法律、行政法规禁止交易的商品或者服务。

电子商务经营者应当全面、真实、准确、及时地披露商品或者服务信息，保障消费者的知情权和选择权。电子商务经营者不得以虚构交易、编造用户评价等方式进行虚假或者引人误解的商业宣传，欺骗、误导消费者。

电子商务经营者根据消费者的兴趣爱好、消费习惯等特征向其提供商品或者服务的搜索结果的，应当同时向该消费者提供不针对其个人特征的选项，尊重和平等保护消费者合法权益。

电子商务经营者搭售商品或者服务，应当以显著方式提请消费者注意，不得将搭售商品或者服务作为默认同意的选项。

电子商务经营者应当按照承诺或者与消费者约定的方式、时限向消费者交付商品或者服务，并承担商品运输中的风险和责任。但是，消费者另行选择快递物流服务提供者的除外。

电子商务经营者按照约定向消费者收取押金的，应当明示押金退还的方式、程序，不得对押金退还设置不合理条件。消费者申请退还押金，符合押金退还条件的，电子商务经营者应当及时退还。

5.信息保护义务

电子商务经营者收集、使用其用户的个人信息，应当遵守法律、行政法规有关个人信息保护的规定。

电子商务经营者应当明示用户信息查询、更正、删除以及用户注销的方式、程序，不得对用户信息查询、更正、删除以及用户注销设置不合理条件。

有关主管部门依照法律、行政法规的规定，要求电子商务经营者提供有关电子商务数据信息的，电子商务经营者应当提供。有关主管部门应当采取必要措施，保护电子商务经营者提供的数据信息的安全，并对其中的个人信息、隐私和商业秘密严格保密，不得泄露、出售或者非法向他人提供。

（三）电子商务平台经营者的义务

1.主体身份登记、核验及公示义务

电子商务平台经营者应当要求申请进入平台销售商品或者提供服务的经营者提交其身份、地址、联系方式、行政许可等真实信息，进行核验、登记，建立登记档案，并定期核验更新。

电子商务平台经营者应当按照规定向市场监督管理部门报送平台内经营者的身份信息。

电子商务平台经营者应当依照税收征收管理法律、行政法规的规定，向税务部门报送平台内经营者的身份信息和与纳税有关的信息。

2.安全保障义务

电子商务平台经营者应当采取技术措施和其他必要措施保证其网络安全、稳定运行，防范网络违法犯罪活动，有效应对网络安全事件，保障电子商务交易安全。

电子商务平台经营者应当制定网络安全事件应急预案。

【法律小贴士8-5】电子商务平台经营者应当记录、保存平台上发布的商品和服务信息、交易信息，并确保信息的完整性、保密性、可用性。商品和服务信息、交易信息保存时间自交易完成之日起不少于3年；法律、行政法规另有规定的，依照其规定。

3.明示义务

电子商务平台经营者应当在其首页显著位置持续公示平台服务协议和交易规则信息或者上述信息的链接标识，并保证经营者和消费者能够便利、完整地阅览和下载。

4.禁止滥用平台优势地位

电子商务平台经营者不得利用服务协议、交易规则以及技术等手段，对平台内经营者在平台内的交易、交易价格以及与其他经营者的交易等进行不合理限制或者附加不合理条件，或者向平台内经营者收取不合理费用。

5.监管义务

电子商务平台经营者应当建立健全信用评价制度，公示信用评价规则，为消费者提供对平台内销售的商品或者提供的服务进行评价的途径。

电子商务平台经营者知道或者应当知道平台内经营者销售的商品或者提供的服务不符合保障人身、财产安全的要求，或者有其他侵害消费者合法权益行为，未采取必要措施的，依法与该平台内经营者承担连带责任。

对关系消费者生命健康的商品或者服务，电子商务平台经营者对平台内经营者的资质资格未尽到审核义务，或者对消费者未尽到安全保障义务，造成消费者损害的，依法承担相应的责任。

【法律小贴士8-6】电子商务平台经营者不得删除消费者对其平台内销售的商品或者提供的服务的评价。

电子商务平台经营者应当根据商品或者服务的价格、销量、信用等以多种方式向消费者显示商品或者服务的搜索结果；对于竞价排名的商品或者服务，应当显著标明"广告"。

6.知识产权保护

电子商务平台经营者应当建立知识产权保护规则，与知识产权权利人加强合作，依法保护知识产权。

知识产权权利人认为其知识产权受到侵害的，有权通知电子商务平台经营者采取删除、屏蔽、断开链接、终止交易和服务等必要措施。通知应当包括构成侵权的初步证据。电子商务平台经营者接到通知后，应当及时采取必要措施，并将该通知转送平台内经营者；未及时采取必要措施的，对损害的扩大部分与平台内经营者承担连带责任。因通知错误造成平台内经营者损害的，依法承担民事责任。恶意发出错误通知，造成平台内经营者损失的，加倍承担赔偿责任。

电子商务平台经营者知道或者应当知道平台内经营者侵犯知识产权的，应当采取删除、屏蔽、断开链接、终止交易和服务等必要措施；未采取必要措施的，与侵权人承担连带责任。

三、电子商务合同的订立与履行

电子商务当事人订立和履行合同，适用《电子商务法》《民法典》《电子签名法》等法律的规定。

（一）电子商务合同的订立

电子商务当事人使用自动信息系统订立或者履行合同的行为对使用该系统的当事人具有法律效力。

在电子商务中推定当事人具有相应的民事行为能力，但是，有相反证据足以推翻的除外。

电子商务经营者发布的商品或者服务信息符合要约条件的，用户选择该商品或者服务并提交订单成功，合同成立。当事人另有约定的，从其约定。

电子商务经营者不得以格式条款等方式约定消费者支付价款后合同不成立；格式条款等含有该内容的，其内容无效。

电子商务经营者应当清晰、全面、明确地告知用户订立合同的步骤、注意事项、下载方法等事项，并保证用户能够便利、完整地阅览和下载。

电子商务经营者应当保证用户在提交订单前可以更正输入错误。

（二）交付时间、地点和方式

合同标的为交付商品并采用快递物流方式交付的，收货人签收时间为交付时间。合同标的为提供服务的，生成的电子凭证或者实物凭证中载明的时间为交付时间；前述凭证没有载明时间或者载明时间与实际提供服务时间不一致的，实际提供服务的时间为交付时间。

合同标的为采用在线传输方式交付的，合同标的进入对方当事人指定的特定系统并且能够检索识别的时间为交付时间。

（三）电子支付

电子商务当事人可以约定采用电子支付方式支付价款。

电子支付服务提供者为电子商务提供电子支付服务，应当遵守国家规定，告知用户电子支付服务的功能、使用方法、注意事项、相关风险和收费标准等事项，不得附加不合理交易条件。电子支付服务提供者应当确保电子支付指令的完整性、一致性、可跟踪稽核和不可篡改。

电子支付服务提供者提供电子支付服务不符合国家有关支付安全管理要求，造成用户损失的，应当承担赔偿责任。

四、电子商务争议解决

国家鼓励电子商务平台经营者建立有利于电子商务发展和消费者权益保护的商品、服务质量担保机制。

消费者要求电子商务平台经营者承担先行赔偿责任以及电子商务平台经营者赔偿后向平台内经营者的追偿，适用《消费者权益保护法》的有关规定。

电子商务争议可以通过协商和解，请求消费者组织、行业协会或者其他依法成立的调解组织调解，向有关部门投诉，提请仲裁，或者提起诉讼等方式解决。

在电子商务争议处理中，电子商务经营者应当提供原始合同和交易记录。因电子商务经营者丢失、伪造、篡改、销毁、隐匿或者拒绝提供前述资料，致使人民法院、仲裁机构或者有关机关无法查明事实的，电子商务经营者应当承担相应的法律责任。

电子商务平台经营者可以建立争议在线解决机制，制定并公示争议解决规则，根据自愿原则，公平、公正地解决当事人的争议。

五、法律责任

（一）电子商务经营者的法律责任

电子商务经营者销售商品或者提供服务，不履行合同义务或者履行合同义务不符合约定，或者造成他人损害的，依法承担民事责任。

电子商务经营者违反《电子商务法》的规定，有下列行为之一的，由市场监督管理部门责令限期改正，可以处1万元以下的罚款，对其中的电子商务平台经营者，依法处罚：

（1）未在首页显著位置公示营业执照信息、行政许可信息、属于不需要办理市场主体登记情形等信息，或者上述信息的链接标识的；

（2）未在首页显著位置持续公示终止电子商务的有关信息的；

（3）未明示用户信息查询、更正、删除以及用户注销的方式、程序，或者对用户信息查询、更正、删除以及用户注销设置不合理条件的。

【法律小贴士8-7】电子商务平台经营者对违反规定的平台内经营者未采取必要措施的，由市场监督管理部门责令限期改正，可以处2万元以上10万元以下的罚款。

电子商务经营者违反规定提供搜索结果，或者违反规定搭售商品、服务的，由市场监督管理部门责令限期改正，没收违法所得，可以并处5万元以上20万元以下的罚款；情节严重的，并处20万元以上50万元以下的罚款。

电子商务经营者违反规定，未向消费者明示押金退还的方式、程序，对押金退还设置不合理条件，或者不及时退还押金的，由有关主管部门责令限期改正，可以处5万元以上20万元以下的罚款；情节严重的，处20万元以上50万元以下的罚款。

（二）电子商务平台法律责任

1.由有关主管部门处罚的行为

电子商务平台经营者有下列行为之一的，由有关主管部门责令限期改正；逾期不改正的，处2万元以上10万元以下的罚款；情节严重的，责令停业整顿，并处10万元以上50万元以下的罚款：

（1）不履行规定的核验、登记义务的；

（2）不按照规定向市场监督管理部门、税务部门报送有关信息的；

（3）不按照规定对违法情形采取必要的处置措施，或者未向有关主管部门报告的；

（4）不履行规定的商品和服务信息、交易信息保存义务的。

2.由市场监督管理部门处罚的行为

电子商务平台经营者违反规定，有下列行为之一的，由市场监督管理部门责令限期改正，可以处2万元以上10万元以下的罚款；情节严重的，处10万元以上50万元以下的罚款：

（1）未在首页显著位置持续公示平台服务协议、交易规则信息或者上述信息的链接标识的；

（2）修改交易规则未在首页显著位置公开征求意见，未按照规定的时间提前公示修改内容，或者阻止平台内经营者退出的；

（3）未以显著方式区分标记自营业务和平台内经营者开展的业务的；

（4）未为消费者提供对平台内销售的商品或者提供的服务进行评价的途径，或者擅自删除消费者的评价的。

（三）负有监督管理职责的部门的工作人员的法律责任

依法负有电子商务监督管理职责的部门的工作人员玩忽职守、滥用职权、徇私舞弊，或者泄露、出售或者非法向他人提供在履行职责中所知悉的个人信息、隐私和商业秘密的，依法追究法律责任。

自测题

第八章单项选择题

第八章多项选择题

思考题与案例分析

一、简答题

1.简述不正当竞争行为的概念与特征。

2.简述我国《反垄断法》禁止的垄断行为。

3.生产者对其产品质量的责任和义务是怎样的？

4.销售者的产品责任与义务有哪些？

5.《消费者权益保护法》的特征有哪些？

6.消费争议解决途径有哪些？

7.电子商务经营者的一般法律义务是什么？

二、论述题

1.论述不正当竞争行为的种类。

2.论述消费者权利。

3.论述经营者的义务。

4.论述电子商务平台经营者的义务。

三、案例分析题

1.盛华商贸有限公司是一家专营进口高档家用电器的企业。媒体曝光该公司有部分家用电器是在国内生产后，以"先出口，再进口"的方式取得进口报关凭证，在销售时标注为外国原产，以高于出厂价数倍的价格销售。

问题：下列说法是否正确？请说明理由。

（1）顾客有权要求盛华商贸有限公司提供所售商品的产地、制造商、采购价格、材料等真实信息并提供充分证明。

（2）如盛华商贸有限公司不能提供所售商品的真实信息和充分证明，顾客有权要求退货。

（3）如能够确认盛华商贸有限公司对所售商品的产地、材质等有虚假陈述，顾客有权要求4倍返还价款。

（4）即使盛华商贸有限公司提供了所售商品的真实信息和充分证明，顾客仍有权以"对公司失去信任"为由要求退货。

2.丰都乳品商贸有限公司为了扩展市场，进行了如下行为：

（1）丰都乳品商贸有限公司将所销售的袋装牛奶标注的生产日期延后了两天。

（2）丰都乳品商贸有限公司举办抽奖式有奖销售，最高奖为5 000元购物券，并规定用购物券购物满1 000元的可再获一次抽奖机会。

（3）丰都乳品商贸有限公司规定，销售1吨奶粉给中间人5%的佣金，可不入账。

（4）丰都乳品商贸有限公司为清偿债务，按低于成本的价格销售商品。

问题：请问上述哪些行为属于不正当竞争行为？

金融法律制度

知识目标

了解中国人民银行、商业银行的立法概况；掌握商业银行的组织机构、经营原则、业务范围和法律责任，从而可以运用金融法律知识来维护个人或公司的合法权益；理解票据的概念、特征、种类，汇票的概念及其与本票、支票的异同。掌握证券的概念和种类，熟悉股票和债券上市的条件和程序。

思政目标

深刻认识金融是国民经济的血脉，是国家的核心竞争力，金融安全关乎国家安全，金融法为我国改革开放、金融稳定与发展提供制度保障；深刻理解对金融机构和金融工具进行有效法律规范，有助于防范系统性金融风险，维护我国国家金融安全。党的二十大报告强调，"深化金融体制改革，建设现代中央银行制度，加强和完善现代金融监管，强化金融稳定保障体系，依法将各类金融活动全部纳入监管，守住不发生系统性风险底线"。

【引导案例】

2021年1月15日，红花公司和月华公司签订买卖合同，合同约定：红花公司向月华公司开出30万元的银行承兑汇票作为预付款，其余货款待货物交付验收后结算；票据不得转让；承兑银行为A银行，到期日为2021年4月1日。2021年1月20日，红花公司开出汇票，A银行作了承兑。同年2月1日蓝天公司向月华公司催要欠款，月华公司将该汇票背书转让给蓝天公司，蓝天公司随后将汇票向B银行贴现。后红花公司发现月华公司产品存在质量问题而拒绝提货，至2021年3月29日双方协商未果，红花公司行使单方解除权解除合同，并通知A银行不得支付该汇票金额。2021年4月1日汇票到期，B银行向A银行提示付款，A银行以红花公司通知银行止付为由拒绝支付。

问题：（1）月华公司背书转让汇票给蓝天公司的行为是否有效？

（2）A银行的拒付理由是否成立？A银行是否存在抗辩事由？

（3）A银行在拒付的情况下，B银行如何利用《中华人民共和国票据法》（以下简称《票据法》）维护自己的利益？

第一节　金融法概述

一、金融法概念及调整对象

金融法是调整金融关系的法律规范的总和。金融关系，是指金融领域内有关经济主体之间发生的社会关系。金融关系具体包括金融监管关系与金融交易关系。金融监管关系是指国家金融主管部门对金融机构、金融市场、金融产品及金融交易的监督管理的关系。金融交易关系是指在货币市场、证券市场、保险市场和外汇市场等各种金融市场、金融机构之间，金融机构与国家机关、法人、自然人和其他组织之间，国家机关、法人、自然人和其他组织之间进行的各种金融交易的关系。金融领域的社会关系错综复杂，包括社会货币资金的筹集、分配、融通、使用、管理及调控活动，还包括货币金属开采、买卖、管理等。

金融法的调整对象是金融业务和金融管理活动中形成的各种经济关系，包括：（1）国家对金融活动的宏观调控关系，如再贴现、存款准备金及公开市场业务；（2）中央银行与各金融机构的关系，如再贴现、再贷款及监督管理；（3）银行与财政的关系，如代理国库、代发行及买卖政府债券；（4）金融机构与客户之间的关系，如存款、贷款；（5）金融机构之间的关系，如同业拆借、分业经营、公平竞争。

我国金融法的体系结构主要包括金融组织法、银行法、外汇管理法、票据法、证券法、金融信托法、保险法等。本章主要讲述银行法、票据法和证券法。

二、金融法的基本原则

基本原则，是指能够体现法的基本理念和基本精神，能够指导立法、执法、司法、守法，贯穿法的始终，具有普遍指导作用的最基本的行为准则。金融法的基本原则不仅与一个国家所实行的社会制度有关，而且与一个国家在某一段时期的经济发展水平、大政方针和货币政策目标等有着密切关系。

（一）以稳定货币为前提促进经济发展的原则

金融对经济的促进作用必须受客观规律的制约，其中最重要的一条就是保持货币币值稳定，而货币币值稳定是经济持续、稳定、健康、协调发展的前提。

（二）维护金融业稳健的原则

金融业作为高风险产业，是由金融机构经营中的高负债和其面临的包括信用风险、国家风险、利率风险、流动性风险在内的一系列风险所决定的。因此，金融机构在经营过程中所遭遇的风险比普通企业更多、更大。同时，多数金融工具具有快速流通性，所以一旦发生具有较强传染性的金融危机，金融市场就存在极大的系统风险。

为了维护金融业稳健，促进金融机构审慎经营，金融法应从以下几个方面入手进行规范：强化金融监管机构的金融监督职能；严格金融机构市场准入制度；适度竞争；监管各种贷款数据比例及最后贷款窗口；规范同业拆借市场；保障劣质金融机构顺利退出；打击金融犯罪等。

（三）保护投资者利益的原则

投资者是指在金融交易中购入金融工具融出资金的所有个人和机构，包括存款人。对投资者利益加以重点保护的原因在于：投资者作为金融交易的资金来源主体，具有不特定性和广泛性，而且大部分是个人投资者，势单力薄，缺乏专业知识。对他们进行重点保护，不仅有利于金融市场正常秩序的维护，而且有助于借助他们的力量监督提高市场透明度及其规范运作的程度。

（四）与国际惯例接轨的原则

市场经济是外向型经济，学习其他市场经济体制国家的金融立法经验，与国际惯例接轨，便成为我国金融立法的重要参考依据。

三、我国金融法发展阶段

中华人民共和国成立后，我国的金融体制发展大致可以划分为以下几个阶段：

第一阶段：从1949年中华人民共和国成立到1978年改革开放前。在这一阶段，我国实行高度集中的计划经济体制。从整体上看，这是一个高度集中的，单一的，中央银行、商业性金融与政策性金融没有区分的与计划经济相适应的体制。

第二阶段：从1978年12月党的十一届三中全会后，到1984年1月1日中国人民银行开始专门行使中央银行职能。通过这一阶段的改革，我国实现了中央银行职能与商业性金融的分离，从此，有了专司货币发行、金融监管和金融调控职能的中央银行。

第三阶段：从1984年中国人民银行专司中央银行职能，到1994年我国市场经济体制的确立和三大政策性银行的设立。通过这一阶段的改革，我国不仅进一步完善了中央银行的职能，而且进一步将政策性金融与商业性金融和中央银行职能分离，为构建由中央银行、商业性金融和政策性金融构成的完整的现代金融体系奠定了基础。

第四阶段：从1994年我国三大政策性银行的设立到现在。1995年我国先后颁布了《中华人民共和国中国人民银行法》（以下简称《中国人民银行法》）、《中华人民共和国商业银行法》（以下简称《商业银行法》）、《中华人民共和国保险法》、《票据法》、《中华人民共和国担保法》、《证券法》、《中华人民共和国信托法》等基本金融法律，同时组建了一批新型的股份商业银行和其他非银行金融机构，形成了国有独资商业性金融、股份制商业金融、中外合资商业性金融以及外资商业性金融机构分支机构等并存的比较健全的商业性金融机构体系。

【知识链接9-1】2013年被称为"互联网金融元年"，大量企业涌入互联网金融领域。第三方支付发展逐渐成熟、P2P网贷平台爆发式增长、众筹平台逐渐被运用到不同领域中，首家互联网保险企业、首家互联网银行相继获批成立，我国互联网开启了高速发展模式。

2015年是互联网金融名副其实的"政策年"，互联网金融监管进入密集期，整个互联网金融行业大洗牌即将开始。2015年7月18日，央行等10个有关部委联合印发了《关于促进互联网金融健康发展的指导意见》，官方首次定义了互联网金融的概念，确立了互联网支付、网络借贷、股权众筹融资、互联网基金销售、互联网保险、互联网信托和互联网消费金融等互联网金融主要业态的监管职责分工，落实了监管责任，明确了业务边界，正式将互联网金融纳入监管框架，明确了互联网金融要遵守"依法监管、适度监管、分类监管、协同监管、创新监管"的原则，互联网金融逐渐进入规范期。

2016 年是互联网金融的"专项整治期"。2016 年 10 月 13 日，国务院办公厅印发了《互联网金融风险专项整治工作实施方案》，对网贷、股权众筹、互联网保险、第三方支付、互联网资产管理及跨界从事金融业务等领域进行大范围排查，旨在促使互联网金融行业快速出清，淘汰不规范的平台，保障互联网金融行业长期稳定、健康和可持续发展。随后，银监会①等 15 部委联合发布了《P2P 网络借贷风险专项整治工作实施方案》，中国人民银行等 17 个部门联合印发了《通过互联网开展资产管理及跨界从事金融业务风险专项整治工作实施方案》，银监会等相关部门印发了《关于进一步加强校园网贷整治工作的通知》《网络借贷信息中介机构备案登记管理指引》，监管政策全面落地推进，互联网金融监管整治工作正式进入规范化阶段。

2017 年以后为金融严监管时代。2017 年年初，网贷行业迎来了《网络借贷资金存管业务指引》，打响了对互联网金融行业"从严监管、重拳治市"的第一枪，这是继备案登记之后网贷落地的又一合规细则；从随后出台的资管新规、互联网资管业务的监管政策来看，对于互联网金融，我国采取"穿透性"监管，贯彻"行为监管""功能监管"原则，并对资质、牌照、经营和风险控制作出了严格规定。

2020 年 11 月 2 日，中国证监会官方发布消息：中国银保监会、中国人民银行就《网络小额贷款业务管理暂行办法（征求意见稿）》公开征求意见。未来《网络小额贷款业务管理暂行办法》的出台将有利于防范小贷公司跨区经营带来的底层风险，改善此前不同地方金融监管存在"监管洼地"的局面，有利于提升网络小贷的整体门槛，对投机炒作、套利等行为具有强大约束力。

第二节　中国人民银行法

一、中国人民银行及其法律地位

为了确立中国人民银行的地位，明确其职责，保证国家货币政策的正确制定和执行，建立和完善中央银行宏观调控体系，维护金融稳定，1995 年 3 月 18 日第八届全国人民代表大会第三次会议通过了《中华人民共和国中国人民银行法》（以下简称《中国人民银行法》），自公布之日起施行；2003 年 12 月 27 日，第十届全国人民代表大会常务委员会第六次会议对该法进行了修正，自 2004 年 2 月 1 日起施行。

《中国人民银行法》规定，中国人民银行是中华人民共和国的中央银行。中国人民银行在国务院领导下，制定和执行货币政策，防范和化解金融风险，维护金融稳定。中国人民银行是代表国家进行金融管理和金融调控的特殊的金融机构，是我国金融活动的中心，处于金融组织体系的最高地位。

---

① 2018 年 3 月，第十三届全国人民代表大会第一次会议表决通过了关于国务院机构改革方案的决定，设立中国银行保险监督管理委员会。2023 年 3 月，中共中央、国务院印发了《党和国家机构改革方案》。在中国银行保险监督管理委员会基础上组建国家金融监督管理总局，不再保留中国银行保险监督管理委员会。5 月 18 日，国家金融监督管理总局正式揭牌。

二、中国人民银行的组织机构

（一）领导机构

根据《中国人民银行法》的规定，中国人民银行设行长1人、副行长若干人。中国人民银行行长的人选，根据国务院总理的提名，由全国人民代表大会决定；全国人民代表大会闭会期间，由全国人民代表大会常务委员会决定，由中华人民共和国主席任免。中国人民银行副行长由国务院总理任免。中国人民银行实行行长负责制。

（二）咨询议事机构

中国人民银行设立的咨询议事机构是货币政策委员会。根据《中国人民银行法》的规定，中国人民银行应设立货币政策委员会。货币政策委员会的职责、组成和工作程序由国务院规定，报全国人民代表大会常务委员会备案。

（三）中国人民银行的分支机构

《中国人民银行法》规定，中国人民银行根据履行职责的需要设立分支机构，作为中国人民银行的派出机构。中国人民银行对分支机构实行集中统一管理。中国人民银行的分支机构根据中国人民银行的授权，负责本辖区的金融监督管理、承办有关业务。

三、中国人民银行的职能

（一）主要职能

中央银行一般具有3个主要职能：发行的银行、政府的银行和银行的银行。

1.发行的银行

发行的银行是指世界各国的中央银行都享有货币的独占发行权，且法律规定该货币为国内唯一的法定货币，即以立法形式明确授予中央银行发行和管理货币的权力，拥有货币发行的垄断权。在我国，中国人民银行享有货币发行权，人民币是唯一合法货币。

2.政府的银行

政府的银行即国家的银行，是指各国的中央银行都由国家掌握，中国人民银行就是由我国中央政府即国务院领导的银行。这是因为中央银行发行的货币是以国家信用作保证的，且中央银行代表国家制定和执行货币政策并通过货币政策的制定和执行来调控国民经济。中国人民银行作为政府的银行，它服务于政府，并代表政府处理有关的金融事务，具体表现在：（1）经理国库。国库的全称为中华人民共和国国家金库，是办理国家预算收支的机关。（2）持有、管理、经营国家外汇储备、黄金储备。外汇储备和黄金储备是国家综合国力的象征之一，是对外支付能力的保证，必须由中国人民银行持有、管理和经营。（3）代理国务院财政部门向各金融机构组织发行、兑付国债和其他政府债券。为了杜绝政府财政透支，中国人民银行不得直接认购、包销国债和其他政府债券。（4）代表国家从事有关的国际金融活动。这里所指的有关的国际金融活动是指各国中央银行间的活动、各国政府之间的金融业务交往、各国政府参加的国际金融组织的活动。如代表我国政府与别国政府签署支付协定，参加世界银行、国际货币基金组织、亚洲开发银行等。（5）以法律规定的条件、额度和方式对政府融资等。

3.银行的银行

银行的银行主要是指中央银行作为最后贷款人，以商业银行为业务对象，对商业银行的支付能力和风险负有监护责任。

中国人民银行为商业银行等金融机构提供并办理如下业务：（1）要求金融机构按照规定的比例交存存款准备金；（2）确定中央银行的基准利率；（3）为在中国人民银行开立账户的金融机构办理再贴现；（4）向商业银行提供贷款；（5）向金融机构提供清算服务。

（二）职责范围

按照《中国人民银行法》的规定，中国人民银行依法履行下列13项职责：（1）发布与履行其职责有关的命令和规章；（2）依法制定和执行货币政策；（3）发行人民币，管理人民币流通；（4）监督管理银行间同业拆借市场和银行间债券市场；（5）实施外汇管理，监督管理银行间外汇市场；（6）监督管理黄金市场；（7）持有、管理、经营国家外汇储备、黄金储备；（8）经理国库；（9）维护支付、清算系统的正常运行；（10）指导、部署金融业反洗钱工作，负责反洗钱的资金监测；（11）负责金融业的统计、调查、分析和预测；（12）作为国家的中央银行，从事有关的国际金融活动；（13）国务院规定的其他职责。

中国人民银行依法监测金融市场的运行情况，对金融市场实行宏观调控，促进金融业的稳定、协调与健康发展。

四、人民币的发行和管理

（一）人民币的法律地位

《中国人民银行法》规定，中华人民共和国的法定货币是人民币。这一规定表明了人民币的法律地位，即它是我国境内流通、使用的唯一合法货币。作为法定支付手段，以人民币支付我国境内的一切公共的和私人的债务，任何单位和个人不得拒收。我国实行独立、统一、稳定的货币政策。国家禁止金银、外币在国内市场自由流通。

（二）人民币的发行

人民币的发行是指中国人民银行向流通市场投放现金的行为。发行人民币、管理人民币流通是《中国人民银行法》赋予中国人民银行的职责之一。《中国人民银行法》明确规定，人民币由中国人民银行统一印制、发行。

由于人民币的发行是基础货币的投放，它直接关系着货币币值的稳定，关系着整个国民经济的稳定。长期以来，我国对人民币的发行一直坚持如下原则：

1.集中统一发行原则

人民币由中国人民银行统一发行，其他任何地方、单位和个人都无权发行货币或变相发行货币。《中国人民银行法》明确规定，禁止在宣传品、出版物或者其他商品上非法使用人民币图样。该法又规定，在宣传品、出版物或者其他商品上非法使用人民币图样的，中国人民银行应当责令改正，并销毁非法使用的人民币图样，没收违法所得，并处5万元以下罚款。

2.经济发行的原则

货币发行必须适应商品流通的需要。按照货币流通规律的要求，市场货币流通量应与商品流通量相适应，从而保证经济的健康发展。与经济发行相对应的是财政发行，它是为弥补国家财政赤字或应对财政支出紧张局面而采取的发行措施。理论和实践均证明，财政发行不符合经济发展的客观规律，容易导致通货膨胀，因此应杜绝财政发行。

3.计划发行原则

人民币的发行按照货币发行计划进行，中国人民银行提出货币发行计划，报国务院审批后实施。坚持计划发行可以保证市场物价和币值的稳定。

【案例分析9-1】卓某与蔡某合谋加工伪造人民币。随后，卓某选定××市东海镇龙潭村卓甲的棚寮作为假币的加工窝点，并纠集卓乙、卓丙、余某等共16人，由卓某统一指挥加工假币。在此过程中，卓某除参与加工假币外，还负责安排加工假币人员的伙食。不久后，公安人员在加工假币现场将卓某等16人抓获，缴获假币2箱（金额为2 540 400元，其中100元券1 154张，50元券48 500张）及银线4捆、颜料3罐等作案工具。

以上事实，有当场缴获的假币及原材料、××市公安局的"扣押物品清单"、中国人民银行××市支行出具的"假币没收证"和"鉴定书"、加工假币现场照片和上述犯罪嫌疑人的供述证实。

请问：卓某侵犯了应属何机关享有的法定货币发行权？

分析提示：人民币的发行是指中国人民银行向流通市场投放现金的行为。发行人民币、管理人民币流通是《中国人民银行法》赋予中国人民银行的职责之一。《中国人民银行法》明确规定，人民币由中国人民银行统一印制、发行。

（三）人民币的管理

《中国人民银行法》对人民币管理的规定主要有：（1）禁止伪造、变造人民币；（2）禁止出售、购买伪造、变造的人民币；（3）禁止运输、持有、使用伪造、变造的人民币；（4）禁止故意毁损人民币；（5）禁止在宣传品、出版物或者其他商品上非法使用人民币图样；（6）任何单位和个人不得印制、发售代币票券，以代替人民币在市场上流通；（7）残缺、污损的人民币，按照中国人民银行的规定兑换，并由中国人民银行负责收回、销毁。

2000年2月3日，国务院发布了《中华人民共和国人民币管理条例》。

【法律小贴士9-1】人民币的单位为元，人民币的辅币单位为角、分。

我国至今已发行5套人民币，除1、2、5分3种硬币外，第一套、第二套和第三套人民币已经退出流通，第四套人民币于2018年5月1日起停止流通（1角、5角纸币和5角、1元硬币除外）。目前流通的主要是1999年发行的第五套人民币。

五、中国人民银行的业务范围

按照《中国人民银行法》的规定，中国人民银行的业务活动主要有：依法制定和执行货币政策；对金融业实施必要的监督和管理；提供金融服务等。

（一）作为政府银行的业务

中国人民银行作为政府的银行体现在：（1）依照法律、行政法规的规定经理国库；（2）代理国务院财政部门组织发行、兑付国债和其他政府债券；（3）持有、管理、经营国家外汇储备、黄金储备；（4）中国人民银行作为政府银行从事的其他业务。

（二）作为银行的银行的业务

中国人民银行作为银行的银行体现在：（1）中国人民银行可以根据需要，为银行业金融机构开立账户，但不得对银行业金融机构的账户透支；（2）组织或者协助组织银行业金融机构相互之间的清算系统，协调银行业金融机构相互之间的清算事项，提供清算服务；（3）根据执行货币政策的需要，可以决定对商业银行贷款的数额、期限、利率和方式，但贷款的期限不得超过 1 年；（4）中国人民银行作为银行的银行从事的其他业务。

（三）对金融业检查、监督的业务

《中国人民银行法》规定，中国人民银行有权对金融机构以及其他单位和个人的下列行为进行检查、监督：（1）执行有关存款准备金管理规定的行为；（2）与中国人民银行特种贷款有关的行为；（3）执行有关人民币管理规定的行为；（4）执行有关银行间同业拆借市场、银行间债券市场管理规定的行为；（5）执行有关外汇管理规定的行为；（6）执行有关黄金管理规定的行为；（7）代理中国人民银行经理国库的行为；（8）执行有关清算管理规定的行为；（9）执行有关反洗钱规定的行为。

前述所称中国人民银行特种贷款，是指国务院决定的由中国人民银行向金融机构发放的用于特定目的的贷款。

另外，中国人民银行根据执行货币政策和维护金融稳定的需要，可以建议国务院银行业监督管理机构对银行业金融机构进行检查、监督。国务院银行业监督管理机构应当自收到建议之日起 30 日内予以答复。当银行业金融机构出现支付困难，可能引发金融风险时，为了维护金融稳定，中国人民银行经国务院批准，有权对银行业金融机构进行检查、监督。中国人民银行根据履行职责的需要，有权要求银行业金融机构报送必要的资产负债表、利润表以及其他财务会计、统计报表和资料。中国人民银行与国务院银行业监督管理机构、国务院其他金融监督管理机构建立信息共享机制。

六、违反《中国人民银行法》的行为及法律责任

（一）违反《中国人民银行法》的行为

根据《中国人民银行法》的规定，违反《中国人民银行法》的行为主要有以下几种：（1）伪造、变造人民币，出售伪造、变造的人民币的，或者明知是伪造、变造的人民币而运输的；（2）买卖伪造、变造的人民币或者明知是伪造、变造的人民币而持有、使用的；（3）在宣传品、出版物或者其他商品上非法使用人民币图样的；（4）印刷、发售代币券，以代替人民币在市场上流通的；（5）违反法律、行政法规有关金融监管规定的；（6）中国人民银行有违反有关业务规定行为的；（7）地方政府、各级政府部门、社会团体和个人强令中国人民银行及其工作人员违反有关规定提供贷款或者担保的；（8）中国人民银行的工作人员泄露国家秘密或者所知悉的商业秘密的；（9）中国人民银行的工作人员贪污受贿、徇私舞弊、滥用职权、玩忽职守的。

（二）违反《中国人民银行法》的法律责任

对于违反《中国人民银行法》的有关规定的单位，中国人民银行应当责令停业、改正违反行为，区别不同情形给予警告、没收违法所得、罚款等行政处罚。对负有直接责任的人员，情节轻微的，依法给予行政处分；构成犯罪的，依法追究刑事责任。当事人对行政处罚不服的，可以依照《中华人民共和国行政诉讼法》的规定提起行政诉讼。

《中国人民银行法》对于相关的民事赔偿责任作了明确规定，主要包括：

第一，中国人民银行有下列行为之一并造成损失的，负有直接责任的主管人员和其

他直接责任人员应当承担部分或者全部赔偿责任：（1）违反规定提供贷款的；（2）对单位和个人提供担保的；（3）擅自动用发行基金的。

第二，地方政府、各级政府部门、社会团体和个人强令中国人民银行及其工作人员违反《中国人民银行法》的规定提供贷款或者担保，造成损失的，应当承担部分或者全部责任。

【案例聚焦9-1】2017年4月，某县老国企A公司为摆脱经营困境，在县政府的牵线搭桥下，与美国B公司达成合资协议，共同组建玩具生产企业C公司。根据合资协议的规定，A公司须投入价值100万美元的基本生产设备一套。因为A公司资金周转困难，故其希望向设备生产企业D公司分期付款购买该设备。在协商过程中，D公司提出必须取得银行担保的要求。

A公司无奈向县政府求助，县政府因急于开展国企改革，解决A公司的经营困难，遂指令中国人民银行该县支行予以担保，并由分管工业的副县长向县支行发出手书一份："为保障我县国企改革的顺利进行，A公司向D公司购买设备一事，请你行提供相应外汇额度的人民币担保，以后出现问题，由县政府负责，与你行无关。"在政府领导的干预下，县支行作为担保人于2017年8月向D公司出具了不可撤销的经济担保书。该担保书载明："……担保人不可撤销地无条件地担保A公司按买卖合同的规定准时足额支付设备价款。若A公司没有依合同约定履行给付义务，在接到贵公司书面通知后，担保人将无条件地承担履行合同义务的连带责任。"

在买卖合同履行过程中，A公司仅于2018年3月和9月两次支付了到期货款40万美元，其余款项再无力支付。D公司多次催款未果，于2019年1月将该支行诉至法院，要求其承担担保责任。

根据《中国人民银行法》的规定，具有下列行为的要承担民事赔偿责任：（1）中国人民银行有下列行为之一并造成损失的，负有直接责任的主管人员和其他直接责任人员应当承担部分或者全部赔偿责任：① 违反规定提供贷款的；② 对单位和个人提供担保的；③ 擅自动用发行基金的。（2）地方政府、各级政府部门、社会团体和个人强令中国人民银行及其工作人员违反《中国人民银行法》的规定提供贷款或者担保，造成损失的，应当承担部分或者全部责任。

第三节　商业银行法

一、商业银行法概述

（一）商业银行

1.商业银行的概念

商业银行是指依照《商业银行法》和《公司法》设立的吸收公众存款、发放贷款、办理结算等业务的企业法人。商业银行是依法成立、以营利为目的的法人组织，是经营货币金融业务的特殊企业。它既受《商业银行法》的调整，也受《公司法》的调整。

按照《商业银行法》的规定，我国的商业银行是实行自主经营、自担风险、自负盈亏、自我约束的经营金融业务的机构，它依法开展业务，不受任何单位和个人的干涉，并以其全部法人财产独立承担民事责任。

2.商业银行的特征

商业银行具有以下特征：（1）商业银行是以营利为目的的企业；（2）商业银行是金融企业；（3）商业银行是特殊的金融企业。

（二）商业银行法

商业银行法是调整商业银行组织关系和经营业务关系的法律规范的总称。1995年5月10日，第八届全国人民代表大会常务委员会第十三次会议通过并于同年7月1日起施行的《商业银行法》是我国商业银行的基本法。2003年12月、2015年8月全国人民代表大会常务委员会对该法进行了两次修正。

二、商业银行的设立和组织机构

（一）商业银行的设立

1.商业银行的设立条件

任何企业法人在设立时都要具备法律所规定的条件。商业银行作为专门经营货币的企业，法律要求其设立所具备的条件更为严格。这些条件主要有：

（1）有符合《商业银行法》和《公司法》规定的章程；

（2）有符合法律规定最低限额的注册资本；

（3）有具备任职专业知识和业务工作经验的董事、高级管理人员；

（4）有健全的组织机构和管理制度；

（5）有符合要求的营业场所、安全防范措施和与业务有关的其他设施。

设立商业银行还应当符合其他审慎性条件。

2.商业银行的注册资本

根据《商业银行法》的规定，设立全国性商业银行的注册资本最低限额为10亿元人民币，设立城市商业银行的注册资本最低限额为1亿元人民币，设立农村商业银行的注册资本最低限额为5 000万元人民币。注册资本应当是实缴资本。国务院银行业监督管理机构根据审慎监管的要求，可以调整注册资本最低限额，但不得少于前述规定的限额。

3.商业银行的设立程序

设立商业银行，申请人应当经国务院银行业监督管理机构审查批准。经审查符合条件的，申请人应填写正式申请表，并提交法律规定的文件、资料。对于正式批准设立的商业银行，由国务院银行业监督管理机构颁发经营许可证。申请人凭该经营许可证向市场监督管理机关办理注册登记，领取企业法人营业执照。对于经批准设立的商业银行分支机构，也应由国务院银行业监督管理机构颁发经营许可证。申请人凭该许可证向市场监督管理部门办理登记，领取营业执照。

（二）商业银行的组织形式

根据《商业银行法》的规定，商业银行的组织形式、组织机构适用《公司法》的规定。因此，商业银行的组织形式采取《公司法》要求的有限责任公司和股份有限公司两种形式。

（三）商业银行的组织机构

按照《商业银行法》和《公司法》的规定，商业银行设股东会（股东大会）、董事会、监事会。董事会可聘任总经理。国有独资商业银行不设股东会，设立监事会。监事会的产生办法由国务院规定。监事会对国有独资商业银行的信贷资产质量、资产负债比例、国有资产保值增值等情况，以及高级管理人员违反法律、行政法规或者章程的行为和损害银行利益的行为进行监督。

三、商业银行的业务管理规定

（一）存款业务

商业银行通过付出一定利息吸收存款是其负债业务的主要内容，通过吸收存款形成的资金是其经营之本。吸收存款包括吸收企事业单位的存款和个人的储蓄存款，这种负债一般占商业银行总负债的70%左右。

《商业银行法》规定，办理个人储蓄存款业务，应当遵循存款自愿、取款自由、存款有息、为存款人保密的原则。对于个人储蓄存款和单位存款，商业银行有权拒绝任何单位或者个人查询、冻结、扣划，但法律另有规定的除外。商业银行应当按照中国人民银行规定的存款利率的上下限，确定存款利率，并予以公告；应当保证存款本金和利息的支付，不得拖延、拒绝支付存款本金和利息。

（二）贷款业务

贷款业务是商业银行将货币在一定期限内借出，借以获得利息的业务。它是商业银行资产业务的主要内容，也是商业银行的主要业务活动之一。

商业银行贷款应当与借款人订立书面信贷合同。信贷合同是贷款人将货币借给借款人、借款人按期归还贷款并支付规定的利息的协议，是表现信贷业务的法律形式。贷款合同应当约定贷款种类、借款用途、金额、利率、还款期限、还款方式、违约责任和双方认为需要约定的其他事项。商业银行应当按照中国人民银行规定的贷款利率的上下限，确定贷款利率。

（三）中间业务

中间业务是指商业银行无须运用自有资金，只代替客户承办交付、收取和其他委托事项而收取手续费的业务。中间业务与负债业务、资产业务不同，它属于表外业务，但它与负债业务、资产业务共同构成现代商业银行的三大业务。

《商业银行法》规定了下列中间业务：办理国内外结算、发行金融债券；代理发行、代理兑付、承销政府债券；买卖、代理买卖外汇；提供信用证服务及担保；代理收付款项及代理保险业务；提供保险箱服务。

《商业银行法》还规定，商业银行办理票据承兑及汇兑、委托收款等结算业务，应当按照规定的期限兑现；收付入账，不得压单、压票或者违反规定退票。商业银行发行金融债券应当依法报经批准。商业银行办理业务、提供服务，按照中国人民银行的规定收取手续费。

四、监督管理

商业银行应当按照有关规定，制定本行的业务规则，建立健全本行的风险管理和内部控制制度。

商业银行应当建立健全本行对存款、贷款、结算、呆账等各项情况的稽核、检查制度。商业银行对分支机构应当进行经常性的稽核和检查监督。

商业银行应当按照规定向国务院银行业监督管理机构、中国人民银行报送资产负债表、利润表以及其他财务会计、统计报表和资料。

国务院银行业监督管理机构有权依法随时对商业银行的存款、贷款、结算、呆账等情况进行检查监督。检查监督时，检查监督人员应当出示合法的证件。商业银行应当按照国务院银行业监督管理机构的要求，提供财务会计资料、业务合同和有关经营管理方面的其他信息。中国人民银行有权依照《中国人民银行法》第32条、第34条的规定对商业银行进行检查监督。

商业银行应当依法接受审计机关的审计监督。

五、法律责任

（一）商业银行的法律责任

（1）商业银行无故拖延、拒绝支付存款本金和利息等给存款人或其他客户造成损失的，应当承担迟延履行的利息及其他民事责任，由国务院银行业监督管理机构责令其改正，有违法所得的，没收违法所得。违法所得5万元以上的，处违法所得1倍以上5倍以下罚款；没有违法所得或者违法所得不足5万元的，处5万元以上50万元以下罚款。

（2）违反国家规定从事信托投资和证券经营业务、向非自用不动产投资或者向非银行金融机构和企业投资的，或者向关系人发放信用贷款，或者发放担保贷款的条件优于其他借款人同类贷款条件的，由国务院银行业监督管理机构责令其改正，有违法所得的，没收违法所得。违法所得50万元以上的，并处违法所得1倍以上5倍以下罚款；没有违法所得或者违法所得不足50万元的，处50万元以上200万元以下罚款；情节特别严重或者逾期不改正的，可以责令其停业整顿或者吊销其经营许可证；构成犯罪的，依法追究其刑事责任。

（3）拒绝或者阻碍中国人民银行检查、监督的，或提供虚假的、隐瞒重要事实的财务会计报告、报表和统计报表的，或未按照中国人民银行规定的比例交存存款准备金的，由中国人民银行责令其改正，并处20万元以上50万元以下罚款；情节特别严重或者逾期不改正的，中国人民银行可以建议国务院银行业监督管理机构责令其停业整顿或者吊销其经营许可证；构成犯罪的，依法追究其刑事责任。

（二）商业银行工作人员的法律责任

（1）商业银行工作人员利用职务上的便利，索取、收受贿赂或者违反国家规定收受各种名义的回扣、手续费，构成犯罪的，依法追究其刑事责任；尚不构成犯罪的，应当给予其纪律处分。

（2）商业银行工作人员利用职务上的便利，贪污、挪用、侵占本行或者客户资金，构成犯罪的，依法追究其刑事责任；尚不构成犯罪的，应当给予其纪律处分。

（3）商业银行工作人员违反《商业银行法》的规定，玩忽职守造成损失的，应当给予其纪律处分；构成犯罪的，依法追究其刑事责任。商业银行工作人员违反规定，徇私向亲属、朋友发放贷款或者提供担保造成损失的，应当承担全部或者部分赔偿责任。

（4）商业银行工作人员泄露在任职期间知悉的国家秘密、商业秘密的，应当给予其纪律处分；构成犯罪的，依法追究其刑事责任。

（5）商业银行违反《商业银行法》规定的，国务院银行业监督管理机构可以区别不同情形，取消其直接负责的董事、高级管理人员一定期限直至终身的任职资格；禁止其直接负责的董事、高级管理人员和其他直接责任人员一定期限直至终身从事银行业工作。

【案例分析9-2】王某是某城市A商业银行的董事，其子王某某为C公司的董事长。2023年9月，C公司向A商业银行下属分行申请贷款1 000万元。其间，王某对分行负责人谢二宝施加压力，令其按低于同类贷款的优惠利息发放此笔贷款。

分析提示：本案中，王某强令下属机构发放贷款，是《商业银行法》禁止的行为。《商业银行法》第52条第3项规定，商业银行的工作人员不得违反规定，徇私向亲属、朋友发放贷款或者提供担保。

第四节　票据法

一、票据法概述

（一）票据概述

1.票据的概念及特点

票据有广义和狭义之分。广义的票据包括各种有价证券和凭证，如股票、国库券、企业债券、发票、提单、仓单等；狭义的票据则是指票据法中规定的票据。票据法规定的票据，因各国立法不同，其理解亦不尽一致。在有些国家，票据仅包括汇票和本票，不包括支票，如德国、法国、瑞士等；有的国家则没有"票据"这样一个总的概念，而以"汇票法"的形式在规定汇票的同时，亦规定本票和支票，如英国；美国则将汇票、本票和支票以及存款单统称为"商业票据"。我国法律规定的票据具有以下特点：

（1）票据是出票人依法签发的有价证券。依据不同的票据种类，法律规定了不同的形式，出票人必须依照法律规定签发相关票据，否则不受法律保护。

（2）票据以支付一定金额为目的。票据的签发和转让以支付票据上的金额为最终目的，该金额得到全部支付，票据上的权利义务即消灭。

（3）票据所表示的权利与票据不可分离。票据权利的有效成立，必须以票据作为依据；票据权利的转让，必须交付票据；票据权利的行使，必须提示票据。权利与票据融为一体。

（4）票据所记载的金额由出票人自行支付或委托他人支付。由出票人自行支付的是本票，由出票人委托他人支付的是汇票和支票。

（5）票据的持票人只要向付款人提示票据，付款人就应无条件向持票人或收款人支付票据金额。票据是一种无因证券，持票人只要向票据债务人提示票据就可行使票据权利，而不问票据取得的原因是否无效或有瑕疵。

（6）票据是一种可转让的证券。根据国际上通行的做法，凡记名票据，必须经背书才能交付转让；凡无记名票据，可直接交付转让。《票据法》规定的票据均为记名票据，故其必须通过背书的方式进行转让。

2.票据的功能

（1）支付功能。在交易中以票据代替货币，不仅可用于同城或异地贸易，在国际贸易中更是普遍使用。这可以减少甚至杜绝大量使用货币带来的不方便和不安全。

（2）汇兑功能。使用票据，能够在异地凭借汇票在付款人处兑取货币，或者向他人进行各种支付，解决了在异地贸易中使用货币支付费用时费力且不安全的不足。票据成为极佳的汇兑工具。

（3）信用功能。票据法的信用是指当事人签发票据，约定期限，另为付款或由他人代为付款，把将来可以取得的货币，作为现在的货币使用，实现了人的资金信用票据化，票据即成为信用工具。

（4）结算功能。债权人可以签发票据，指定自己的债务人向自己的债权人无条件支付一定金额，由此消灭相互之间的债权债务，此为票据结算。现代各国广泛实行了票据交换制度，设立票据交换中心或票据交换场所，以利于票据结算。

（5）融资功能。票据可以有偿转让，实现资金周转。持票人急需现金时，可持票向银行请求贴现，也可以背书方式将票据卖给他人，满足需要。

（二）票据法的概念及我国票据立法概况

1.票据法的概念

票据法是指规定票据的种类、形式、内容以及各当事人之间权利义务关系的法律规范的总称。票据法亦有广义和狭义之分。广义的票据法是指各种法律中有关票据规定的总称，包括以"票据法"名称颁布的法律以及其他法律中有关票据的规定。狭义的票据法则仅是指票据的专门立法，即可称为"票据法"的法律及其有关实施性规定。

2.我国票据立法概况

为适应市场经济的发展和金融体制改革深化的要求，1995年5月10日，第八届全国人民代表大会常务委员会第十三次会议通过了《票据法》，共7章111条，自1996年1月1日起施行。此后，中国人民银行先后发布了《商业银行汇票承兑、贴现与再贴现管理暂行办法》《票据管理实施办法》《支付结算办法》，2004年8月28日第十届全国人民代表大会常务委员会第十一次会议通过了《关于修改〈中华人民共和国票据法〉的决定》，将《票据法》由原来的7章111条修改为7章110条，从而进一步完善了我国的票据法律制度。

（三）票据行为

1.票据行为的概念

票据行为是指票据关系的当事人之间以发生、变更或终止票据关系为目的而进行的法律行为。在理解这一概念时，应把握以下几个要点：票据行为是在票据关系当事人之间进行的行为；票据行为是以设立、变更或终止票据关系为目的的行为；票据行为是一种合法行为。

2.票据行为的种类

票据可以分为主票据行为和从票据行为两大类。

（1）主票据行为，又称基本票据行为，是指能够引起票据法律关系发生的行为。主票据行为仅指出票行为，它是指出票人签发票据并将其交付给收款人的票据行为。出票是制作票据的原始行为，是汇票、本票、支票所共有的行为，包括签发票据和支付票据两个行为。出票是创设票据权利的行为，是从票据行为有效成立的前提。只有主票据行为依法成立，票据才能有效。

（2）从票据行为，是指能够引起票据法律关系变更或消灭的行为，包括背书、承兑、参加承兑、保证和保付等。这些行为要以票据已经出票为前提，要附属于主票据行为（即出票）而存在，故而又称附属票据行为。

① 背书。背书是指在票据背面或者粘单上记载有关事项并签章的票据行为。在票据背面签章的转让票据权利的人为背书人，接受背书的票据人为被背书人。持票人通过背书可以将票据权利转让给他人或者将一定的票据权利授予他人行使。因背书行为，背书人产生对票据债务人的担保责任和连带责任，被背书人代替持票人成为新的持票人，取得票据债权。票据出票的转让流通主要是通过背书进行的，汇票、本票、支票都可以有背书行为。

② 承兑。承兑是指汇票的付款人承诺在汇票到期日支付汇票金额的票据行为。承兑仅存在于汇票关系中，本票、支票关系中不存在承兑行为。承兑行为由汇票的付款人进行，付款人一经承兑就成为承兑人，即票据主债务人。承兑必须以书面形式在汇票上记载"承兑"字样、承兑日期，并由付款人签章。

③ 参加承兑。参加承兑是指参加承兑人承诺在汇票不获承兑时负担票据债务的行为。参加承兑是汇票独有的附属票据行为，参加承兑的目的是在汇票不获承兑时阻止持票人于票据到期日前行使追索权。参加承兑人由预备付款人或者第三人充当，他是票据的从债务人，仅在付款人不能付款或者拒绝付款时才负有支付义务。参加承兑须由承兑人在汇票上注明"参加承兑""加入承兑"字样，并签章。

④ 保证。保证是指票据债务人以外的他人充当保证人，担保票据债务履行的票据行为。保证是适用于汇票、本票的附属行为，它须由保证人在票据上或者粘单上记载"保证"字样、保证人名称和住所、被保证人名称、保证日期并签章。保证不得附有条件，附有条件的，不影响保证人的保证责任。

⑤ 保付。保付是指银行等金融机构对出票人签发的支票所作的保证付款的行为。它是指支票独有的一种附属行为，保付人是银行等金融机构，被保付人一般是出票人，有时也可以是持票人。保付人是支票的主债务人，负有绝对付款责任。其进行保付时，应就全部金额予以保付，而且不得附记任何条件。保付须是书面行为，由保付人在支票正面注明"保付""保证付款""照付"字样，并签章。保付类似于汇票的承兑，但其目的仅仅是增强票据的信用，而不是确定付款人的付款责任。

3.票据行为的代理

票据行为的代理，又称票据代理，是指代理人基于被代理人（本人）的授权，在票据上明示本人的名义，表明为本人代理的意思并签名的行为。

（1）越权代理。越权代理是指票据代理人超越代理权限而为的票据行为。越权部分由越权代理人自己承担责任。《票据法》规定，代理人超越代理权限的，应当就其超越权限的部分承担票据责任。

（2）无权代理。无权代理是指代理人没有代理权而以代理人的名义在票据上签名的行为。《票据法》规定，没有代理权而以代理人名义在票据上签章的，应当由签章人承担票据责任。

（3）自己代理和双方代理。自己代理是指代理人以本人名义同自己发生法律关系；双方代理则是指在同一法律关系中代理人同时代理双方当事人的法律行为。《票据法》和民法一样，规定自己代理和双方代理均无效。

（4）表见代理。表见代理是指代理人虽然没有代理权，但是客观上有足以使第三人相信其有代理权的理由而为的票据代理行为。表见代理成立时，持票人既可以向本人主张权利，也可以向无权代理人主张权利。

4.票据权利

（1）票据权利的概念。票据权利是指持票人享有的能够请求票据债务人支付票据金额的权利，包括付款请求权和追索权。付款请求权是指票据债权人请求票据主债务人或者其他付款义务人按照票载金额支付金钱的权利。付款请求权是第一次请求权，其权利主体是持票人，其主债务人是汇票的承兑人、本票的出票人及支票的付款人。其他付款义务人是参加付款人、参加承兑人、担当付款人等。票据债权人在向前述债务人提示票据行使付款请求权未得到实现时，就可以行使追索权。追索权是指持票人于不获付款、不获承兑或其他法定原因发生时，在保全票据权利的基础上，向除主债务人以外的前手（包括出票人、背书人或其他债务人）请求偿还票据金额及损失的权利。追索权虽然在有其他法定原因（如不获承兑、破产宣告）时也可在票据到期日前行使，但在原则上是为票据不获付款时而设立的票据权利，一般应在票据到期不获付款时才能使用，所以称为第二次请求权。追索权的行使，不仅是为了追回票据金额，而且在支付内容上增加了有关费用，如票载金额利息、做成拒绝证书的费用等，因此，又被称为偿还请求权。

（2）票据权利的取得。票据权利是证券化权利，是以持有票据为依据的，因此，行为人合法、有效地取得了票据，即取得了票据权利。当事人取得票据有以下几种情况：从出票人处取得；从持有票据的人（持票人）处受让取得；依照法定方式，如税收、继承、企业合并等方式取得。按照《票据法》的规定，行为人合法取得票据，便依法取得票据权利，但应注意以下问题：票据的取得必须给付对价，即应当给付票据双方当事人认可的相对应的代价。法定情形下票据取得不受给付对价的限制。《票据法》一方面强调票据的取得要以真实的交易关系和债权债务关系为基础，要以给付对价为必要；另一方面也承认一些例外情况下无偿取得票据行为的有效性。

【法律小贴士9-2】因税收、继承、赠与可以依法无偿取得票据的，不受给付对价的限制，但是，所享有的票据权利不得优于其前手的权利。这里的前手是指在票据签章人或者持票人之前签章的其他票据债务人。

5.票据抗辩权

（1）票据抗辩权的概念。票据抗辩权，是指票据债务人依照《票据法》享有的、因法定事由的存在而可以对抗持票人，拒绝履行票据债务的权利。

（2）票据抗辩权的类型。根据抗辩的事由及其效力的不同，票据抗辩权可以分为物的抗辩权和人的抗辩权两类。物的抗辩权又称绝对抗辩权或者客观抗辩权，是指基于票据本身所存在的事由而发生的抗辩权。因抗辩事由是基于票据这个客观物体而发生，故称物的抗辩权；又因该抗辩事由可以对一切持票人提出，所以又称绝对抗辩权。

（3）票据抗辩权的限制。票据抗辩权的限制是指《票据法》规定的票据债务人对特定持票人不得抗辩的限制。《票据法》规定，票据债务人不得以自己与出票人或者与持票人的前手之间的抗辩事由，对抗持票人。但是，持票人明知存在抗辩事由而取得票据的除外。此即票据抗辩权的限制的规定。

（4）票据抗辩权限制制度的除外规定。《票据法》规定，票据债务人不得以自己与出票人或者与持票人的前手之间的抗辩事由，对抗持票人，同时又规定持票人明知有抗辩事由而受票者除外。《票据法》规定的无对价取得票据者，不能享有优于其前手的权利，也属票据抗辩权限制的除外情况。由此可见，有下列情形之一的，票据抗辩权不受限制：持票人明知票据债务人与出票人或者与自己的前手之间有抗辩事由，仍受取票据的；持票人无对价取得票据的。无对价取得票据者，继受其前手的权利瑕疵，票据债务人与该持票人前手之间的抗辩事由，不但未被"切断"，反而转移至持票人，故持票人请求付款时，被请求的债务人得以无对价取得为由，行使抗辩权，拒绝其请求。

二、汇票

（一）汇票的概念和种类

汇票是出票人签发的、委托付款人在见票时或者在指定日期无条件支付确定的金额给收款人或者持票人的票据。由此可见，汇票是这样一种票据：第一，汇票有3个基本当事人，即出票人、付款人和收款人。由于这3个当事人在汇票发行时既已存在，故属基本当事人，缺一不可。但是随着汇票的背书转让，汇票上设立保证等，被背书人、保证人等也成为汇票上的当事人。第二，汇票是由出票人委托他人支付的票据，是一种委托证券，而非自付证券。第三，汇票是在指定到期日付款的票据。指定到期日是指见票即付、定日付款、出票后定期付款、见票后定期付款4种形式。第四，汇票是付款人无条件支付票据金额给持票人的票据，此处的持票人包括收款人、被背书人或受让人。

汇票可从不同角度作不同分类：

第一，按付款期限长短，汇票可分为即期汇票和远期汇票。即期汇票是指见票即行付款的汇票，包括见票即付的汇票、到期日与出票日相同的汇票以及未记载到期日的汇票（以提示日为到期日）。远期汇票是指约定一定的到期日付款的汇票，包括定期付款汇票、出票日后定期付款汇票（也叫计期汇票）和见票后定期付款汇票。

第二，按记载受款人的方式不同，汇票可分为记名式汇票和无记名式汇票。

第三，按签发和支付地点不同，汇票可分为国内汇票和国际汇票。前者指在一国境内签发和付款的汇票；后者是指汇票的签发和付款一方在国外，或都在国外的汇票。

第四，按银行对付款的要求不同，汇票可分为跟单汇票和原票。前者是指使用汇票时需附加各种单据（如提货单、运货单、保险单等）；后者是指只需提出汇票本身即可付款，无须附加任何单据的汇票。

《票据法》将汇票分为银行汇票和商业汇票。前者是指银行签发的汇票；后者则是指银行之外的企事业单位、机关、团体等签发的汇票。

在实践中，银行汇票一般由汇款人将款项交存当地银行，由银行签发给汇款人持往异地办理转账结算或支取现金。单位、个体经济户和个人需要使用各种款项，均可使用银行汇票。

银行汇票的当事人是：（1）出票人。这是指签发行。根据我国现行做法，只有参加"全国联行往来"的银行才能签发汇票，即充当出票人。（2）受款人。这是指收款人，收款人可以是汇款人，也可以是其他人。（3）付款人。银行汇票的出票银行为银行汇票的付款人。汇款人不是汇票上的当事人，而是与出票人有资金关系的人。汇款人可以是单位、个体经济户和个人。汇款人与签发行的关系是委托关系。银行汇票的提示付款期限自出票日起1个月。

商业汇票是指收款人或付款人（或承兑申请人）签发，由承兑人承兑，并于到期日向收款人或被背书人支付款项的票据。商业汇票按承兑人的不同，分为商业承兑汇票和银行承兑汇票。前者指由收款人签发，经付款人承兑，或由付款人签发并承兑的票据；后者指由收款人或承兑申请人签发并由承兑申请人向开户银行申请，经银行审查同意承兑的票据。商业汇票的收款人、付款人或承兑申请人一般是指供货和购货单位。

在商业承兑汇票中，汇票上的当事人是：（1）出票人是交易中的收款人，即卖方；或者交易中的付款人，即买方。（2）承兑人，出票人如是卖方，承兑人为买方；出票人如是买方，本人为承兑人。（3）付款人，是买方的开户银行。（4）受款人，是交易中的收款人，即卖方。

在银行承兑汇票中，汇票上的当事人是：（1）出票人是承兑申请人；（2）付款人和承兑人是承兑行，即承兑申请人的开户银行；（3）受款人是与出票人签订购销合同的收款人，即卖方。

根据有关规定，商业汇票的付款期限最长不得超过6个月，商业汇票的提示付款期限自汇票到期日起10日。

（二）出票

1.汇票出票行为的概念

出票是指出票人依照《票据法》的要求记载汇票所必须记载的事项，签署自己的姓名、加盖单位公章（或者与银行约定的财务章），然后交付给收款人的票据行为。由于票据的背书、保证、承兑、付款和追索等行为都产生在出票行为之后，所以人们将出票行为称为基础票据行为，由出票行为陆续产生之后的各种票据权利义务。

2.汇票出票的记载事项

根据《票据法》的规定，汇票必须记载以下事项：表明"汇票"的字样、无条件支付的委托、确定的金额、付款人名称、收款人名称、出票日期、出票人签章等。相对必要记载事项，是指在出票时应当予以记载，但如果未作记载，《票据法》另有补充规定，汇票并不因此失效。它主要包括以下事项：付款日期、付款地、出票地。任意记载事项，是指出票人可以自由选择是否记载的事项，但是一经记载即发生《票据法》上的效力。《票据法》规定，出票人在汇票上记载"不得转让"字样的，汇票不得转让。可见，出票人可以自由决定是否在汇票上记载"不得转让"。如果不记载，汇票效力不因此受到影响。不得记载的事项，是指有些事项，出票人在出票时是不得记载的，否则此项记载无效。如《票据法》规定，背书不得附有条件，背书时附有条件的，所附条件不具有汇票上的效力。将汇票的一部分转让的背书或者将汇票金额分别转让给2人以上的背书无效。此规定即为不得记载事项。

【法律小贴士9-3】《票据法》规定，汇票上记载付款日期、付款地、出票事项的，应当清楚明确；汇票上未记载付款日期的，为见票即付；汇票上未记载付款地的，付款人的营业场所、住所或者经常居住地为付款地；汇票上未记载出票地的，出票人的营业场所、住所或者经常居住地为出票地。

（三）背书转让

1.背书交付

（1）背书交付的内容，是指收款人（持票人）以转让票据权利为目的在汇票上签章并作必要的记载的一种附属票据行为。《票据法》规定的背书定义是：背书是指在票据背面或者粘单上记载有关事项并签章的票据行为。转让人称为背书人，受让人称为被背书人。《票据法》规定，持票人可以将汇票权利转让给他人或者将一定的汇票权利授予他人行使，此种行为应当背书并交付汇票。

（2）背书交付的要求。汇票以背书转让或者以背书将一定的汇票权利授予他人行使时，必须记载被背书人的名称，个人须记本名，单位须记载注册登记的全称，交付票据是背书转让票据行为的结果。

（3）背书的例外。根据《最高人民法院关于审理票据纠纷案件若干问题的规定》及《票据法》的规定，汇票被拒绝承兑、被拒绝付款或者超过付款提示期限的，不得背书转让；背书转让的，背书人应当承担汇票责任。因为此时背书人转让的票据已经不能正常得到付款，背书人的转让行为便包含欺诈成分。当被背书人不能得到付款时，背书人须承担付款责任，并承担持票人受到的其他损失的责任。

2.背书的法律后果

（1）权利的取得。由于被背书人不是收款人，因此在其取得汇票并行使汇票权利时，须按《票据法》的规定证实自己的身份，即背书转让的汇票，背书应当连续。持票人以背书的连续证明其汇票权利。非经背书转让，而以其他合法方式取得汇票的，须依法举证。例如，因继承取得的票据，须持有被继承人死亡证书和继承票据公证书，以证明自己的票据权利；因破产取得票据的，须持有法院的破产裁定书和清算凭证等，以证明自己的票据权利。

（2）背书须连续。《票据法》规定的背书连续是指在票据转让中，转让汇票的背书人与受让汇票的被背书人在汇票上的签章依前后次序衔接。如果中间缺少相连的环节，即构成空白背书，而《票据法》是不承认空白背书的，结果是不能行使汇票权利。

（3）被背书人的责任。背书转让的汇票，后手应当对其直接前手背书的真实性负责。后手是指受让票据人，其直接前手是指转让票据人。《票据法》作此规定是为了使被背书人证实自己的票据权利是从前手中受让而来，来路清晰，不存在背书不连续的瑕疵。

（4）背书人的连带责任。背书人背书转让汇票后，即承担保证其后手所持汇票承兑和付款的责任。在汇票得不到承兑或者付款时，背书人应当向持票人清偿《票据法》规定的金额和费用。此规定是为了保证汇票流通信用的可靠性，保障持票人的利益的连带责任措施。

3.汇票背书转让的限制

付款人或其他债务人为了保证汇票的安全性，可以对持票人的范围和资格作出限制：

（1）依法不得背书转让。出票人在汇票上记载"不得转让"字样的，汇票不得转让；否则，出票人及付款人将有权对非收款人的持票人拒绝承兑或拒绝付款。《最高人民法院关于审理票据纠纷案件若干问题的规定》规定，依照《票据法》第27条的规定，票据的出票人在票据上记载"不得转让"字样，票据持有人背书转让的，背书行为无效。背书转让后的受让人不得享有票据权利，票据的出票人、承兑人对受让人不承担票据责任。

（2）票据权利不得分割。汇票须完整转让，将汇票金额的一部分转让的背书，或将同一张汇票金额分别转让给两人以上的背书无效。

（3）背书不得附有条件。《票据法》规定，背书附有条件的，所附条件不具有汇票上的效力。背书人所记载的任何条件都将被视为无记载，持票人不得请求付款人按此条件承兑或付款，也不得将此条件作为再背书转让的优惠吸引他人接受让与。

（4）背书授权。背书记载"委托收款"字样的，被背书人有权代背书人行使被委托的汇票权利。《联合国国际汇票和国际本票公约》规定背书含有"托收用""存款用""委托代理"等字样的，托收人仅可为托收目的而在票据上背书，并且对票据的任何后手持票人不承担责任。据此判断《票据法》规定背书记载"委托收款"字样的汇票，受托人的票据权利也应限于为受托事项而背书，在此情况下不用承担背书后的票据责任。如果付款人仍然付款的，即构成《票据法》上规定的重大过错付款，付款人须承担相应的法律责任。

（5）不得转让的情形。汇票被拒绝承兑、被拒绝付款或者超过付款提示期限的，不得背书转让；背书转让的，背书人应当承担汇票责任。《票据法》作此规定，是为了促使受到拒绝承兑（付款）者尽快向有关责任者提出追索，而不是转嫁损失，将汇票转让与他人。

（四）承兑

1.承兑的概念

承兑是指汇票付款人承诺在汇票到期日支付汇票金额的票据行为。承兑是汇票特有的制度。汇票是一种出票人委托他人付款的委付证券。但是出票人的出票行为完成之后，由于这是一种单方法律行为，故对付款人并不当然产生约束力，只有在付款人表示愿意向收款人或持票人支付汇票金额后，持票人才可于汇票到期日向付款人行使付款请求权。承兑就是这样一种明确付款人的付款责任、确定持票人票据权利的制度。

2.承兑的程序

（1）提示承兑。提示承兑是指持票人向付款人出示汇票，并要求付款人承诺付款的行为。提示承兑的前提和条件是行使和保全票据权利的手段。《票据法》规定，定日付款或者出票后定期付款的汇票，持票人应当在汇票到期日前向付款人提示承兑。见票后定期付款的汇票，持票人应当自出票日起1个月内向付款人提示承兑。

（2）承兑及承兑期间。付款人对向其提示承兑的汇票，应当自收到提示承兑的汇票之日起3日内承兑或者拒绝承兑。付款人收到持票人提示承兑的汇票时，应当向持票人签发收到汇票的回单。回单上应当记明汇票提示承兑的日期并签章。

（3）承兑格式。关于承兑的格式，《票据法》规定，付款人承兑汇票的，应当在汇票正面记载"承兑"字样和承兑日期并签章；见票后定期付款的汇票，应当在承兑时记载付款日期。另外，汇票上未记载承兑日期的，以付款人收到提示承兑的汇票之日起3日内为承兑日期。付款人决定承兑，并依法记载承兑事项后，应将汇票交还给持票人。

3.承兑的效力

承兑生效后，即对付款人产生相应的效力。《票据法》规定，付款人承兑汇票后，应当承担到期付款的责任。这就是有关承兑效力的规定。这种到期付款的责任是一种绝对责任，表现在：（1）承兑人于汇票到期日必须向持票人无条件地支付汇票上的金额，否则其必须承担迟延付款责任；（2）承兑人必须对汇票上的一切权利人承担责任，该权利人包括付款请求权人和追索权人；（3）承兑人不得以其与出票人之间资金关系来对抗持票人，拒绝支付汇票金额；（4）承兑人的票据责任不因持票人未在法定期限内提示付款而解除。

（五）汇票的保证

1.汇票保证概念

汇票保证，是指汇票除主债务人及连带债务人以外的第三人以承担无条件付款为目的，在汇票上签章及记载必要事项的票据行为。担保汇票付款者称为保证人，被担保的汇票债务人称为被保证人。汇票保证以担保汇票付款增强信用为目的，有利于保障交易安全。

2.汇票保证主体的限制

国家机关、以公益为目的的事业单位、社会团体、企业法人的分支机构和职能部门作为票据保证人的，票据保证无效，但经国务院批准为使用外国政府或者国际经济组织贷款进行转贷，国家机关提供票据保证的，以及企业法人的分支机构在法人书面授权范围内提供票据保证的具有法律效力。

【法律小贴士9-4】《票据法》规定，汇票的保证人只能由"汇票债务人以外的他人担当"。

3.汇票保证的效力

保证人在汇票上签章即构成保证责任，保证人应当与被保证人对持票人承担连带责任，汇票到期后，被保证人为主债务人的，当其不能付款时，持票人有权向保证人请求付款，保证人应当无条件付款；当汇票被付款人拒付时，持票人向连带债务人追索，为被追索的连带债务人担保的保证人承担连带无条件付款责任。保证人清偿汇票债务后，代替被追索的债务人取得汇票权利，可以行使持票人对被保证人及其前手的追索权。

【案例分析9-3】李四从王五处购买价值10万元的货物，为付货款，李四开具了一张票面金额为10万元的汇票交付王五。汇票承兑后，王五将汇票背书转让给赵六，在赵六将汇票背书转让给孙三时，孙三要求赵六提供保证，赵六请王五（前背书人）在票据上保证后，将汇票背书转让给黄二，黄二请求付款时，发现付款人逃匿。

请问：该汇票上的保证是否有效？黄二可向哪些人行使什么权利？

分析提示：保证无效，票据的保证人应由票据债务人之外的他人担任。黄二可以向李四、王五、赵六行使追索权，向赵六要求承担保证责任。

（六）付款

1.付款的概念

付款是指付款人依据票据文义支付票据金额，以消灭票据关系的行为。付款是付款人的行为，这与出票人、背书人等偿还义务的行为不同：前者是支付票据金额的行为，并以消灭票据关系为目的；后者则并不以票据金额为依据而支付，不能引起票据关系的消灭。

2.付款的程序

（1）付款提示是指持票人向付款人或代理人出示汇票，以请求其付款的行为。付款提示的当事人，一方为提示人，另一方为被提示人。提示人通常是持票人，但也可以是受持票人委托的收款银行和票据交换中心。被提示人包括付款人、付款人委托的付款银行以及票据交换中心。

（2）实际付款。持票人依照前条规定提示付款的，付款人必须在当日足额付款。《票据法》采用付款人即时足额付款原则，不允许付款人延期付款、部分付款。付款的标的物通常情况下是人民币。

（3）交回汇票。汇票是交回证券，付款人付款后，持票人应将汇票交给付款人。

【法律小贴士9-5】《票据法》规定，持票人应当按照下列期限提示付款：（1）见票即付的汇票，自出票日起1个月内向付款人提示付款；（2）定日付款、出票后定期付款或者见票后定期付款的汇票，自到期日起10日内向承兑人提示付款。

持票人未按照前款规定期限提示付款的，在作出说明后，承兑人或者付款人仍应当继续对持票人承担付款责任。

通过委托收款银行或者通过票据交换系统向付款人提示付款的，视同持票人提示付款。

（七）追索权

1.汇票票据追索权的法律性质

汇票到期被拒绝承兑或拒绝付款的，持票人可以对背书人、出票人、保证人以及汇票的其他债务人行使追索权。追索权是持票人在第一次请求付款受到拒绝后，按顺序行使的第二次请求权。第一次请求权是请求主债务人付款，这是持票人的基本票据权利。在主债务人拒绝付款或无力付款时，持票人可行使第二次请求权，要求所有在汇票上签名的人中的一人、数人或全体人员，偿付汇票金额。

2.追索权的行使

（1）追索的条件。《票据法》规定，持票人行使追索权时，应当提供被拒绝承兑或者被拒绝付款的有关证明。付款请求权是持票人享有的第一顺序权利，追索权是持票人享有的第二顺序权利，这种权利的行使必须具备汇票原件以及下列任意一个证明文件：承兑人出具的拒绝承兑证明、承兑人或付款人出具的退票理由书、医疗机构出具的死亡证书、司法机关出具的通缉令或法院作出的破产裁定书。只有票据原件和拒绝证明同时具备，才能行使追索权。

（2）拒绝证明的效力。拒绝证明是持票人行使追索权的法律根据之一，没有拒绝证明就不能向除承兑人或付款人以外的连带债务人请求偿还汇票金额。持票人在承兑或付款受到拒绝时，应当注意以下两点：其一，要求承兑人或付款人出具拒绝证明或者退票理由书。其二，承兑人或者付款人不出具拒绝证明或者退票理由书的，应当承担由此产生的民事责任，包括无条件付款的责任。

（3）通知前手。通知是指持票人承兑汇票或请求付款被拒绝时，以及具有其他不能行使请求付款权的情形时，在行使追索权前，将不能行使请求付款权的事实书面告知其前手及所有汇票债务人的一种票据行为。其内容应当记明汇票的主要记载事项，并说明该汇票不能得到付款的情况。《票据法》规定，持票人应当自收到被拒绝承兑或者被拒绝付款的有关证明之日起3日内，将被拒绝事由书面通知其前手；其前手应当自收到通知之日起3日内书面通知其再前手。持票人也可以同时向各汇票债务人发出书面通知，以使汇票连带债务人及时掌握情况，并准备应变措施。未按上述期限通知的，持票人仍可行使追索权。但是，因延期通知给其前手造成损失的，如由于债务人逃亡、隐匿等情况导致无法追索的，由没有按照规定期限通知的汇票当事人承担对该损失的赔偿责任。

3.追索的例外

（1）持票人为出票人的，对其前手无追索权。此时汇票的出票人就是主债务人，银行汇票的主债务人是出票行，商业汇票的主债务人是买卖合同中的买方。根据票据的基础关系，出票人应当承担付款的责任，在他将汇票交付给收款人时就意味着到期要无条件付款。如果收款人背书转让，被背书人也进行了背书转让后，又转让给出票人，出票人只有第一次票据权利请求付款权，没有向其后手追索的第二次票据权利。

（2）持票人为背书人的，对其后手无追索权。这是因为背书人的后手是被背书人，其汇票权利自背书人手中取得，该汇票对背书人来说应当具有充分的汇票权利。当汇票经过若干次转让，又转回背书人手中时，他仍然不能否认自己曾经对该汇票作过的真实性的保证。所以，在行使追索权时应当以其在票据上第一次签章记载确定其前后手位置，不得以最后一次记载的位置行使追索权。

三、本票

（一）本票概述

1.本票的概念

本票是出票人签发的，承诺自己在见票时无条件支付确定的金额给收款人或者持票人的票据。本票是由出票人约定自己付款的一种自付证券，其基本当事人有两个，即出票人和收款人，在出票人之外不存在独立的付款人。在出票人完成出票行为之后，即承担了到期日无条件支付票据金额的责任，不需要在到期日前进行承兑。因此，本票与汇票是不同的。

2.本票的种类

（1）以本票上是否记载本票权利人的方式为标准，可将本票分为记名式本票、指示式本票和无记名式本票。这一分类的各种本票，意义与汇票中同一分类相同，仅是票种票名不同，如记名式本票与记名式汇票的相同处在于均为记名式票据。

（2）以本票上制定的到期日方式为标准，可将本票分为到期本票和远期本票。

（3）以本票的出票人为标准，本票可分为银行本票和商业本票。银行签发的本票为银行本票，其他企事业单位和个人签发的本票为商业本票。

（二）本票的出票

1.本票出票的效力

（1）持票人取得本票权利，对出票人有付款请求权和追索权。本票权利是票据权利，自然包括付款请求权和追索权。

（2）出票人负有直接无条件付款的责任。出票人因出票行为，对持票人负担了直接付款、无条件付款的票据责任。

2.本票出票的记载事项

本票是一种要式证券，因此，《票据法》对本票上记载事项作了明文规定。本票必须记载以下事项：表明"本票"的字样；无条件的支付承诺；确定的金额；收款人名称；出票日期；出票人签章。

本票上未记载上述事项之一的，本票无效。同时，《票据法》要求本票上记载付款地、出票地等事项应当清楚、明确。本票上未记载付款地的，以出票人的营业场所为付款地；本票上未记载出票地的，以出票人的营业场所为出票地。

（三）本票行为的法律规范

本票行为包括出票、背书、保证、付款及追索权的行使等，其基本法律规定同汇票。另外，《票据法》及有关法规还规定，本票的出票人必须具有支付本票金额的可靠资金来源，并保证支付；本票的出票人限于经中国人民银行批准办理本票业务的银行机构；本票出票人在持票人提示见票时，必须承担付款责任；本票的付款期限自出票日起最长不得超过2个月；本票的持票人未按照规定提示见票的，丧失对出票人以外的前手的追索权。

四、支票

（一）支票概述

1.支票的概念

支票是出票人委托银行或者其他金融机构见票时无条件支付一定金额给收款人或者持票人的票据。支票的基本当事人有3个：出票人、付款人和收款人。支票是一种委付证券，与汇票相同，与本票不同。

支票与汇票和本票相比，有两个显著的特点：（1）以银行或者其他金融机构作为付款人；（2）见票即付。

2.支票的种类

依不同的分类标准，可以对支票作不同的分类，如记名支票、无记名支票、指示支票、对己支票、指己支票、受付支票、普通支票、特殊支票等。《票据法》按照支付票款方式，将支票分为普通支票、现金支票和转账支票。

（1）普通支票。该种支票未印有"现金"或"转账"字样，既可以用来支取现金，亦可用来转账。根据《票据法》的规定，普通支票用于转账时，应当在支票正面注明，即在普通支票左上角画两条平行线。有该画线标志的支票，亦称为画线支票，画线支票只能用于转账，不得支取现金。

（2）现金支票。《票据法》规定，支票中专门用于支取现金的，可以另行制作现金支票，现金支票只能用于支取现金。

（3）转账支票。《票据法》规定，支票中专门用于转账的，可以另行制作转账支票，转账支票只能用于转账，不得支取现金。

在实践中，我国一直采用的是现金支票和转账支票，没有普通支票。为了方便当事人，并借鉴国外的方法经验，《票据法》规定了普通支票的形式。

（二）支票的出票

1.支票出票的条件

支票的出票除应遵循《票据法》及对汇票相关行为的有关规定外，还必须遵守以下规定：

（1）开立支票存款账户，申请人必须使用其本名，并提交证明其身份的合法证件。账户开立和支票领用应当有可靠的资信，并存入一定的资金。开立支票存款账户，申请人应当预留其本名的签名式样和印鉴。

（2）支票的出票人所签发的支票金额不得超过其付款时在付款人处实有的存款金额。出票人签发的支票金额超过其付款时在付款人处实有的存款金额的，为空头支票。禁止签发空头支票。支票的出票人不得签发与其预留本名的签名式样或者印鉴不符的支票。

2.支票的记载事项

支票具有要式性，它必须具有《票据法》规定的要件才能生效。根据《票据法》的规定，支票必须记载下列事项：表明"支票"的字样；无条件支付的委托；确定的金额；付款人名称；出票日期；持票人签章。

《票据法》还规定，支票上的金额可以由出票人授权补记，未补记前的支票，不得使用；支票上未记载收款人名称的，经出票人授权可以补记；支票上未记载付款地的，出款人的营业场所为付款地；支票上未记载出票地的，出票人的营业场所、住所或者经常居住地为出票地；出票人可以在支票上记载自己为收款人；支票付款人为支票上记载的出票人开户银行。

（三）支票的付款

1.提示时间

支票的持票人应当自出票日起10日内提示付款。异地使用的支票，其提示付款的期限由人民银行另行规定。超过提示付款期限提示付款的，付款人可以不予付款；付款人不予付款的，出票人仍应对持票人承担票据责任。

2.支付

支票限于见票即付，不得另行记载付款日期。另行记载付款日期的，该记载无效。出票人必须按照签发的支票金额承担保证向该持票人付款的责任。出票人在付款人处的存款足以支付支票金额时，付款人应当在当日足额付款。

3.付款责任的解除

付款人依法支付支票金额的，对出票人不再承担委托付款责任，对持票人不再承担付款的责任。但是，付款人以恶意或者有重大过失付款的除外。

五、违反票据法的法律责任

（一）票据欺诈行为的法律责任

票据欺诈属于金融欺诈的一种，是利用票据进行欺诈活动的行为。

有下列票据欺诈行为之一的，依法追究刑事责任：（1）伪造、变造票据的；（2）故意使用伪造、变造票据的；（3）签发空头支票或者故意签发与其预留的本名签名式样或者印鉴不符的支票，骗取财物的；（4）签发无可靠资金来源的汇票、本票，骗取资金的；（5）汇票、本票的出票人在出票时作虚假记载，骗取财物的；（6）冒用他人的票据，或者故意使用过期或者作废的票据，骗取财物的；（7）付款人同出票人、持票人恶意串通，实施前6项所列行为之一的。有上述行为之一，情节轻微，不构成犯罪的，依照国家有关规定给予行政处罚。

（二）金融机构工作人员违法行为的法律责任

金融机构工作人员在票据业务中玩忽职守，对违反《票据法》有关规定的票据予以承兑、付款或者保证的，给予处分；造成重大损失，构成犯罪的，依法追究刑事责任。由于金融机构工作人员上述行为给当事人造成损失的，由该金融机构和直接责任人员依法承担赔偿责任。

（三）票据付款人违法行为的法律责任

票据付款人对见票即付或者到期的票据故意压票，拖延支付的，由金融机构的行政管理部门予以罚款，对直接责任人员予以处分。付款人的上述行为给持票人或者他人造成损失的，依法承担赔偿责任。

第五节　证券法

一、证券和证券法概述

（一）证券的概念和种类

1.证券的概念和特征

证券是指载有一定金额的、代表财产所有权或债权的一种证书。它既是现代社会的一种金融商品，又是一种融资工具，是金融资产的体现。

证券有广义和狭义之分。广义的证券包括有价证券与证据证券。有价证券根据其所代表的财产所有权的经济性质的不同，可分为货币证券、财物证券和资本证券。货币证券主要是汇票、支票和本票；财物证券主要是栈单、提货单和货运单；资本证券主要是股票、债券、投资基金等。证据证券根据证明的内容不同，可分为借据、收据和保险单等。狭义的证券仅指资本证券，如股票、债券和投资基金，它是资金需求者通过直接融资方式从资金供应者处直接或间接获得资金后，向资金提供者签发的凭证。

《证券法》中的证券与其他证券相比，具有以下特征：

（1）证券是一种投资凭证。它是证明投资者投资和投资权利的载体，投资者依据它可以享有其代表的一切权利。

（2）证券是一种权益凭证。它是投资者获得相应收益的凭据。

（3）证券是一种可转让的权利凭证。证券持有人可以随时依法转让所持有的证券，实现其自身利益。

（4）证券是一种要式凭证。它必须依法设置，依照法律或行政法规规定的形式、内容、格式与程序制作、签发。

2.证券的种类

《证券法》中规定的证券包括股票、债券、证券投资基金和国务院依法认定的其他证券。

（1）股票。股票是股份公司发行的，用以证明投资者的股东身份和权益，并据以获得股息和红利的凭证。简言之，股票是股份有限公司发行的、证明股东按其所持股份享有权利和承担义务的凭证。以电子和通信技术为载体的无纸化股票成为现今股票的主要形式。股票具有收益性、流通性、非返还性和风险性等特点，并可按不同标准分为：普通股和优先股；国有股、法人股和社会公众股；人民币普通股（A股）、境内上市外资股（B股）和境外上市外资股（H股、N股、S股）。

（2）债券。债券包括公司债券、政府债券和金融债券。

（3）证券投资基金。证券投资基金是基金投资人持有基金单位的凭证。证券投资基金是一种利益共享、风险共担的集合证券投资方式，即通过发行基金单位，集中投资者的资金，由基金托管人托管，由基金管理人管理和运用资金，从事股票、债券等金融工具投资。根据基金单位是否可以增加或赎回，可分为开放式基金和封闭式基金。

（二）证券法概述

《证券法》首次颁布于1998年，于2004年、2005年、2013年、2014年和2019年进行了三次修正和二次修订，即两次"大修"和三次"小修"。

1.证券法的调整对象

证券法是规定证券的种类及证券在一级市场的发行和二级市场的交易中所产生的社会关系的法律规范的总称。证券法的概念有广义和狭义之分。广义的证券法是指包括票据法和投资证券法在内的现代证券法。狭义的证券法是指某一特定的证券法律规范，即以特定范围内的有价证券为调整对象的证券法律规范。本教材所述的证券法仅指狭义上的证券法。

2.证券法的基本原则

证券法的基本原则是证券法基本精神的体现，贯穿证券发行、交易、管理以及证券立法、执法和司法的始终，在证券法体系中具有最高的效力，证券法的具体制度是证券法基本原则的表现形式。证券法的基本原则包括：

（1）公开原则，又称公示原则，也就是信息披露制度，它是指在证券发行和交易过程中，证券发行人和其他有关当事人，必须依法及时、准确地向社会公众披露能够影响投资者作出投资决定的一切信息资料。也就是说，投资者只有在获得全面、准确和完整信息的基础上，才能够为自己作出的投资选择承担风险。

（2）公平原则，是指在证券发行和交易活动中，投资人、发行人、证券商和证券专业服务机构等市场主体的法律地位平等，即平等地享受权利和承担义务，公平地开展竞争，合法权益受到公平保护。

（3）公正原则，是指在证券市场中，立法者应制定公正的规则，司法和管理者应该按照这一规则公正地执行法律，对于一切被监管者予以公正待遇。

除此之外，证券市场也应当遵守民法中的自愿、等价有偿、诚实信用原则。

二、证券发行与承销

（一）证券发行概述

证券发行，是指证券发行人依照法定程序将自己的证券出售或交付给投资者的行为。按不同的标准，证券发行可以划分为以下几类：依证券发行对象是否特定可分为公募发行和私募发行；依证券种类可分为股票发行和债券发行；依证券发行是否通过证券承销机构可分为直接发行和间接发行；依证券发行目的可分为设立发行和增资发行；依证券发行价格与证券票面金额或贴现金额的关系可分为平价发行、溢价发行和折价发行。

【法律小贴士9-6】公开发行证券必须符合法律、行政法规规定的条件，并依法报经国务院证券监督管理机构或者国务院授权的部门核准；未经依法核准，任何单位和个人不得公开发行证券。证券发行注册制的具体范围、实施步骤由国务院规定。有下列情形之一的，为公开发行：（1）向不特定对象发行证券的；（2）向特定对象发行证券累计超过200人的；（3）法律、行政法规规定的其他发行行为。非公开发行证券不得采用广告、公开劝诱和变相公开发行方式。

（二）证券承销制度

证券承销是指证券公司等证券经营机构依照承销协议包销或者代销发行人所发行的股票和债券或其他投资证券的行为。证券承销方式有两种：证券代销和证券包销。证券代销是指证券公司代发行人发售证券，在承销期结束时，将未售出的证券全部退还给发行人的承销方式。证券包销是指证券经营机构将发行人的证券按照协议全部购入或者在承销期结束后将售后剩余证券全部自行购入的承销方式。证券包销的发行风险归属于证券经营机构，它是我国目前证券承销所采用的主要承销方式，不仅适用于股票发行，也适用于公司债券的发行。证券包销分为全额包销和余额包销两种。全额包销是指证券经营机构以自己拥有的资产一次性全部买进证券发行人发行的证券，再以唯一的销售者身份，以市场价格向公众发售的销售方式。余额包销是指证券经营机构在承销期结束时将售后剩余证券全部自行购入的承销方式。

【法律小贴士9-7】《证券法》第27条规定，公开发行证券的发行人有权依法自主选择承销的证券公司。

《证券法》第28条规定，证券公司承销证券，应当同发行人签订代销或者包销协议，载明下列事项：（1）当事人的名称、住所及法定代表人姓名；（2）代销、包销证券的种类、数量、金额及发行价格；（3）代销、包销的期限及起止日期；（4）代销、包销的付款方式及日期；（5）代销、包销的费用和结算办法；（6）违约责任；（7）国务院证券监督管理机构规定的其他事项。

《证券法》第29条规定，证券公司承销证券，应当对公开发行募集文件的真实性、准确性、完整性进行核查；发现有虚假记载、误导性陈述或者重大遗漏的，不得进行销售活动；已经销售的，必须立即停止销售活动，并采取纠正措施。证券公司承销证券，不得有下列行为：（1）进行虚假的或者误导投资者的广告宣传或者其他宣传推介活动；（2）以不正当竞争手段招揽承销业务；（3）其他违反证券承销业务规定的行为。证券公司有前款所列行为，给其他证券承销机构或者投资者造成损失的，应当依法承担赔偿责任。

《证券法》第30条规定，向不特定对象发行证券聘请承销团承销的，承销团应当由主承销和参与承销的证券公司组成。

《证券法》第31条规定，证券的代销、包销期限最长不得超过90日。

证券公司在代销、包销期内，对所代销、包销的证券应当保证先行出售给认购人，证券公司不得为本公司预留所代销的证券和预先购入并留存所包销的证券。

三、证券上市与交易制度

（一）证券上市

证券上市是发行人发行的有价证券，依据法定的条件和程序，在证券交易所集中竞价交易的行为。

申请证券上市交易，应当向证券交易所提出申请，由证券交易所依法审核同意，并由双方签订上市协议。

证券交易所根据国务院授权的部门的决定安排政府债券上市交易。

申请证券上市交易，应当符合证券交易所上市规则规定的上市条件。证券交易所上市规则规定的上市条件，应当对发行人的经营年限、财务状况、最低公开发行比例和公司治理、诚信记录等提出要求。

上市交易的证券，有证券交易所规定的终止上市情形的，由证券交易所按照业务规则终止其上市交易。

证券交易所决定终止证券上市交易的，应当及时公告，并报国务院证券监督管理机构备案。

对证券交易所作出的不予上市交易、终止上市交易决定不服的，可以向证券交易所设立的复核机构申请复核。

（二）证券交易

证券交易条件是指在证券市场上公开进行交易的证券必须符合法律规定的相关条件才能买卖。证券交易条件主要包括：（1）证券交易当事人依法买卖的证券，必须是依法发行并交付的证券。非依法发行的证券不得买卖。（2）依法发行的证券，《公司法》和其他法律对其转让期限有限制性规定的，在限定的期限内不得转让。（3）公开发行的证券，应当在依法设立的证券交易所上市交易或者在国务院批准的其他全国性证券交易场所交易。（4）证券在证券交易所上市交易，应当采用公开的集中交易方式或者国务院证券监督管理机构批准的其他方式。

（三）禁止的交易行为

禁止证券交易内幕信息的知情人和非法获取内幕信息的人利用内幕信息从事证券交易活动。证券交易活动中，涉及发行人的经营、财务或者对该发行人证券的市场价格有重大影响的尚未公开的信息，为内幕信息。证券交易内幕信息的知情人和非法获取内幕信息的人，在内幕信息公开前，不得买卖该公司的证券，或者泄露该信息，或者建议他人买卖该证券。

此外，《证券法》还规定，禁止任何人以非法手段操纵证券市场，影响或者意图影响证券交易价格或者证券交易量。禁止任何单位和个人编造、传播虚假信息或者误导性信息，扰乱证券市场。

（四）信息披露

发行人及法律、行政法规和国务院证券监督管理机构规定的其他信息披露义务人，应当及时依法履行信息披露义务。信息披露义务人披露的信息应当真实、准确、完整，简明清晰，通俗易懂，不得有虚假记载、误导性陈述或者重大遗漏。证券同时在境内、境外公开发行、交易的，其信息披露义务人在境外披露的信息，应当在境内同时披露。

上市公司、公司债券上市交易的公司、股票在国务院批准的其他全国性证券交易场所交易的公司，应当按照国务院证券监督管理机构和证券交易场所规定的内容和格式编制定期报告，并按照以下规定报送和公告：

（1）在每一会计年度结束之日起4个月内，报送并公告年度报告，其中的年度财务会计报告应当经符合规定的会计师事务所审计；

（2）在每一会计年度的上半年结束之日起2个月内，报送并公告中期报告。

发生可能对上市公司、股票在国务院批准的其他全国性证券交易场所交易的公司的股票交易价格产生较大影响的重大事件，投资者尚未得知时，公司应当立即将有关该重大事件的情况向国务院证券监督管理机构和证券交易场所报送临时报告，并予以公告，说明事件的起因、目前的状态和可能产生的法律后果。

发生可能对上市交易公司债券的交易价格产生较大影响的重大事件，投资者尚未得知时，公司应当立即将有关该重大事件的情况向国务院证券监督管理机构和证券交易场所报送临时报告，并予以公告，说明事件的起因、目前的状态和可能产生的法律后果。

（五）投资者保护

根据财产状况、金融资产状况、投资知识和经验、专业能力等因素，投资者可以分为普通投资者和专业投资者。专业投资者的标准由国务院证券监督管理机构规定。普通投资者与证券公司发生纠纷的，证券公司应当证明其行为符合法律、行政法规以及国务院证券监督管理机构的规定，不存在误导、欺诈等情形。证券公司不能证明的，应当承担相应的赔偿责任。

证券公司向投资者销售证券、提供服务时，应当按照规定充分了解投资者的基本情况、财产状况、金融资产状况、投资知识和经验、专业能力等相关信息；如实说明证券、服务的重要内容，充分揭示投资风险；销售、提供与投资者上述状况相匹配的证券、服务。

投资者在购买证券或者接受服务时，应当按照证券公司明示的要求提供前款所列真实信息。拒绝提供或者未按照要求提供信息的，证券公司应当告知其后果，并按照规定拒绝向其销售证券、提供服务。

证券公司违反法律规定导致投资者损失的，应当承担相应的赔偿责任。

四、证券监督管理制度

（一）证券监管概述

1.证券监管的概念

证券监管是指监管机构依据证券法规，对证券发行、交易和服务活动实施的监督与管理。证券监管制度就是关于证券监管机构对证券发行、交易与服务活动实施监督管理的一系列规范的总称。它包括证券监管的目标和原则、证券监管体制、证券监管机构的性质、职责权限、法律责任以及证券监管的国际合作等。

2.证券监管的原则

证券监管原则是指证券监管活动本身应当遵循的基本准则。它贯穿于证券监管活动的始终，对证券监管行为具有指导性作用，有助于保障证券监管目标的实现。证券监管原则主要包括依法监管原则、适当监管原则、效率原则、自律管理与政府监管相结合原则等。

（二）证券监督管理机构的职责

（1）依法制定有关证券市场监督管理的规章、规则。证券市场要规范化、法治化，仅有《证券法》是不够的，还需要一系列配套的行政法规和部门规章以及各种规则。同时，证券监管机构要依法监督管理证券市场，也必须通过制定规章和准则来实现，但前提是必须依法制定，不能超越立法权限。

（2）依法行使审批或者核准权。根据《证券法》的规定，证券公司的设立、变更、终止，在境外设立、收购或者参股证券经营机构，为客户买卖证券提供融资融券服务；证券登记结算机构的设立、解散等均须经国务院证券监管机构审核批准。

（3）依法对证券的发行、交易、登记、存管、结算进行监督管理。《证券法》对证券的发行、交易、登记、存管、结算等环节均有详尽的规定。为维护证券市场的秩序，《证券法》赋予证券监管机构在证券发行与交易诸环节中的监管职责。

（4）依法对证券发行人、上市公司、证券公司、证券投资基金管理公司、证券服务机构、证券交易所、证券登记结算机构的证券业务活动，进行监督管理。

（5）依法监督检查证券发行、上市和交易的信息公开情况。信息公开有利于提高证券市场的透明度，从而有利于保护证券投资者。为保证证券发行、上市、交易的信息公开，并做到及时、真实、准确，使投资者得到平等的信息获取机会和交易机会，国务院证券监督管理机构负有依法监督检查证券发行、上市和交易的信息公开情况的职责。

【法律小贴士9-8】《证券法》第191条规定，证券交易内幕信息的知情人或者非法获取内幕信息的人违反规定从事内幕交易的，责令依法处理非法持有的证券，没收违法所得，并处以违法所得1倍以上10倍以下的罚款；没有违法所得或者违法所得不足50万元的，处以50万元以上500万元以下的罚款。单位从事内幕交易的，还应当对直接负责的主管人员和其他直接责任人员给予警告，并处以20万元以上200万元以下的罚款。国务院证券监督管理机构工作人员从事内幕交易的，从重处罚。

（6）依法对违反证券市场监督管理法律、行政法规的行为进行查处。

（7）法律、行政法规规定的其他职责。

随着我国证券市场的对外开放，证券监管的国际合作问题日益突出。新修订的《证券法》适应我国证券市场发展的趋势，规定国务院证券监督管理机构可以和其他国家或者地区的证券监督管理机构建立监督管理合作机制，实施跨境监督管理。

【案例分析9-4】戴某在担任甲上市公司董事期间，利用甲上市公司与乙上市公司进行资产重组，乙上市公司主营业务将要发生重大变化这一信息，于2020年11月18日至20日期间，在某证券公司营业部投入资金350万元，以平均6元的价格买入乙上市公司股票80万股，信息公开后以每股7元的价格全部卖出，共计获利80万元。同年12月，甲上市公司与乙上市公司相继公告进行了资产重组的信息。

请问：戴某的行为是否合法？

分析提示：戴某的行为属于利用内部信息进行证券交易、非法获利的行为。根据《证券法》的规定，证券交易内幕的知情人在内幕信息公开前，不得买入和卖出该公司的证券。

自测题

第九章单项选择题　　　　　　　　　　　第九章多项选择题

思考题与案例分析

一、简答题

1. 中国人民银行的主要职能有哪些？
2. 商业银行的设立条件是什么？
3. 票据的功能有哪些？
4. 简述证券的概念和特征。
5. 《证券法》的基本原则是什么？
6. 简述从票据行为。

二、论述题

1. 论述中国人民银行的业务范围。
2. 论述票据抗辩权。
3. 论述证券上市与交易制度。

三、案例分析题

刘晓斌在佰维存储成立之初即加入公司，2015年成为公司股东之一。自2016年起，刘晓斌担任公司董事、副总经理。刘晓斌作为核心管理人员，知道该公司自2015年起一直希望通过IPO或并购重组上市。2017年7月底，刘晓斌在该公司董事会秘书办公桌上见到过"贝斯特"的宣传册，并因工作关系获知了孙某欣等人去无锡等事宜。

在内幕信息敏感期内，刘晓斌与内幕信息知情人孙某欣、卢某丰联络接触，并利用

"刘某燕""刘某鹏"的证券账户买入"贝斯特"股票，金额3 096 554元；上述交易资金来源于刘晓斌，均为内幕信息敏感期内转入；两证券账户都存在成交金额明显放大等异常情形。内幕信息公开后，"刘某燕""刘某鹏"的证券账户卖出"贝斯特"股票，没有违法所得。

以上违法事实，有"贝斯特"相关说明、公告，相关人员询问笔录，证券账户资料、资金流水，相关人员通信记录等证据证明。在河南省证监局调查过程中，刘晓斌积极配合调查。

根据当事人违法行为的事实、性质、情节与社会危害程度，依据《证券法》的规定，河南省证监局决定：对刘晓斌处以6万元罚款。

问题：本案是否符合内幕信息的特征？河南省证监局的处罚依据是什么？

会计法和审计法

了解我国会计、审计相关立法；掌握会计法和审计法的基本原则和规则；对会计核算、会计监督、审计的职责和权限及法律责任有一定的了解。

知晓制定《会计法》和《审计法》的目的是提高经济效益，维护社会主义市场经济秩序，维护国家财政经济秩序，提高财政资金使用效益，促进廉政建设，保障国民经济和社会健康发展；正确理解和运用《会计法》和《审计法》法律知识，培养公民意识和社会责任感。党的二十大报告提出，"教育引导广大党员、干部增强不想腐的自觉，清清白白做人、干干净净做事，使严厉惩治、规范权力、教育引导紧密结合、协调联动，不断取得更多制度性成果和更大治理效能"。

【引导案例】

2022年2月，时任某连锁酒店（有限责任公司）法定代表人、总经理的武某以经营规模扩大、办公场地不足为由，要求财务部等部门压缩办公空间，并特地要求会计人员刘某将该连锁酒店2012—2018年所有会计凭证、会计账簿、财务会计报告等放置到不具备存储条件的地下车库当中。会计刘某不同意，但武某执意要搬。刘某要求武某出具证明字据，武某在公司财务写的情况说明材料上出具情况属实的意见并签名。签署意见后会计刘某将2012—2018年所有会计凭证、会计账簿、财务会计报告等资料进行了打包装箱，将之放在地下车库中。2022年7月，在未经得相关职能部门许可鉴证的情况下，上述财务资料被武某以潮湿腐烂为由，作为废纸出售，并被运到造纸厂打成纸浆。经司法会计鉴定，该财务会计资料涉案金额为48 830 627.02元。

问题：武某的行为违反了会计法律制度的哪些规定？应该如何处罚？

第一节　会计法

一、会计法概述

（一）会计法的概念

会计是以货币为主要计量单位，采用一系列专门的方法和程序，对经济交易或事项进行连续、系统、综合的核算和监督，提供经济信息，参与预测决策的一种管理活动。它是管理和监督经济的一种活动，是经济管理的重要组成部分。

会计法是调整会计关系的法律规范的总称。会计关系是指会计机构和会计人员在办理会计事务过程中发生的经济关系。在一个单位中，会计关系的主体是会计机构和会计人员，客体是与会计工作相关的各种事务。会计法调整的会计关系具有以下特征：一是以货币为计量单位作为统一计量或衡量的尺度；二是根据会计凭证，按照规定的会计程序，系统全面地、真实准确地、连续地记录和反映经济活动和财务收支情况；三是有一套专门的分析、核算、检查、监督的方法。

（二）会计法的制定

为了规范会计行为，保证会计资料真实、完整，加强经济管理和财务管理，提高经济效益，维护社会主义市场经济秩序，我国在1985年1月21日第六届全国人民代表大会常务委员会第九次会议上通过并公布了《中华人民共和国会计法》（以下简称《会计法》），1993年12月、1999年10月、2017年11月全国人民代表大会常务委员会对该法进行了修正。2024年1月5日，国务院总理李强主持召开国务院常务会议，讨论《中华人民共和国会计法（修正草案）》。

除了《会计法》之外，我国还颁布了一系列与会计有关的法律、法规，如《中华人民共和国注册会计师法》《企业财务会计报告条例》《总会计师条例》《企业会计准则》等。

（三）会计法的适用范围

国家机关、社会团体、公司、企业、事业单位和其他组织（以下统称单位）必须依照《会计法》办理会计事务。个体工商户会计管理的具体办法，由国务院财政部门根据《会计法》的原则另行规定。也就是说，个体工商户不在《会计法》适用范围之内。

（四）会计法的基本原则

1.各单位必须依法办理会计事务

根据《会计法》的规定，单位办理会计事务必须依照《会计法》的规定进行。无论何种单位，在进行独立核算、独立记载经济业务、独立办理会计事务时，必须依照《会计法》的规定进行。

2.各单位必须依法设置会计账簿，并保证其真实、完整

根据《会计法》的规定，国家机关、社会团体、公司、企业、事业单位和其他组织都必须依法设置会计账簿，并保证其真实、完整。会计账簿是指具备一定格式，用以记载各项经济业务的账册。会计账簿是重要的会计信息，它既是编制会计报表的主要依

据，也是审计工作的重要依据，各单位必须依法设置。

3.单位负责人对本单位的会计工作和会计资料的真实性、完整性负责

根据《会计法》的规定，单位负责人既要对本单位的会计工作负责，也要对本单位保存和提供的会计资料的真实性、完整性负责。对本单位的会计工作负责，是指对本单位的会计工作负领导责任，即要领导本单位的会计机构、会计人员和其他有关人员认真执行《会计法》，按照国家规定组织好本单位的会计工作，支持本单位的会计机构和会计人员依法独立开展会计工作，并保障会计人员的职权不受侵犯。对本单位的会计资料的真实性和完整性负责，即要保证本单位的会计资料不存在弄虚作假、隐瞒等情况。

4.会计机构、会计人员依法进行会计核算，实行会计监督

会计机构和会计人员应依照《会计法》的规定进行会计核算，实行会计监督。任何单位或者个人不得以任何方式授意、指使、强令会计机构、会计人员，伪造、变造会计凭证、会计账簿和其他会计资料，提供虚假财务会计报告。任何单位或者个人不得对依法履行职责、抵制违反《会计法》规定行为的会计人员进行打击报复。

5.加强会计人员职业道德教育

用人单位加强会计人员职业道德教育，对认真执行《会计法》、作出显著成绩的会计人员，给予精神的或物质的奖励；将遵守职业道德情况作为评价、选用会计人员的重要标准。《会计人员职业道德规范》内容如下：

（1）坚持诚信，守法奉公。牢固树立诚信理念，以诚立身、以信立业，严于律己、心存敬畏。学法知法守法，公私分明、克己奉公，树立良好职业形象，维护会计行业声誉。

（2）坚持准则，守责敬业。严格执行准则制度，保证会计信息真实完整。勤勉尽责、爱岗敬业，忠于职守、敢于斗争，自觉抵制会计造假行为，维护国家财经纪律和经济秩序。

（3）坚持学习，守正创新。始终秉持专业精神，勤于学习、锐意进取，持续提升会计专业能力。不断适应新形势新要求，与时俱进、开拓创新，努力推动会计事业高质量发展。

《会计法》突出了对认真执行本法、忠于职守、坚持原则、作出显著成绩的会计人员，给予精神或物质奖励的基本精神。具体奖励办法和标准由各地区、部门、单位根据实际情况灵活掌握。

二、会计管理体制

（一）主管部门

国务院财政部门主管全国的会计工作。县级以上地方各级人民政府财政部门管理本行政区域的会计工作。单位负责人对本单位的会计工作负责。

（二）会计制度

国家实行统一的会计制度。国家统一的会计制度由国务院财政部门根据《会计法》制定并公布。

国务院有关部门可以依照《会计法》和国家统一的会计制度制定对会计核算和会计监督有特殊要求的行业实施国家统一的会计制度的具体办法或者补充规定，报国务院财

政部门审核批准。

中央军委后勤保障部可以依照《会计法》和国家统一的会计制度制定军队实施国家统一的会计制度的具体办法，报国务院财政部门备案。

（三）会计机构和会计人员

1.会计机构和会计人员的设置

根据《会计法》的规定，各单位应当根据会计业务的需要，设置会计机构，或者在有关机构中设置会计人员并指定会计主管人员；不具备设置条件的，应当委托经批准设立从事会计代理记账业务的中介机构代理记账。

国有大中型企业和国有资产占控股地位或者主导地位的大中型企业必须设置总会计师。总会计师的任职资格、任免程序、职责权限由国务院规定。

会计人员应当具备从事会计工作所需要的专业能力。担任单位会计机构负责人（会计主管人员）的，应当具备会计师以上专业技术职务资格或者从事会计工作3年以上经历。会计人员的范围由国务院财政部门规定。

会计人员应当遵守职业道德，提高业务素质，对会计人员的教育和培训工作应当加强。

2.会计人员的工作交接

根据《会计法》的规定，会计人员调动工作或者离职，必须与接管人员办清交接手续。一般会计人员办理交接手续，由会计机构负责人（会计主管人员）监交；会计机构负责人（会计主管人员）办理交接手续，由单位负责人监交，必要时主管单位可以派人会同监交。

3.稽核制度

稽核制度是会计机构对会计核算工作进行的一种自我检查及审核工作，以此提高会计核算工作的质量，是做好会计核算工作的重要保障。

《会计法》规定，会计机构内部应当建立稽核制度。出纳人员不得兼任稽核、会计档案保管以及收入、支出、费用、债权债务账目的登记工作。

4.会计机构和会计人员的主要职责

依法进行会计监督和核算；拟订本单位办理会计事务的具体办法；参与拟订经济计划、业务计划，考核、分析、预算财务计划的执行情况；办理其他会计事务。

三、会计核算

（一）会计核算的概念

会计核算是会计工作的基本职能之一，是会计工作的重要环节，具体是指以货币为主要计量单位，运用专门的会计方法，对生产经营活动或者预算执行过程及其结果进行连续、系统、全面的记录、分析、计算，定期编制并提供财务会计报告和其他一系列内部管理所需会计资料，为经营决策和宏观经济管理提供依据的一项会计活动。加强会计核算、充分发挥会计核算职能是《会计法》所要解决的核心问题之一。

（二）会计核算的一般要求

各单位应当按照《会计法》和国家统一会计制度的规定建立会计账册，进行会计核算，及时提供合法、真实、准确、完整的会计信息。

（1）各单位发生的下列事项，应当及时办理会计手续、进行会计核算：①款项和有价证券的收付；②财物的收发、增减和使用；③债权债务的发生和结算；④资本、基金的增减；⑤收入、支出、费用、成本的计算；⑥财务成果的计算和处理；⑦其他需要办理会计手续、进行会计核算的事项。

（2）各单位的会计核算应当以实际发生的经济业务为依据，按照规定的会计处理方法进行，保证会计指标的口径一致、相互可比和会计处理方法的前后各期相一致。

（3）会计年度自公历1月1日起至12月31日止。

（4）会计核算以人民币为记账本位币。业务收支以外国货币为主的单位，也可以选定某种外国货币作为记账本位币，但是编制的会计报表应当折算为人民币反映。境外单位向国内有关部门编报的会计报表，应当折算为人民币反映。

（5）各单位根据国家统一会计制度的要求，在不影响会计核算要求、会计报表指标汇总和对外统一会计报表的前提下，可以根据实际情况自行设置和使用会计科目。行政事业单位会计科目的设置和使用，应当符合国家统一行政事业单位会计制度的规定。

（6）会计凭证、会计账簿、会计报表和其他会计资料的内容和要求必须符合国家统一会计制度的规定，不得伪造、变造会计凭证和会计账簿，不得设置账外账，不得报送虚假会计报表。

（7）各单位对外报送的会计报表格式由财政部统一规定。

（8）实行会计电算化的单位，所使用的会计软件及其生成的会计凭证、会计账簿、会计报表和其他会计资料，应当符合财政部关于会计电算化的有关规定。

（9）各单位的会计凭证、会计账簿、会计报表和其他会计资料，应当建立档案，妥善保管。会计档案建档要求、保管期限、销毁办法等依据《会计档案管理办法》的规定进行。实行会计电算化的单位，有关电子数据、会计软件资料等应当作为会计档案进行管理。

（10）会计记录的文字应当使用中文，少数民族自治地区可以同时使用少数民族文字，中国境内的外商投资企业、外国企业和其他外国经济组织也可以同时使用某种外国文字。

（三）会计核算的内容

1.款项和有价证券的收付

款项是作为支付手段的货币资金，主要包括现金、银行存款，以及其他视同现金和银行存款使用的外埠存款、银行汇票存款、银行本票存款、在途货币资金、信用证存款、保函押金和各种备用金等。有价证券是指表示一定财产权或支配权的证券，如国库券、股票、企业债券和其他债券等。款项和有价证券是单位的资产，也是流动性最强的资产。款项和有价证券的核算具有高度的流动性，加强对款项和有价证券的管理和控制十分重要。如果款项和有价证券收付环节出现问题，不仅会使单位款项和有价证券受损，更直接影响单位货币资金的供应，从而影响单位生产经营活动。各单位必须按照国家统一的会计制度的规定，及时、如实地核算款项和有价证券的收付及结存，加强内部控制和监督管理，保证单位货币资金的流通性、安全性，提高货币资金的使用效率。

2.财物的收发、增减和使用

财物是单位财产和物资的简称，是反映一个单位进行或维持经营管理活动、具有实物形态的经济资源，一般包括原材料、燃料、包装物、低值易耗品、在产品、商品等流动资产和房屋、建筑物、机器、设备、设施、运输工具等。财物的收发、增减和使用是会计核算中的经常性业务，也是发挥会计在控制和降低成本、保证财物安全完整、防止资产流失等方面的重要内容。各单位必须加强对单位财物收发、增减和使用环节的管理，严格按照国家统一的会计制度的规定进行核算，维护单位正常的生产经营秩序。

3.债权债务的发生和结算

债权是单位收取款项的权利，一般包括各种应收和预付款项等。债务则是指单位承担的、能以货币计量的、需要以资产或劳务偿付的义务，一般包括各项借款、应付和预收款项以及应交款项等。债权债务是单位日常生产经营和业务活动中大量发生的经济业务事项。由于债权债务的发生和结算涉及本单位与其他单位或其他有关方面的经济利益，关系到单位自身的资金周转，影响单位的生产经营活动和业务活动，各单位必须加强对债权债务的核算，及时、真实、完整地核算和反映单位债权债务，防范非法行为的发生。

4.资本、基金的增减

资本是投资者为开展生产经营活动而投入的本钱。基金是各单位按照法律、行政法规的规定而设置或筹集的具有某些特定用途的专项资金，如政府基金、社会保险基金、教育基金等。资本、基金的利益关系人比较明确，用途也基本确定。办理资本、基金增减会计核算的政策性强，一般都应以具有法律效力的合同、协议、董事会决议或政府部门的有关文件等为依据。各单位必须以国家统一的会计制度的规定和具有法律效力的文书为依据进行核算。

5.收入、支出、费用、成本的计算

收入是指公司、企业等在销售商品、提供劳务及让渡资产使用权等日常活动中所形成的经济利益的总流入。支出是指行政事业单位和社会团体在履行法定职能、发挥特定功能时所发生的各项开支，以及企业在正常生产经营活动以外的支出和损失。费用是指公司、企业等在销售商品和提供劳务等日常活动中所发生的经济利益的流出。成本是指公司、企业为生产某种产品而发生的费用，它与一定种类和数量的产品相联系，是对象化了的费用。收入、支出、费用、成本是计算和判断单位经营成果及盈亏状况的主要依据。各单位应当重视收入、支出、成本、费用环节的管理，按照国家统一的会计制度的规定正确核算。

6.财务成果的计算和处理

财务成果主要是指公司、企业和企业化管理的事业单位等在一定时期内通过从事经营活动最终在财务上所取得的结果，具体表现为盈利或亏损。财务成果的计算和处理一般包括利润的计算、所得税的计算和缴纳、利润分配或亏损弥补等。财务成果的计算和处理涉及所有者、国家等多方面的利益，各单位必须按照国家统一的会计制度和其他财税法规制度的规定正确计算和处理。

7.其他事项

其他事项是指除上述6项经济业务事项以外的、按照统一的会计制度规定应当办理会计手续和进行会计核算的其他经济业务事项。

（四）会计凭证和会计账簿

1.会计凭证

会计凭证，简称凭证，是指财务会计工作中用以记录经济业务、明确经济责任的书面证明，是登记账簿的依据。

会计凭证种类多样，按其填制程序和用途不同，可以分为原始凭证和记账凭证两大类。原始凭证是指经济业务发生或完成时取得或填制的，用以记录和证明经济业务的发生或完成情况的原始凭据，是进行会计核算的原始资料。记账凭证是指会计人员根据审核无误的原始凭证填制的，记载经济业务主要内容，确定会计分录，并作为记账依据的会计凭证。

根据《会计法》的规定，办理经济业务事项，必须填制或者取得原始凭证并及时送交会计机构。会计机构、会计人员必须按照国家统一的会计制度的规定对原始凭证进行审核，对不真实、不合法的原始凭证有权不予接受，并向单位负责人报告；对记载不准确、不完整的原始凭证予以退回，并要按照国家统一的会计制度的规定更正、补充。

【法律小贴士10-1】原始凭证记载的各项内容均不得涂改；原始凭证有错误的，应当由出具单位重开或者更正，更正处应当加盖出具单位印章。原始凭证金额有错误的，应当由出具单位重开，不得在原始凭证上更正。记账凭证应当根据经过审核的原始凭证及有关资料编制。

2.会计账簿

会计账簿，是指由具有一定格式、相互联系的账页组成，并以会计凭证为依据，用来序时地、分类地记录和反映各项经济业务的簿籍。

会计账簿登记，必须以经过审核的会计凭证为依据，并符合有关法律、行政法规和国家统一的会计制度的规定。会计账簿包括总账、明细账、日记账和其他辅助性账簿。会计账簿应当按照连续编号的页码顺序登记。会计账簿记录发生错误或者隔页、缺号、跳行的，应当按照国家统一的会计制度规定的方法更正，并由会计人员和会计机构负责人（会计主管人员）在更正处盖章。使用电子计算机进行会计核算的，其会计账簿的登记、更正，应当符合国家统一的会计制度的规定。

各单位发生的各项经济业务事项应当在依法设置的会计账簿上统一登记、核算，不得违反《会计法》和国家统一的会计制度的规定私设会计账簿登记、核算。

【案例分析10-1】某有限责任公司（国有企业）的赵某自2018年起担任总经理。2024年8月，该公司主管部门接到举报说赵某在任职期间有打击压制坚持原则的会计人员等问题。经调查，赵某因不满会计郑某多次不听从做违法会计账的指令，尤其不满其向上级主管部门反映真实情况，将其调回车间。

分析提示:"赵某因不满会计郑某多次不听从做违法会计账的指令,尤其不满其向上级主管部门反映真实情况,将其调回车间"属于单位负责人对依法履行职责、抵制违反《会计法》规定行为的会计人员实行打击报复的行为。根据《会计法》的规定,单位负责人对依法履行职责、抵制违反《会计法》规定行为的会计人员实行打击报复,构成犯罪的,依法追究刑事责任;尚不构成犯罪的,由所在单位或者有关单位依法给予行政处分。对受打击报复的会计人员,应当恢复其名誉和原有职务、级别。

(五)财务会计报告

财务会计报告是指单位根据经过审核的会计账簿记录和有关资料,编制并对外提供的反映单位某一特定日期财务状况和某一会计期间经营成果、现金流量的书面文件。

财务会计报告应当根据经过审核的会计账簿记录和有关资料编制,并符合《会计法》和国家统一的会计制度关于财务会计报告的编制要求、提供对象和提供期限的规定;其他法律、行政法规另有规定的,从其规定。

财务会计报告由会计报表、会计报表附注和财务情况说明书组成。向不同的会计资料使用者提供的财务会计报告,其编制依据应当一致。有关法律、行政法规规定会计报表、会计报表附注和财务情况说明书须经注册会计师审计的,注册会计师及其所在的会计师事务所出具的审计报告应当随同财务会计报告一并提供。

财务会计报告应当由单位负责人和主管会计工作的负责人、会计机构负责人(会计主管人员)签名并盖章;设置总会计师的单位,还须由总会计师签名并盖章。单位负责人应当保证财务会计报告真实、完整。

(六)财务核对、财产清查及会计档案管理

1.财务核对和财产清查

财务核对和财产清查是保证会计账簿记录质量的重要程序,是会计核算的重要环节,是保证会计信息真实性的重要手段。《会计法》规定,各单位应当定期将会计账簿记录与实物、款项及有关资料相互核对,保证会计账簿记录与实物及款项的实有数额相符、会计账簿记录与会计凭证的有关内容相符、会计账簿之间相对应的记录相符、会计账簿记录与会计报表的有关内容相符。

2.会计档案管理

会计档案是记录和反映经济业务事项的重要史料和证据。《会计法》规定,各单位对会计凭证、会计账簿、财务会计报告和其他会计资料应当建立档案,妥善保管。会计档案的保管期限和销毁办法,由国务院财政部门会同有关部门制定。

(七)公司、企业会计核算的特别规定

《会计法》对公司、企业的会计核算作出了特别的规定,要求公司、企业在进行会计核算时,不仅要遵守《会计法》的一般规定,而且必须根据实际发生的经济业务事项,按照国家统一的会计制度的规定确认、计量和记录资产、负债、所有者权益、收入、费用、成本和利润。

公司、企业进行会计核算不得有下列行为:随意改变资产、负债、所有者权益的确认标准或者计量方法,虚列、多列、不列或者少列资产、负债、所有者权益;虚列或者隐瞒收入，推迟或者提前确认收入；随意改变费用、成本的确认标准或者计量方法，虚列、多列、不列或者少列费用、成本；随意调整利润的计算、分配方法，编造虚假利润或者隐瞒利润；违反国家统一的会计制度规定的其他行为。

四、会计监督

（一）会计监督的概念

会计监督是会计的另一项基本职能，是《会计法》的核心和根本宗旨。它是指会计机构和会计人员依照法律的规定，通过办理会计手续对经济活动的合法性、合理性、有效性进行的一种监督。

（二）会计监督的内容

1.单位内部会计监督

单位内部会计监督制度是为了保护资产的安全、完整，保证单位的经营活动符合国家法律、法规和内部有关管理制度的规定，提高经营管理水平和效率，在单位内部采取的一系列相互监督的制度和方法。

（1）单位内部会计监督的要求。各单位应当建立健全本单位内部会计监督制度。单位内部会计监督制度应当符合下列要求：①记账人员与经济业务事项和会计事项的审批人员、经办人员、财物保管人员的职责权限应当明确，并相互分离、相互制约；②重大对外投资、资产处置、资金调度和其他重要经济业务事项的决策和执行的相互监督、相互制约程序应当明确；③财产清查的范围、期限和组织程序应当明确；④对会计资料定期进行内部审计的办法和程序应当明确。

（2）责任制度。单位负责人应当保证会计机构、会计人员依法履行职责，不得授意、指使、强令会计机构、会计人员违法办理会计事项。

会计机构、会计人员对违反《会计法》和国家统一的会计制度规定的会计事项，有权拒绝办理或者按照职权予以纠正。

会计机构、会计人员发现会计账簿记录与实物、款项及有关资料不相符的，按照国家统一的会计制度的规定有权自行处理的，应当及时处理；无权处理的，应当立即向单位负责人报告，请求查明原因，作出处理。

【法律小贴士10-2】因有提供虚假财务会计报告，做假账，隐匿或者故意销毁会计凭证、会计账簿、财务会计报告，贪污，挪用公款，职务侵占等与会计职务有关的违法行为，被依法追究刑事责任的人员，不得再从事会计工作。

2.政府会计监督

政府会计监督是一种外部监督，主要是指财务部门代表国家对各单位中相关人员的会计行为实施的监督检查，以及对发现的违法行为进行的行政处罚。

根据《会计法》的规定，县级以上人民政府财政部门是各单位会计工作的监督检查部门，对各单位会计工作行使监督权，对会计违法行为享有行政处罚权。

财政部门对各单位的下列情况实施监督：是否依法设置会计账簿；会计凭证、会计账簿、财务会计报告和其他会计资料是否真实、完整；会计核算是否符合《会计法》和国家统一的会计制度的规定。从事会计工作的人员是否具备专业能力、遵守职业道德。

发现重大违法嫌疑时，国务院财政部门及其派出机构可以向与被监督单位有经济业务往来的单位和被监督单位开立账户的金融机构查询有关情况，有关单位和金融机构应当给予支持。

财政、审计、税务、人民银行、证券监管、保险监管等部门应当依照有关法律、行政法规规定的职责，对有关单位的会计资料实施监督检查。监督检查部门对有关单位的会计资料依法实施监督检查后，应当出具检查结论。有关监督检查部门已经作出的检查结论能够满足其他监督检查部门履行本部门职责需要的，其他监督检查部门应当加以利用，避免重复查账。

财政部门有权对会计师事务所出具审计报告的程序和内容进行监督。

3.社会监督

会计工作的社会监督主要是指由注册会计师及其所在的会计师事务所依法对委托单位的经济活动进行审计、鉴证的一种监督制度。

有关法律、行政法规规定，须经注册会计师进行审计的单位，应当向受委托的会计师事务所如实提供会计凭证、会计账簿、财务会计报告和其他会计资料以及有关情况。任何单位或者个人不得以任何方式要求或者示意注册会计师及其所在的会计师事务所出具不实或者不当的审计报告。

任何单位和个人对违反《会计法》和国家统一的会计制度规定的行为，有权检举。收到检举的部门有权处理的，应当依法按照职责分工及时处理；无权处理的，应当及时移送有权处理的部门处理。收到检举的部门、负责处理的部门应当为检举人保密，不得将检举人姓名和检举材料转给被检举单位和被检举人个人。

五、法律责任

单位或者个人违反会计法律制度应当承担法律责任，受到法律制裁。违反《会计法》的行为承担法律责任的形式有行政处罚、行政处分、刑事责任等。

（一）违反国家统一的会计制度行为的法律后果

违反《会计法》的规定，有下列行为之一的，由县级以上人民政府财政部门责令限期改正，可以对单位并处3 000元以上50 000元以下的罚款；对其直接负责的主管人员和其他直接责任人员，可以处2 000元以上20 000元以下的罚款；属于国家工作人员的，还应当由其所在单位或者有关单位依法给予行政处分；构成犯罪的，依法追究刑事责任：（1）不依法设置会计账簿的；（2）私设会计账簿的；（3）未按照规定填制、取得原始凭证或者填制、取得的原始凭证不符合规定的；（4）以未经审核的会计凭证为依据登记会计账簿，或者登记会计账簿不符合规定的；（5）随意变更会计处理方法的；（6）向不同的会计资料使用者提供的财务会计报告，编制依据不一致的；（7）未按照规定使用会计记录文字或者记账本位币的；（8）未按照规定保管会计资料，致使会计资料毁损、灭失的；（9）未按照规定建立并实施单位内部会计监督制度，或者拒绝依法实施的监督，或者不如实提供有关会计资料及有关情况的；（10）任用会计人员不符合《会计法》规定的。

会计人员有上述行为之一，情节严重的，5年内不得从事会计工作。

（二）提供虚假会计信息的法律责任

单位或者个人伪造、变造会计凭证、会计账簿，编制虚假财务会计报告，由县级以上人民政府财政部门予以通报，可以对单位并处5 000元以上100 000元以下的罚款；对其直接负责的主管人员和其他直接责任人员，可以处3 000元以上50 000元以下的罚款。属于国家工作人员的，还应当由其所在单位或者有关单位依法给予撤职直至开除的行政处分；其中的会计人员，5年内不得从事会计工作。

（三）隐匿或者故意销毁会计资料的法律责任

隐匿或者故意销毁依法应当保存的会计凭证、会计账簿、财务会计报告，由县级以上人民政府财政部门予以通报，可以对单位并处5 000元以上100 000元以下的罚款；对其直接负责的主管人员和其他直接责任人员，可以处3 000元以上50 000元以下的罚款。属于国家工作人员的，还应当由其所在单位或者有关单位依法给予撤职直至开除的行政处分；其中的会计人员，5年内不得从事会计工作。

【案例聚焦10-1】杨某离任本村会计职务后，将本村会计资料"科目余额表"移交给本村新任会计李某，但并未移交会计凭证。杨某在该乡人民政府工作人员多次督促下，仍不移交。该乡人民政府委托会计师事务所对该村账目审计监督时，杨某仍不提供会计账簿、会计凭证。公安机关传唤杨某询问该事后，其才将隐藏在家中的本村会计凭证、会计账簿移交给会计师事务所。经会计师事务所审计，该村近年来财务收入324.2万元，支出286.2万元。

法院审理后认为，被告人杨某故意隐藏本村会计凭证、会计账簿拒不交出，涉及金额在50万元以上，情节严重，已构成隐匿会计凭证、会计账簿罪。遂依照《中华人民共和国刑法修正案》之规定，杨某被判处拘役2个月，并处罚金20 000元。

（四）授意、指使、强令提供虚假会计信息的法律责任

授意、指使、强令会计机构、会计人员及其他人员伪造、变造会计凭证、会计账簿，编制虚假财务会计报告或者隐匿、故意销毁依法应当保存的会计凭证、会计账簿、财务会计报告，可以处5 000元以上50 000元以下的罚款；属于国家工作人员的，还应当由其所在单位或者有关单位依法给予降级、撤职、开除的行政处分。情节严重构成犯罪的，依法追究刑事责任。

（五）打击报复依法履行会计职责的会计人员的法律责任

单位负责人对依法履行职责、抵制违反《会计法》规定行为的会计人员以降级、撤职、调离工作岗位、解聘或者开除等方式实行打击报复的，由其所在单位或者有关单位依法给予行政处分；构成犯罪的，依法追究刑事责任。对受打击报复的会计人员，应当恢复其名誉和原有职务、级别。

（六）国家机关及其工作人员违法行为的法律责任

财政部门及有关行政部门的工作人员在实施监督管理中滥用职权、玩忽职守、徇私舞弊或者泄露国家秘密、商业秘密，构成犯罪的，依法追究刑事责任；尚不构成犯罪的，依法给予行政处分。有关国家机关将检举人姓名和检举材料转给被检举单位和被检举人个人的，由所在单位或者有关单位依法给予行政处分。

第二节　审计法

一、审计法概述

（一）审计法的概念及制定

审计是指审计机关依法独立检查被审计单位的会计凭证、会计账簿、财务会计报告以及其他与财政收支、财务收支有关的资料和资产，监督财政收支、财务收支真实、合法和效益的行为。审计法是调整审计关系的法律规范的总称。审计关系是一种经济监督关系，发生于审计主体与被审计单位之间。《中华人民共和国审计法》（以下简称《审计法》）是审计工作的基本法律依据。它以法律的形式确定了审计工作的地位、任务和作用，规定了审计工作的基本准则。《审计法》属于经济体系的一个组成部分。

我国于1994年8月31日第八届全国人民代表大会常务委员会第九次会议通过《审计法》。根据2006年2月28日第十届全国人民代表大会常务委员会第二十次会议《关于修改〈中华人民共和国审计法〉的决定》第一次修正，根据2021年10月23日第十三届全国人民代表大会常务委员会第三十一次会议《关于修改〈中华人民共和国审计法〉的决定》第二次修正。

（二）国家审计的基本原则

国家审计的基本原则是由《宪法》和《审计法》确定的，贯穿于审计工作的始终，对全部审计活动都具有指导意义。国家审计机关在执行审计公务活动中必须遵循以下5项基本原则：

1.依法审计原则

依法审计是审计监督的一项基本原则，要求审计机关依照法律规定的职权和程序，进行审计监督。审计机关依据有关财政收支、财务收支的法律、法规和国家其他有关规定进行审计评价，在法定职权范围内作出审计决定。审计机关和审计人员应当依法接受监督。

2.审计独立原则

独立审计原则主要包括：（1）组织上的独立性，指审计机构单独设置，与被审计单位没有组织上的隶属关系。（2）工作上的独立性，指审计机关及其审计人员依法独立开展审计工作，作出审计判断、提出审计报告、出具审计意见书和作出审计决定，其他行政机关、社会团体和个人不得干涉。（3）人员上的独立性，指审计人员与被审计单位应当不存在经济利害关系，不参与被审计单位的经营管理活动。（4）经费上的独立性，指审计机关履行职责所必需的经费，按照《审计法》的规定单独列入财政预算，以保证有足够的经费独立开展工作。

3.客观公正原则

审计机关和审计人员办理审计事项，应当客观公正，实事求是，廉洁奉公，保守秘密。审计机关和审计人员不得参加可能影响其依法独立履行审计监督职责的活动，不得干预、插手被审计单位及其相关单位的正常生产经营和管理活动。

【案例聚焦10-2】2003年，审计署推出审计结果公开制度。6月25日，李金华代表审计署，提交了一份长达22页的审计报告，在第一时间全文公布了牵涉很多重要部门的审计报告。一大批中央部委被公开曝光，被点名批评的有财政部、原国家计委、教育部、民政部、水利部等。其中，财政部被点名达9次之多，审计报告在用词上也少有以前的含糊和温和，而代之以"疏于管理和监督"等严厉的字眼。2004年6月23日，李金华代表国务院向全国人民代表大会常务委员会提交了一份很有分量的审计清单。审计报告中，"揭盖子"占了9成以上篇幅。报告中的18项内容，每一项都足够震撼。人们用"审计风暴"来形容其所带来的冲击波。

二、审计管理体制

（一）审计机关

国家实行审计监督制度。坚持中国共产党对审计工作的领导，构建集中统一、全面覆盖、权威高效的审计监督体系。

1.中央审计机关的设置及责任人的任免

根据《宪法》的规定，国务院设立审计机关，对国务院各部门和地方各级政府的财政收支，对国家的财政金融机构和企业事业组织的财务收支，进行审计监督。

据此，国务院于1983年9月15日正式成立了中华人民共和国审计署。《审计法》规定，国务院设立审计署，在国务院总理领导下，主管全国的审计工作。审计长是审计署的行政首长。

审计机关负责人依照法定程序任免。审计机关负责人没有违法失职或者其他不符合任职条件的情况的，不得随意撤换。

2.地方审计机关的设置及责任人的任免

《宪法》规定，县级以上的地方各级人民政府设立审计机关。地方各级审计机关依照法律规定独立行使审计监督权，对本级人民政府和上一级审计机关负责。

地方审计机关实行双重领导体制，《审计法》规定，省、自治区、直辖市、设区的市、自治州、县、自治县、不设区的市、市辖区的人民政府的审计机关，分别在省长、自治区主席、市长、州长、县长、区长和上一级审计机关的领导下，负责本行政区域内的审计工作。地方各级审计机关对本级人民政府和上一级审计机关负责并报告工作，审计业务以上级审计机关领导为主。

审计机关负责人依照法定程序任免。审计机关负责人没有违法失职或者其他不符合任职条件的情况的，不得随意撤换。地方各级审计机关负责人的任免，应当事先征求上一级审计机关的意见。

3.审计机关的派出机构

依据《审计法》的规定，审计机关根据工作需要，经本级人民政府批准，可以在其审计管辖范围内设立派出机构。派出机构根据审计机关的授权，依法进行审计工作。

审计署的派出机构分为两类：一类是派出审计局；另一类是驻地方特派员办事处。

（二）审计人员

审计人员是在审计机关中从事审计工作的专门人员。审计人员应当具备与其从事的审计工作相适应的专业知识和业务能力。审计人员执行职务的原则有：

1. 回避原则

审计人员办理审计事项，与被审计单位或者审计事项有利害关系的，应当回避。

2. 保密原则

审计机关和审计人员对在执行职务中知悉的国家秘密、工作秘密、商业秘密、个人隐私和个人信息，应当予以保密，不得泄露或者向他人非法提供。

3. 受法律保护原则

审计人员依法执行职务，受法律保护。任何组织和个人不得拒绝、阻碍审计人员依法执行职务，不得打击报复审计人员。如前所述，审计机关负责人依照法定程序任免。审计机关负责人没有违法失职或者其他不符合任职条件的情况的，不得随意撤换。地方各级审计机关负责人的任免，应当事先征求上一级审计机关的意见。

三、审计机关的职责和权限

（一）审计机关的职责

审计机关最主要的职责是审计监督。依据《审计法》及相关规定，我国审计机关的职责包括：

（1）审计机关对本级各部门（含直属单位）和下级政府预算的执行情况和决算以及其他财政收支情况，进行审计监督。

（2）审计署在国务院总理领导下，对中央预算执行情况、决算草案以及其他财政收支情况进行审计监督，向国务院总理提出审计结果报告。

（3）审计署对中央银行的财务收支，进行审计监督。

（4）审计机关对国家的事业组织和使用财政资金的其他事业组织的财务收支，进行审计监督。

（5）审计机关对国有企业、国有金融机构和国有资本占控股地位或者主导地位的企业、金融机构的资产、负债、损益以及其他财务收支情况，进行审计监督。

（6）审计机关对政府投资和以政府投资为主的建设项目的预算执行情况和决算，对其他关系国家利益和公共利益的重大公共工程项目的资金管理使用和建设运营情况，进行审计监督。

（7）审计机关对国有资源、国有资产，进行审计监督。审计机关对政府部门管理的和其他单位受政府委托管理的社会保险基金、全国社会保障基金、社会捐赠资金以及其他公共资金的财务收支，进行审计监督。

（8）审计机关对国际组织和外国政府援助、贷款项目的财务收支，进行审计监督。

（9）根据经批准的审计项目计划安排，审计机关可以对被审计单位贯彻落实国家重大经济社会政策措施情况进行审计监督。

（10）除《审计法》规定的审计事项外，审计机关对其他法律、行政法规规定应当由审计机关进行审计的事项，依照《审计法》和有关法律、行政法规的规定进行审计监督。

（11）审计机关有权对与国家财政收支有关的特定事项，向有关地方、部门、单位进行专项审计调查，并向本级人民政府和上一级审计机关报告审计调查结果。

（12）审计机关履行审计监督职责，发现经济社会运行中存在风险隐患的，应当及时向本级人民政府报告或者向有关主管机关、单位通报。

（13）社会审计机构审计的单位依法属于被审计单位的，审计机关按照国务院的规定，有权对该社会审计机构出具的相关审计报告进行核查。

（二）审计机关的权限

审计机关的权限是指法律赋予审计机关在实施审计监督过程中享有的职能，是审计机关的执法手段。根据《审计法》和《中华人民共和国审计法实施条例》的有关规定，审计机关进行审计时，具有下列权限：

1.要求报送资料权

审计机关有权要求被审计单位按照审计机关的规定提供财务、会计资料以及与财政收支、财务收支有关的业务、管理等资料，包括电子数据和有关文档。被审计单位不得拒绝、拖延、谎报。被审计单位负责人应当对本单位提供资料的及时性、真实性和完整性负责。审计机关对取得的电子数据等资料进行综合分析，需要向被审计单位核实有关情况的，被审计单位应当予以配合。

2.信息共享权

国家政务信息系统和数据共享平台应当按照规定向审计机关开放。审计机关通过政务信息系统和数据共享平台取得的电子数据等资料能够满足需要的，不得要求被审计单位重复提供。

3.检查权

审计机关进行审计时，有权检查被审计单位的财务、会计资料以及与财政收支、财务收支有关的业务、管理等资料和资产，有权检查被审计单位信息系统的安全性、可靠性、经济性，被审计单位不得拒绝。

4.调查取证权

审计机关有权就审计事项的有关问题向有关单位和个人进行调查，并取得有关证明材料；经县级以上人民政府审计机关负责人批准，有权查询被审计单位在金融机构的账户；审计机关有证据证明被审计单位违反国家规定将公款转入其他单位、个人在金融机构账户的，经县级以上人民政府审计机关主要负责人批准，有权查询有关单位、个人在金融机构与审计事项相关的存款。

5.行政强制措施权

审计机关进行审计时，被审计单位不得转移、隐匿、篡改、毁弃财务、会计资料以及与财政收支、财务收支有关的业务、管理等资料，不得转移、隐匿、故意毁损所持有的违反国家规定取得的资产。审计机关对被审计单位违反前款规定的行为，有权予以制止；必要时，经县级以上人民政府审计机关负责人批准，有权封存有关资料和违反国家规定取得的资产；对其中在金融机构的有关存款需要予以冻结的，应当向人民法院提出申请。

6.提请协助权

审计机关履行审计监督职责，可以提请公安、财政、自然资源、生态环境、海关、税务、市场监督管理等机关予以协助。有关机关应当依法予以配合。

7.移送权

审计机关需要给予有关责任人员行政处分或者纪律处分的，有权移送纪检监察机关；需要追究有关责任人员刑事责任的，有权移送司法机关；有权建议有关主管部门纠正被审计单位执行的违法规定；有权向有关立法机关、政府及有关部门提出修改完善有关法律法规、政策措施和加强与改进宏观调控的建议。

8.建议纠正权

审计机关认为被审计单位所执行的上级主管机关、单位有关财政收支、财务收支的规定与法律、行政法规相抵触的，应当建议有关主管机关、单位纠正；有关主管机关、单位不予纠正的，审计机关应当提请有权处理的机关、单位依法处理。

9.通报或公布审计结果权

审计机关可以向政府有关部门通报或者向社会公布审计结果。审计机关通报或者公布审计结果，应当保守国家秘密、工作秘密、商业秘密、个人隐私和个人信息，遵守法律、行政法规和国务院的有关规定。

四、审计程序

审计程序是指审计机关在审计过程中必须遵守的法定顺序、期限、形式的制度。审计程序由规定的工作步骤组成，通常包括以下4个阶段：

（一）制订审计项目计划

审计机关应当根据法律、法规和国家其他有关规定，按照本级人民政府和上级审计机关的要求，确定年度审计工作重点，编制年度审计项目计划。

审计项目计划的内容由文字和表格两部分组成。编制后的审计项目计划经批准后，如没有特殊情况，不应变更和调整。

为了使审计项目计划能够真正落实，审计机关必须建立审计项目计划执行情况的报告制度。此外，还应组成审计项目质量检查组，根据有关法律、法规和规章的要求，对本级派出审计机关和下级审计机关完成审计项目的质量情况进行检查、评价和考核。

（二）审计准备阶段

审计准备阶段是指审计机关按照审计项目计划组成审计组，到指定审计单位，并对被审计单位及其环境进行初步调查和评价的这一段时间。

审计机关根据经批准的审计项目计划确定的审计事项组成审计组，并应当在实施审计3日前，向被审计单位送达审计通知书；遇有特殊情况，经县级以上人民政府审计机关负责人批准，可以直接持审计通知书实施审计。

（三）审计实施阶段

审计实施阶段是指审计人员实施项目审计方案的阶段。这是审计全过程的中心环节，也是整个审计程序的关键。

审计实施阶段的主要内容有：审计人员通过审查财务、会计资料，查阅与审计事项有关的文件、资料，检查现金、实物、有价证券和信息系统，向有关单位和个人调查等方式进行审计，并取得证明材料。向有关单位和个人进行调查时，审计人员应当不少于2人，并出示其工作证件和审计通知书副本。审计人员实施审计时必须编制审计工作底稿，对审计中发现的问题作出详细、准确的记录，并注明资料来源。审计人员向有关单位和个人调查取证的重要证明材料，应当有提供者的签名或盖章；不能取得提供者签名或盖章的，应当注明原因。

被审计单位应当配合审计机关的工作，并提供必要的工作条件。审计机关应当提高审计工作效率。

（四）审计终结阶段

审计终结阶段的主要内容有：审计组对审计事项实施审计后，应当向审计机关提出审计组的审计报告。审计组的审计报告报送审计机关前，应当征求被审计单位的意见。被审计单位应当自接到审计组的审计报告之日起10日内，将其书面意见送交审计组。审计组应当将被审计单位的书面意见一并报送审计机关。

审计机关按照审计署规定的程序对审计组的审计报告进行审议，并对被审计单位对审计组的审计报告提出的意见一并研究后，出具审计机关的审计报告。对违反国家规定的财政收支、财务收支行为，依法应当给予处理、处罚的，审计机关在法定职权范围内作出审计决定；需要移送有关主管机关、单位处理、处罚的，审计机关应当依法移送。

审计机关应当将审计机关的审计报告和审计决定送达被审计单位和有关主管机关、单位，并报上一级审计机关。审计决定自送达之日起生效。

上级审计机关认为下级审计机关作出的审计决定违反国家有关规定的，可以责成下级审计机关予以变更或者撤销，必要时也可以直接作出变更或者撤销的决定。

五、违反《审计法》的法律责任

违反《审计法》的法律责任是指被审计单位或者审计人员违反《审计法》的禁止性规定而应承担的法律后果，具体来说，包括被审计单位违反《审计法》的法律责任和审计机关与审计人员违反《审计法》的法律责任两部分。

（一）被审计单位违反《审计法》的法律责任

（1）被审计单位违反《审计法》规定，拒绝、拖延提供与审计事项有关的资料的，或者提供的资料不真实、不完整的，或者拒绝、阻碍检查、调查、核实有关情况的，由审计机关责令改正，可以通报批评，给予警告；拒不改正的，依法追究法律责任。

（2）被审计单位违反《审计法》规定，转移、隐匿、篡改、毁弃财务、会计资料以及与财政收支、财务收支有关的业务、管理等资料，或者转移、隐匿、故意毁损所持有的违反国家规定取得的资产，审计机关认为对直接负责的主管人员和其他直接责任人员依法应当给予处分的，应当向被审计单位提出处理建议，或者移送监察机关和有关主管机关、单位处理，有关机关、单位应当将处理结果书面告知审计机关；构成犯罪的，依法追究刑事责任。

（3）对被审计单位违反国家规定的财务收支行为，审计机关、人民政府或者有关主管机关、单位在法定职权范围内，依照法律、行政法规的规定，区别情况采取处理措施，并可以依法给予处罚，构成犯罪的，依法追究刑事责任。

（4）被审计单位报复陷害审计人员的，依法给予处分；构成犯罪的，依法追究刑事责任。

（二）审计机关和审计人员违反《审计法》的法律责任

审计人员滥用职权、徇私舞弊、玩忽职守或者泄露、向他人非法提供所知悉的国家秘密、工作秘密、商业秘密、个人隐私和个人信息的，依法给予处分；构成犯罪的，依法追究刑事责任。

自测题

第十章单项选择题

第十章多项选择题

思考题与案例分析

一、简答题

1. 会计法的基本原则是什么？
2. 会计监督的内容是什么？
3. 国家审计的基本原则有哪些？
4. 简述审计机关的权限。
5. 审计程序是怎样的？

二、论述题

1. 论述会计核算的一般要求。
2. 论述会计核算的内容。
3. 论述审计机关的职责。

三、案例分析题

某大型国有控股企业A公司于2023年发生以下情况：

（1）A公司产品滞销状况仍无根本改变，亏损已成定局。A公司董事长胡某指使会计科在会计报表上进行一些"技术处理"，确保"实现"年初定下的盈利40万元的目标。会计科遵照办理。

（2）A公司财务会计报告经主管财会工作的副经理、总会计师、会计科长签名并盖章后报出，A公司董事长胡某未在财务会计报告上签章。

问题：（1）该公司董事长胡某指使会计科在会计报表上进行一些"技术处理"，致使该公司由亏损变为盈利的行为属于何种违法行为？应承担哪些法律责任？

（2）该公司董事长胡某是否应当在对外报出的财务会计报告上签名并盖章？简要说明理由。

劳动合同法

知识目标

了解劳动合同的概念与法律特征；理解劳动合同的基本内容和劳动合同法适用范围及规定的基本制度；掌握劳动合同的订立、履行、变更、解除及终止的法律规定；掌握劳动合同法中保护劳动者合法权益的制度及权利救济的措施。

思政目标

学会如何维护劳动者合法权益，以构建良性、有序、和谐的劳动关系；用新时代中国劳动立法成就增强法治文化自信、厚植爱国主义情怀；深刻理解并自觉实践各行各业的职业精神和职业规范，增强职业责任感，培养遵纪守法、爱岗敬业、无私奉献、诚实守信、公道办事、开拓创新的职业品格和行为习惯。党的二十大报告明确要求，"强化就业优先政策，健全就业促进机制，促进高质量充分就业"。"健全劳动法律法规，完善劳动关系协商协调机制，完善劳动者权益保障制度，加强灵活就业和新就业形态劳动者权益保障"。

【引导案例】

张某是一家外贸公司的业务骨干，2016年与该公司签订了无固定期限的劳动合同。2020年年末，张某所在的公司为摆脱困境，决定采取减人增效的办法。经与工会协商，该公司职代会通过了一项协商解除劳动合同的方案，其中规定：该公司提出与员工协商解除劳动合同，员工在方案公布后一周内书面同意与公司协商解除劳动合同的，该公司在法定经济补偿金之外再给予额外奖励。方案公布一周后，张某才向公司递交了协商解除劳动合同的意见书，并要求公司按规定支付法定经济补偿金和额外奖励。公司表示张某提交协商解除劳动合同意见时超过了公司规定的期限，公司可以同意与张某协商解除劳动合同，但不同意支付经济补偿金和额外奖励，双方于是发生争议。

问题：张某与公司的劳动合同协商解除后，张某是否可以要求公司支付额外奖励和经济补偿金？

第一节 劳动合同法概述

一、劳动合同

（一）劳动合同的概念

劳动合同，又称劳动契约、劳动协议，是指劳动者与用人单位之间确立劳动关系，明确双方权利和义务的书面协议。可以说，劳动合同是市场经济体制下用人单位与劳动者进行双向选择，确定劳动关系，明确双方权利和义务的协议，是保护劳动者合法权益的基本依据。

这里所说的劳动关系是劳动者和用人单位在劳动过程中建立的社会经济关系。《中华人民共和国劳动法》（以下简称《劳动法》）规定，劳动者与用人单位之间建立劳动关系应当订立劳动合同。劳动合同是确立劳动者和用人单位劳动关系的基本前提，是调整劳动关系的基本法律形式。

劳动关系不以书面劳动合同的签订为其建立的前提条件，而是依据用工之日这个事实。《中华人民共和国劳动合同法》（以下简称《劳动合同法》）规定，用人单位自用工之日起即与劳动者建立劳动关系。用人单位应当建立职工名册备查。

（二）劳动合同的法律特征

1.劳动合同的主体具有特定性

劳动合同的主体一方是劳动者，另一方是用人单位。在我国，用人单位是指国家机关、事业单位、社会团体、企业、个体经济组织、民办非企业单位等，劳动者是指依法与用人单位建立劳动关系的自然人。

2.劳动合同的内容具有明确性

劳动合同的内容明确双方当事人的权利义务，在此特指劳动关系建立之后劳动权利和劳动义务的分配，突出表现在不仅劳动合同双方当事人之间可以约定合同内容，还强调劳动法律、法规对劳动内容和形式的限制性规定，如对劳动合同书面形式的严格要求。

3.劳动合同在时间上具有连续性

一般来说，通过劳动合同建立的劳动关系是长期稳定的。劳动合同的完成不是一次性交易，而是劳动者持续付出劳动的连续性过程，即便是以完成一定工作任务为期限的劳动合同亦是如此。这种连续性决定了劳动合同难以回溯，即便劳动合同无效，劳动者已付出劳动的，用人单位也应当向劳动者支付报酬。

二、劳动合同法立法概况

众所周知，劳动合同是规范劳动关系最基本的法律形式，在法律上完善劳动合同制度，是夯实劳动关系基础的必然要求。尽管我国从20世纪80年代中期就开始进行劳动合同制度改革试点，1995年1月1日起施行的《劳动法》正式确立了劳动合同制度，全国陆续开始推行全员劳动合同制度，但受制于多方面因素，劳动合同制度的实施情况并不理想。

为此，2007年第十届全国人民代表大会常务委员会第二十八次会议审议通过了《劳动合同法》，自2008年1月1日起施行（修订方案于2012年12月28日通过，自2013年7月1日起施行）。《劳动合同法》的立法宗旨是：完善劳动合同制度，明确劳动合同双方当事人的权利和义务；保护劳动者的合法权益；构建和发展和谐稳定的劳动关系。

《劳动合同法》是自《劳动法》颁布实施以来，我国劳动和社会保障法建设中的又一个里程碑。《劳动合同法》的颁布实施，对于更好地保护劳动者的合法权益，构建和发展和谐稳定的劳动关系，促进社会主义和谐社会建设，具有十分重要的意义。

【知识链接11-1】《劳动法》是劳动领域里的基本法，其主要内容是一些原则性规定，其主要条款反映的是立法精神、立法原则。《劳动法》下面要有若干个配套的法律，才能构成劳动领域里的一个整体法律，《劳动合同法》就是《劳动法》的子法之一，它与《劳动法》构成下位法和上位法的关系。

三、《劳动合同法》的适用范围

第一，中华人民共和国境内的企业、个体经济组织、民办非企业单位、依法成立的会计师事务所、律师事务所等合伙组织和基金会等组织（简称用人单位）与劳动者建立劳动关系，订立、履行、变更、解除或者终止劳动合同，适用《劳动合同法》。

第二，国家机关、事业单位、社会团体和与其建立劳动关系的劳动者，订立、履行、变更、解除或者终止劳动合同，依照《劳动合同法》执行。

第三，事业单位与实行聘用制的工作人员订立、履行、变更、解除或者终止劳动合同，法律、行政法规或者国务院另有规定的，依照其规定；未作规定的，依照《劳动合同法》有关规定执行。

第四，非全日制用工和劳务派遣工的订立、履行、变更、解除或者终止劳动合同，依照《劳动合同法》执行。

【知识链接11-2】民办非企业单位是指企业事业单位、社会团体和其他社会力量以及公民个人利用非国有资产举办的，从事非营利性社会服务活动的社会组织。如民办高校、民办医院、民办福利院等，非政府或者政府部门举办是民办非企业单位最明显的特征。

第二节　劳动合同的订立和内容

一、劳动合同订立的法律原则

订立劳动合同，应当遵循合法、公平、平等自愿、协商一致、诚实信用的原则。依法订立的劳动合同具有约束力，用人单位与劳动者应当履行劳动合同约定的义务。

（一）合法原则

合法原则是指劳动合同订立要遵守国家的法律、法规的要求，确保劳动合同主体合法、劳动合同内容合法、劳动合同程序合法。

（二）公平原则

法律以追求公平正义为依归。公平原则是指在符合法律规定的前提下，劳动者和用人单位公正合理地确定双方的权利义务。公平原则主要规制用人单位不能滥用优势地位，强迫劳动者订立不公平的合同。《劳动合同法》的立法目的倾向于保护劳动者合法权益，公平原则旨在平衡劳动者和用人单位实质上的不平等，从而达致实质公平。

（三）平等自愿原则

平等原则是指劳动合同的缔约双方具有平等的法律地位，享受同等的法律保护；自愿原则是劳动合同当事人完全按照个人意志自主决定是否订立合同、订立合同的内容等，是意思自治的体现。自愿原则与平等原则紧密相连，双方当事人在平等的基础上自愿订立劳动合同。

（四）协商一致原则

协商一致原则是平等自愿原则的进一步延伸，是指劳动者与用人单位在订立劳动合同的过程中自主磋商，就合同内容达成一致意见。

（五）诚实信用原则

诚实信用原则是指双方当事人在订立劳动合同时要诚实守信，不欺诈、不隐瞒，真诚履行所承担的各项义务。此项原则是道德的法律化原则，是和谐劳动关系健康发展的前提。

【案例聚焦11-1】白小姐于2021年入职一家科技公司进行研发测试，双方签订了3年期劳动合同。2022年"五一"前她通过电子邮件向该公司提交了诊断证明、病历手册、医疗费单据，称头疼难忍就诊，医生认为其颈椎问题严重，需全休两周卧床静养，待进一步检查后确定是否需入院治疗。

该公司批假后的两周时间，白小姐未到岗工作。然而"五一"后，该公司向她邮寄送达了"解除劳动合同通知"，以她提供虚假信息、恶意欺骗公司、病假期间出国旅游为由，将她辞退了。之后，白小姐先后提起了劳动争议仲裁和诉讼，要求该公司支付违法解除劳动关系赔偿金。

白小姐将该公司告上法庭。在诉讼中，白小姐出示了诊断证明、病历手册、医疗费单据，称医院诊断其确实患病、医嘱病休。但该公司表示，出于对员工的信任和爱护，该公司在研发测试重点时期批假，向她支付了病假工资，但她并未卧床休息，而是去塞班岛度假。该公司提交了白小姐的朋友圈截图，显示她"病休"期间在外度假，在当地跳伞、潜水等，认为"需要卧床休养"的病情不可能承受长途飞行和潜水等。白小姐则称休病假期间，自己有权外出疗养，放松身心。

最终，法院支持了该公司的主张，认为劳动者严重违反用人单位的劳动纪律和规章制度，有悖相互尊重和信任，导致劳动合同失去继续履行的基础。用人单位虽无权对劳动者的休假地点作出限定，但劳动者休假期间的行为应与请假事由相符。白小姐拒绝提供真实信息，违背诚信原则和企业规章制度，对用人单位的工作秩序和经营管理造成恶劣影响，因此该公司解除双方劳动关系并无不当。

法官认为，白小姐在"五一"前请病假，拼假去旅游，不仅违反了用人单位的规章制度，还违反了诚实信用的最基本原则。因此，用人单位有权与其解除劳动关系，且无须支付解除补偿金或违法解除赔偿金。

二、劳动合同订立的主体

（一）劳动者

劳动者是为用人单位提供劳动力的自然人，也被称为职工、工人和雇员。劳动法律关系所涉及的劳动者，是指依据劳动法律和劳动合同规定，在用人单位从事体力或脑力劳动，并获取劳动报酬的自然人。

作为劳动者，必须具备法律规定的下列条件：年满16周岁（只有文艺、体育、特种工艺单位录用人员可以例外）；有劳动权利能力和行为能力。

（二）用人单位

用人单位又称用工单位，也被称为企业主、资方、雇主、雇佣人等，在我国法律上被统称为用人单位，是指依法招用和管理劳动者，对劳动者承担有关义务者。用人单位应有用人权利能力和行为能力。

用人单位招用劳动者时，应当如实告知劳动者工作内容、工作条件、工作地点、职业危害、安全生产状况、劳动报酬，以及劳动者要求了解的其他情况。用人单位招用劳动者，不得扣押劳动者的居民身份证和其他证件，不得要求劳动者提供担保或者以其他名义向劳动者收取财物。

用人单位有权了解劳动者与劳动合同直接相关的基本情况，劳动者应当如实说明。

三、劳动合同订立的形式

用人单位自用工之日起即与劳动者建立劳动关系。建立劳动关系，应当订立书面劳动合同。

对于已建立劳动关系，未同时订立书面劳动合同的，应当自用工之日起1个月内订立书面劳动合同。用人单位与劳动者在用工前订立劳动合同的，劳动关系自用工之日起建立。

非全日制用工双方当事人可以订立口头协议。

【案例分析11-1】2022年2月9日，杨某被聘请进入澧县氮金有限责任公司从事物管工作，同年3月被任命为副科长。不久，公司发生股权变动，杨某主动提出解除劳动关系，公司多次挽留未果，杨某于当年7月30日正式离职，双方劳动关系终结。

在杨某被聘用期间，双方未签订书面劳动合同，聘用期间的月工资为3 600元。2022年12月，杨某以公司侵害了他的合法权益为由，向澧县劳动争议仲裁委员会申请劳动仲裁，请求裁决澧县氮金有限责任公司给付因未签订书面劳动合同的双倍工资和解除劳动关系的经济补偿金。

分析提示：法院认为，杨某与公司的劳动关系自用工之日起成立，根据《劳动合同法》的规定，已建立劳动关系，未同时签订书面劳动合同的，应当自用工之日起1个月内签订书面劳动合同。同时，《劳动合同法》规定，用人单位自用工之日起超过1个月不满1年未与劳动者签订书面劳动合同的，应当向劳动者每月支付2倍的工资。法院遂依法判决澧县氮金有限责任公司支付给杨某未签订书面劳动合同的双倍工资。

四、劳动合同的种类

根据《劳动合同法》的规定，我国劳动合同以劳动期限为标准分为以下3大类：

（一）固定期限劳动合同

固定期限劳动合同，又称为定期劳动合同，是指劳动者与用人单位约定了合同终止时间的劳动合同。期限届满，劳动合同即行终止。用人单位与劳动者协商一致可以订立固定期限劳动合同。

（二）无固定期限劳动合同

无固定期限劳动合同，又称不定期劳动合同，是指用人单位与劳动者约定无确定终止时间的劳动合同。用人单位与劳动者协商一致可以订立无固定期限劳动合同。

为更好保障劳动者合法权益，《劳动合同法》规定，有下列情形之一，劳动者提出或者同意续订、订立劳动合同的，除劳动者提出订立固定期限劳动合同外，应当订立无固定期限劳动合同：（1）劳动者在该用人单位连续工作满10年的；（2）用人单位初次实行劳动合同制度或者国有企业改制重新订立劳动合同时，劳动者在该用人单位连续工作满10年且距法定退休年龄不足10年的；（3）连续订立两次固定期限劳动合同，且劳动者没有《劳动合同法》规定的情形，续订劳动合同的。用人单位自用工之日起满1年不与劳动者订立书面劳动合同的，视为用人单位与劳动者已订立无固定期限劳动合同。

【法律小贴士11-1】《中华人民共和国劳动合同法实施条例》（以下简称《劳动合同法实施条例》）第9条规定，《劳动合同法》第14条第2款规定的连续工作满10年的起始时间，应当自用人单位用工之日起计算，包括《劳动合同法》实施前的工作年限。

《劳动合同法实施条例》第10条规定，劳动者非因本人原因从原用人单位被安排到新用人单位工作的，劳动者在原用人单位的工作年限合并计算为新用人单位的工作年限。原用人单位已经向劳动者支付经济补偿的，新用人单位在依法解除、终止劳动合同计算支付经济补偿的工作年限时，不再计算劳动者在原用人单位的工作年限。

《劳动合同法实施条例》第11条规定，除劳动者与用人单位协商一致的情形外，劳动者依照《劳动合同法》第14条第2款的规定，提出订立无固定期限劳动合同的，用人单位应当与其订立无固定期限劳动合同。对劳动合同的内容，双方应当按照合法、公平、平等自愿、协商一致、诚实信用的原则协商确定；对协商不一致的内容，依照《劳动合同法》第18条的规定执行。

（三）以完成一定工作任务为期限的劳动合同

以完成一定工作任务为期限的劳动合同，是指用人单位与劳动者约定以某项工作的完成为合同期限的劳动合同。用人单位与劳动者协商一致可以订立以完成一定工作任务为期限的劳动合同。它一般适用于完成单项工作任务、项目承包方式完成承包任务、季节性原因临时用工的劳动合同等。

五、劳动合同的内容

劳动合同的内容可分为必备条款和约定条款。必备条款是劳动合同一般应当具有的条款；约定条款是当事人可以选择适用的条款。

（一）必备条款

第一，用人单位的名称、住所和法定代表人或者主要负责人。

第二，劳动者的姓名、住址和居民身份证或者其他有效身份证件号码。

第三，劳动合同期限。

第四，工作内容和工作地点。

第五，工作时间和休息休假。工作时间是指劳动者为履行劳动义务，在法律规定的标准下，根据劳动合同和集体合同的规定提供劳动的时间，即劳动者在一昼夜或一周内从事生产或工作的时间，也就是劳动者每天应工作的时数或每周应工作的天数。休息休假是指劳动者在任职期间，在国家规定的法定工作时间以外，不从事生产和工作而自行支配的休息时间和法定节假日。

第六，劳动报酬。劳动报酬是指用人单位根据劳动者劳动的数量和质量，以货币形式支付给劳动者的工资。工资总额由6部分构成：计时工资、计件工资、奖金、津贴和补贴、加班加点工资以及特殊情况下支付的工资。工资应当以法定货币支付，不得以实物及有价证券替代货币支付。工资必须在用人单位与劳动者约定的日期支付。在法定休假日和婚丧假期间以及劳动者依法参加社会活动期间，用人单位应当依法支付工资。用人单位在劳动者完成劳动定额或规定的工作任务后，根据实际需要安排劳动者在法定标准工作时间以外工作的，应当按照国家标准支付加班加点工资。国家实行最低工资保障制度。

【知识链接11-3】日工资和小时工资计算公式：

日工资=月实得工资÷20.92×70%

小时工资=月实得工资÷167.4×70%

法定假日用人单位安排加班的，须在正常支付员工工资的基础上，按不低于员工本人日工资或小时工资的300%另行支付加班工资。

正常工作日内延长工作时间的加班加点工资，或者按小时工资的150%支付工资，或者按"做一小时还一小时"的方式安排补休。

休息日加班工作的，或者按"做一休一"调休，或者按200%支付日工资或小时工资。但按劳部发〔1995〕309号文规定，经批准实行综合计算工作时间的企业（如商业零售业等）可不受此限，仅需将每月累计超过167.4小时（法定节假日除外）的工作视为加班，并按150%计发加班加点工资。

第七，社会保险。社会保险的主要项目包括养老社会保险、医疗社会保险、失业保险、工伤保险、生育保险等。

【案例分析11-2】2020年10月，小刘被某食品公司录用，入职后该公司告知小刘试用期3个月，每月工资4 000元，试用合格后才为其办理社会保险。小刘当时找工作心切，就答应了该公司的要求。入职1个月之后，小刘发现该公司的做法不妥，就与该公司沟通，希望能够及时缴纳社会保险。但是该公司坚持认为试用期未满，拒绝为小刘缴纳社保。无奈，小刘以该公司未缴纳社会保险费为由提出解除劳动关系，并向该公司邮寄了书面解除劳动关系通知书。此后小刘通过仲裁及诉讼程序要求该食品公司支付解除劳动关系经济补偿金。

分析提示：法院认为，及时为员工缴纳社会保险是用人单位的法定义务。在小刘与食品公司建立劳动关系后，食品公司未能及时为小刘缴纳社会保险，存在不履行法定义务的行为。小刘以食品公司未依法为其缴纳社会保险费为由书面提出解除劳动关系依据合法。最后，法院判决食品公司按照小刘的工作年限及工资标准支付小刘解除劳动关系经济补偿金2 000元。

第八，劳动保护、劳动条件和职业危害防护。

第九，法律、法规规定应当纳入劳动合同的其他事项。

需要注意的是，劳动合同中缺少必备条款中的一些条款并不必然无效。

（二）约定条款

根据《劳动合同法》的规定，劳动合同除必备条款外，用人单位与劳动者还可以在法律、法规规定的框架下约定以下事项：

1.试用期

试用期是指劳动关系处于非正式状态，劳动者对用人单位是否符合自己要求进行了解的期限。试用期包含在劳动合同期限内，劳动合同仅约定试用期的，试用期不成立，该期限为劳动合同期限；同一用人单位与同一劳动者只能约定一次试用期，以完成一定工作任务为期限的劳动合同或者劳动合同期限不满3个月的，不得约定试用期；劳动者在试用期的工资不得低于本单位相同岗位最低档工资或者劳动合同约定工资的80%，并不得低于用人单位所在地的最低工资标准。

【案例分析11-3】2020年8月1日，大学毕业生李某被一家网络游戏公司聘用，该公司与其签订了为期1年的劳动合同，约定试用期为1个月。试用期到期前5天，该公司表示还要对其考察，要求与李某续签1个月的试用期。李某虽然对此持有异议，但为了能得到这份工作，遂同意该公司的要求。2020年10月29日，该公司通知李某，认为其在试用期内的工作情况达不到录用条件，故对其不予录用。李某要求该公司补发其2020年10月工资的差额，并给予其1个月工资的经济补偿金。

分析提示：根据《劳动合同法》的规定，案例中的网络游戏公司与李某在试用期的约定上存在问题：第一，该公司与李某之间为期1年的劳动合同中约定的试用期不得超过1个月，续签的1个月应当视为双方履行正式的劳动合同；第二，《劳动合同法》明确规定，单位与劳动者之间只能约定一次试用期，并且对于该试用期内的工资水平做了明确限制，不得低于合同约定工资的80%或者本单位相同岗位最低档工资。

2.服务期与培训

用人单位为劳动者提供专项培训费用，对其进行专业技术培训的，可以与该劳动者订立协议，约定服务期。

劳动者违反服务期约定提前终止劳动合同的，应当按照约定向用人单位支付违约金。违约金的数额不得超过用人单位提供的培训费用。对已经履行部分服务期限的，用人单位要求劳动者支付的违约金不得超过服务期尚未履行部分所应分摊的培训费用。

在特定情形下，劳动者可以在服务期内依照法律规定解除劳动合同，用人单位不得要求劳动者支付违约金。

培训是指劳动合同中约定由用人单位为劳动者提供专项培训费用，对其进行专业技术培训。《劳动合同法》对专项培训及服务期作出了规定，用人单位为劳动者提供专项培训费用，对其进行专业技术培训的，可以与该劳动者订立协议，约定服务期。

3.保守秘密

保守秘密指在劳动合同中约定由劳动者对用人单位的秘密负保密义务的合同条款。《劳动合同法》规定了保密义务，用人单位与劳动者可以在劳动合同中约定保守用人单位的商业秘密和与知识产权相关的保密事项。对负有保密义务的劳动者，用人单位可以在劳动合同或者保密协议中与劳动者约定竞业限制条款，并约定在解除或者终止劳动合同后，在竞业限制期限内按月给予劳动者经济补偿。劳动者违反竞业限制约定的，应当按照约定向用人单位支付违约金。

六、劳动合同的效力

劳动合同的效力根据效力的有无，可分为劳动合同的生效和劳动合同的无效。

（一）劳动合同的生效

劳动合同的生效是指劳动合同具有法律约束力的起始时间。劳动合同成立，并不意味着劳动合同一定生效。《劳动合同法》对劳动合同的生效作出了规定，劳动合同由用人单位与劳动者协商一致，并经用人单位与劳动者在劳动合同文本上签字或者盖章生效。劳动合同文本由用人单位和劳动者各执一份。

（二）劳动合同的无效

劳动合同的无效是指由当事人订立，但严重缺乏合同生效要件，国家不予承认其法律效力的劳动合同。劳动合同无效分为全部无效和部分无效。

《劳动合同法》对劳动合同的无效作出了规定，下列劳动合同无效或者部分无效：（1）以欺诈、胁迫的手段或者乘人之危，使对方在违背真实意思的情况下订立或者变更劳动合同的；（2）用人单位免除自己的法定责任、排除劳动者权利的；（3）违反法律、行政法规强制性规定的。

劳动合同部分无效，不影响其他部分效力的，其他部分仍然有效。劳动合同被确认无效后，劳动者已付出劳动的，用人单位应当向劳动者支付劳动报酬。

第三节　劳动合同的履行、变更、解除和终止

一、劳动合同的履行和变更

（一）劳动合同的履行

1.劳动合同履行的概念及原则

劳动合同履行是指劳动合同双方当事人依照劳动合同约定的内容，完成各自义务的过程。依法订立的劳动合同具有约束力，用人单位与劳动者应当按照劳动合同的约定，全面履行各自的义务。劳动合同履行的原则包括：

（1）实际履行原则。这一原则要求劳动合同双方当事人严格按照劳动合同约定的标的来履行，不得擅自以其他标的替代，也不得以违约金或者赔偿金等形式予以替代履行。

（2）全面履行原则。这一原则要求劳动合同的双方当事人必须按照劳动合同所约定的时间、地点、内容、方式、期限等全部条款履行自己的全部义务。劳动合同的全面履行实际上也就是双方当事人全部义务的完全履行。

（3）协作履行原则。这一原则要求双方当事人在履行劳动合同的过程中应当互相给予对方必要的协作。劳动者与用人单位应互相配合、互相体谅，为对方履行义务提供条件与必要的协助，以实现和谐稳定的劳动关系。

（4）亲自履行原则。这一原则要求劳动合同双方当事人必须以自己的行为履行约定的义务，不得由他人代替。这主要是由劳动关系很强的人身依赖性和不可代替性决定的。

2.特殊情形下劳动合同的履行

（1）用人单位变更名称等时劳动合同的履行

《劳动合同法》规定，用人单位变更名称、法定代表人、主要负责人或者投资人等事项，不影响劳动合同的履行。这是因为这些事项的变更未改变用人单位独立承担民事责任的性质。

（2）用人单位合并或分立时劳动合同的履行

《劳动合同法》规定，用人单位发生合并或者分立等情况，原劳动合同继续有效，劳动合同由承继其权利和义务的用人单位继续履行。这是因为用人单位发生合并、分立，它的权利和义务由变更后的用人单位享有和承担。

（二）劳动合同的变更

1.劳动合同变更的概念

劳动合同的变更，是指劳动者与用人单位对依法成立的、尚未履行或尚未履行完成的劳动合同内容所作的修改或增删的法律行为。劳动合同依法订立后，双方当事人必须全面履行合同规定的义务，任何一方不得擅自变更劳动合同，但在符合法定或约定的情况下，合同当事人可以对合同内容进行变更。

2.劳动合同变更的原因

（1）基于劳动合同双方当事人的协商一致。一般而言，用人单位和劳动者在不违反法律、行政法规规定的情况下，遵循平等自愿、协商一致、诚实信用原则，就可以变更劳动合同约定的内容。

（2）基于情势变更。情势变更是引起劳动合同变更的另一个重要原因，主要包括以下情形：订立劳动合同所依据的法律法规被依法修改或废止；用人单位由于政策原因或是企业产业调整等内部原因发生变化；劳动者由于健康状况、职业技能水平或其他原因，导致履行原合同内容对劳动者已形成负担；不可抗力或客观经济情况发生重大变化等。

3.劳动合同的变更形式

变更劳动合同，应当采取书面形式，必须由双方当事人签字或盖章后生效。变更后的劳动合同文本由用人单位和劳动者各执一份。对劳动合同中约定的条款进行变更，一般经过提议、答复、协议3个步骤。

二、劳动合同的解除和终止

（一）劳动合同的解除

劳动合同的解除，是指当事人双方在劳动合同期限届满之前，因当事人一方或双方的意思表示而终止劳动合同关系的法律行为。根据解除劳动合同的方式不同，劳动合同的解除可分为单方解除和协商解除。单方解除又分劳动者单方解除和用人单位单方解除。《劳动合同法》规定了解除劳动合同的3种情况：

1.协商解除劳动合同

《劳动合同法》规定，用人单位与劳动者协商一致，可以解除劳动合同。协商解除劳动合同需符合以下条件：（1）劳动合同依法成立生效、尚未全部履行前；（2）双方自愿、平等协商达成一致意见。

在合同履行过程中，主动提起解除劳动合同的一方当事人应尽到提前通知的义务，如果是用人单位提出解除劳动合同并经劳动者同意的，用人单位还要向劳动者支付相应的经济补偿金。

2.劳动者单方解除劳动合同

劳动者提前30日以书面形式通知用人单位，可以解除劳动合同。劳动者在试用期内提前3日通知用人单位，可以解除合同。

（1）劳动者立即解除劳动合同的情形。这包括：如果用人单位以暴力、威胁或者非法限制人身自由的手段强迫劳动者劳动的，或者用人单位违章指挥、强令冒险作业危及劳动者人身安全的，劳动者可以立即解除劳动合同，不需事先告知用人单位。

（2）劳动者随时解除劳动合同的情形。这包括：用人单位未按照劳动合同约定提供劳动保护或者劳动条件的；用人单位未及时足额支付劳动报酬的；用人单位未依法为劳动者缴纳社会保险费的；用人单位的规章制度违反法律、行政法规的规定，损害劳动者权益的；因《劳动合同法》规定的情形致使劳动合同无效的；法律、行政法规规定劳动者可以解除劳动合同的其他情形。

3.用人单位单方解除劳动合同

（1）用人单位即时解除劳动合同的情形。这包括：劳动者在试用期间被证明不符合录用条件的；劳动者严重违反用人单位的规章制度的；劳动者严重失职，营私舞弊，给用人单位造成重大损害的；劳动者同时与其他用人单位建立劳动关系，对完成本单位的工作任务造成严重影响，或者经用人单位提出，拒不改正的；因劳动者采取欺诈、胁迫的手段或者乘人之危，使用人单位在违背真实意思的情况下订立或者变更劳动合同，致使劳动合同无效的；劳动者被依法追究刑事责任的。

（2）用人单位预告解除劳动合同的情形。这包括：劳动者患病或者非因工负伤，在规定的医疗期满后不能从事原工作，也不能从事由用人单位另行安排的工作的；劳动者不能胜任工作，经过培训或者调整工作岗位，仍不能胜任工作的；劳动合同订立时所依据的客观情况发生重大变化，致使劳动合同无法履行，经用人单位与劳动者协商，未能就变更劳动合同内容达成协议的。有以上情形之一，用人单位提前30日以书面形式通知劳动者本人或者额外支付劳动者1个月工资后，可以解除劳动合同。

（3）用人单位经济性裁员解除劳动合同的情形。这包括：用人单位依照《企业破产法》的规定进行重整的；生产经营发生严重困难的；企业转产、重大技术革新或者经营方式调整，经变更劳动合同后，仍需裁减人员的；其他因劳动合同订立时所依据的客观经济情况发生重大变化，致使劳动合同无法履行的。

（4）解除劳动合同的消极条件。劳动者有以下情形的，用人单位不得解除劳动合同：从事接触职业病危害作业的劳动者未进行离岗前职业健康检查，或者疑似职业病病人在诊断或者医学观察期间的；在本单位患职业病或者因工负伤并被确认丧失或者部分丧失劳动能力的；患病或者非因工负伤，在规定的医疗期内的；女职工在孕期、产期、哺乳期的；在本单位连续工作满15年，且距法定退休年龄不足5年的；法律、行政法规规定的其他情形。

（二）劳动合同的终止

劳动合同终止是指劳动合同的法律效力依法被消灭。它有广义和狭义之分。广义的劳动合同终止包括劳动合同解除。《劳动合同法》上的劳动合同终止采用狭义规定，不包括劳动合同解除。

《劳动合同法》规定，有下列情形之一的，劳动合同终止：（1）劳动合同期届满的；（2）劳动者开始依法享受基本养老保险待遇的；（3）劳动者死亡，或者被人民法院宣告死亡或者宣告失踪的；（4）用人单位被依法宣告破产的；（5）用人单位被吊销营业执照、责令关闭、撤销或者用人单位决定提前解散的；（6）法律、行政法规规定的其他情形。

（三）劳动合同解除和终止的经济补偿

1.经济补偿

经济补偿是按照《劳动合同法》的规定，在劳动者无过错的情况下，用人单位与劳动者解除或者终止劳动合同而依法应给予劳动者的经济上的补助，也称经济补偿金。

2.用人单位应当向劳动者支付经济补偿的情形

（1）由用人单位提出解除劳动合同并与劳动者协商一致而解除劳动合同的；

（2）劳动者符合随时通知解除和不需事先通知即可解除劳动合同的规定情形而解除劳动合同的；

（3）用人单位符合提前30日以书面形式通知劳动者本人或者额外支付劳动者1个月工资后可以解除劳动合同的规定情形而解除劳动合同的；

（4）用人单位符合可裁减人员规定而解除与劳动者的劳动合同的；

（5）除用人单位维持或者提高劳动合同约定条件续订劳动合同，劳动者不同意续订的情形外，劳动合同期满终止固定期限劳动合同的；

（6）以完成一定工作任务为期限的劳动合同因任务完成而终止的；

（7）用人单位被依法宣告破产终止劳动合同的；

（8）用人单位被吊销营业执照、责令关闭、撤销或者用人单位决定提前解散而终止劳动合同的；

（9）法律、行政法规规定解除或终止劳动合同应当向劳动者支付经济补偿的其他情形。

3.经济补偿的支付标准

经济补偿一般根据劳动者在用人单位的工作年限和工资标准来计算具体金额，并以货币形式支付给劳动者。

（1）经济补偿按劳动者在本单位工作的年限，每满1年支付1个月工资的标准向劳动者支付。6个月以上不满1年的，按1年计算；不满6个月的，向劳动者支付半个月工资的经济补偿。

（2）劳动者在劳动合同解除或者终止前12个月的平均工资低于当地最低工资标准的，按照当地最低工资标准计算。劳动者工作不满12个月的，按照实际工作的月数计算平均工资。

（3）劳动者月工资高于用人单位所在直辖市、设区的市级人民政府公布的本地区上年度职工月平均工资3倍的，向其支付经济补偿的标准按职工月平均工资3倍的数额支付，向其支付经济补偿的年限最高不超过12年。

第四节　集体合同、劳务派遣与非全日制用工

一、集体合同

（一）集体合同的一般规定

集体合同，又称集体协约，是指用人单位与企业职工一方为规范劳动关系而订立的，以全体劳动者的共同利益为中心内容的书面协议。《劳动合同法》规定，企业职工一方与用人单位通过平等协商，可以就劳动报酬、工作时间、休息休假、劳动安全卫生、保险福利等事项订立集体合同。集体合同草案应当提交职工代表大会或者全体职工讨论通过。集体合同由工会代表企业职工一方与用人单位订立；尚未建立工会的用人单位，由上级工会指导劳动者推举的代表与用人单位订立。

集体合同与劳动合同相比具有以下特点：（1）当事人不同。集体合同的双方当事人分别是代表职工的工会和用人单位，而劳动合同当事人为单个劳动者和用人单位。（2）内容不同。集体合同内容针对用人单位内的全体劳动者的共同权利义务。（3）目的不同。集体合同的目的是在其效力范围内规范劳动关系。（4）效力不同。集体合同的法律效力一般高于劳动合同的效力。（5）两者在形式和适用范围等方面也有区别。

（二）集体合同的特殊规定

1.专项集体合同

专项集体合同，是指用人单位与企业职工一方根据法律、法规、规章的规定，就集体协商的某项内容签订的专项书面协议。《劳动合同法》规定，企业职工一方与用人单位可以订立劳动安全卫生、女职工权益保护、工资调整机制等专项集体合同。专项集体合同的订立程序、合同期限、解除或变更依照集体合同的同类规定。

2.行业性集体合同和区域性集体合同

行业性集体合同，主要是指在一定地域的一定行业内，由地方工会或者其他行业

性工会联合组织与一定行业的企业代表，为保护行业内的全体劳动者合法权益就劳动安全卫生、工作时间、休息休假等事项所协商订立的集体合同。区域性集体合同，主要是指在县级以下区域内，由区域工会与该区域内的企业方面代表，就劳动报酬、工作时间、保险福利等事项所协商订立的集体合同。目前，区域性集体合同主要适用于县级以下的区域内。《劳动合同法》规定，在县级以下区域内，建筑业、采矿业、餐饮服务业等行业可以由工会与企业方面代表订立行业性集体合同，或者订立区域性集体合同。

【案例分析11-4】2021年2月1日，甲公司与工会经过协商签订了集体合同，规定职工的月工资不低于1 000元。2月8日，甲公司将集体合同文本送劳动行政部门审查，但劳动行政部门一直未予答复。2022年1月，甲公司招聘李某为销售经理，双方签订了为期2年的合同，月工资5 000元。几个月过去了，李某业绩不佳，甲公司渐渐地对他失去信心。2022年6月，甲公司降低了李某的工资，只发给李某800元工资。李某就此事与甲公司协商未果，2022年7月，李某解除了与甲公司的合同。

分析提示：根据《劳动合同法》的规定，集体合同签订后应当报送劳动行政部门；劳动行政部门自收到集体合同文本之日起15日内未提出异议的，集体合同即行生效。依法订立的集体合同对用人单位和劳动者具有约束力。因此，可以认定甲公司与工会签订的集体合同有效。

根据《劳动合同法》的规定，用人单位与劳动者订立的劳动合同中劳动报酬和劳动条件等标准不得低于集体合同规定的标准。本例中，甲公司因李某的业绩不佳，而把工资降低，并低于集体合同的最低工资约定。

按照《劳动合同法》的规定，用人单位与劳动者协商一致，可以变更劳动合同约定的内容。因此，甲公司降低李某的工资，实属单方变更劳动合同中劳动报酬的行为，且其支付的劳动报酬低于集体合同规定，故有违法律规定。

二、劳务派遣

（一）劳务派遣的概念和特征

劳务派遣又称人才派遣、人才租赁、劳动派遣、劳动力租赁，是指由劳务派遣机构与派遣劳工订立劳动合同，由要派企业（实际用工单位）向派遣劳工给付劳务报酬，劳动合同关系存在于劳务派遣机构与派遣劳工之间，但劳动力给付的事实则发生于派遣劳工与要派企业（实际用工单位）之间。

劳动合同用工是我国的企业基本用工形式。劳务派遣用工是补充形式，只能在临时性、辅助性或者替代性工作岗位上实施。

临时性工作岗位是指存续时间不超过6个月的岗位；辅助性工作岗位是指为主营业务岗位提供服务的非主营业务岗位；替代性工作岗位是指用工单位的劳动者因脱产学习、休假等原因无法工作的一定期间内，可以由其他劳动者替代工作的岗位。

劳务派遣与（个别）劳动合同相比，具有如下特征：（1）劳务派遣中有3个主体：劳务派遣单位（用人单位）、劳动者及用工单位。劳动者的雇佣和使用相分离。劳动者与劳务派遣单位建立劳动关系，但实际使用劳动者的是用工单位，用工单位与劳务派遣单位签订劳务派遣协议。（2）劳动合同的期限为2年以上的固定期限合同，按月支付报酬，在无工作期间，也应按照最低工资标准支付。

（二）对劳务派遣的法律规制

1.劳务派遣单位（用人单位）

经营劳务派遣业务应当具备的条件包括：注册资本不得少于人民币200万元；有与开展业务相适应的固定的经营场所和设施等。经营劳务派遣业务，应当向劳动行政部门依法申请行政许可。

劳务派遣单位派遣劳动者应当与接受以劳务派遣形式用工的单位订立劳务派遣协议。劳务派遣单位应当将劳务派遣协议的内容告知被派遣劳动者。劳务派遣单位不得克扣用工单位按照劳务派遣协议支付给被派遣劳动者的劳动报酬。劳务派遣单位和用工单位不得向被派遣劳动者收取费用。

2.用工单位

《劳动合同法》规定，用工单位应当履行下列义务：（1）执行国家劳动标准，提供相应的劳动条件和劳动保护；（2）告知被派遣劳动者的工作要求和劳动报酬；（3）支付加班费、绩效奖金，提供与工作岗位相关的福利待遇；（4）对在岗被派遣劳动者进行工作岗位所必需的培训；（5）连续用工的，实行正常的工资调整机制。用工单位不得将被派遣劳动者再派遣到其他用人单位。

3.劳动者

《劳动合同法》第63条规定，被派遣劳动者享有与用工单位的劳动者同工同酬的权利。用工单位无同类岗位劳动者的，参照用工单位所在地相同或者相近岗位劳动者的劳动报酬确定。《劳动合同法》第64条规定，被派遣劳动者有权在劳务派遣单位或者用工单位依法参加或者组织工会，维护自身的合法权益。《劳动合同法》第65条规定，被派遣劳动者可以依照《劳动合同法》第36条、第38条的规定与劳务派遣单位解除劳动合同。

三、非全日制用工

（一）非全日制用工的界定

非全日制用工，是指以小时计酬为主，劳动者在同一用人单位一般平均每日工作时间不超过4小时，每周工作时间累计不超过24小时的用工形式。

非全日制用工是全日制用工的一种补充形式，它可以建立多重劳动关系。从事非全日制用工的劳动者可以与一个或者一个以上用人单位订立劳动合同，但是，后订立的劳动合同不得影响先订立的劳动合同的履行。

（二）对非全日制用工的法律规制

1.劳动合同的形式

《劳动合同法》规定，非全日制用工双方当事人可以订立口头协议。

2.工资标准

非全日制用工小时计酬标准不得低于用人单位所在地人民政府规定的最低小时工资标准。非全日制用工劳动报酬结算支付周期最长不得超过15日。

3.特殊规定

非全日制用工双方当事人不得约定试用期。非全日制用工双方当事人任何一方都可以随时通知对方终止用工。终止用工时用人单位不向劳动者支付经济补偿。

第五节　劳动争议的解决

一、劳动争议解决概述

劳动争议解决机制是由劳动争议处理机构和相互衔接的争议处理程序共同构成的解决劳动争议的制度体系。我国现行的劳动争议解决体制大致概括为"一调一裁二审"，对部分劳动争议案件实行有限制的"一裁终局"。

二、劳动争议协商和解制度

发生劳动争议后，劳动者可以与用人单位自行协商和解，也可以请工会或者第三方共同与用人单位协商，达成和解协议。如果协商不成，可以直接进入劳动争议的法定解决程序。和解协议不具备法律约束力，但就支付工资报酬、加班费、经济补偿或赔偿金等特定事项达成的协议具有法律效力。

三、劳动争议调解制度

劳动争议调解是指基层群众组织对发生的劳动争议以协商方式，使劳动者和用人单位达成协议，从而解决纠纷。劳动争议调解由基层群众组织负责。

调解的程序是当事人提出调解申请，调解组织审查后，由调解组织主持召开调解会议，基于事实依法在当事人之间调和。

当事人申请劳动争议调解可以书面申请，也可以口头申请。

经调解达成协议后，调解协议书对双方当事人具有约束力，当事人应当履行。一方当事人在协议约定期限内不履行调解协议的，另一方当事人可以依法申请仲裁。因支付拖欠劳动报酬、工伤医疗费、经济补偿或者赔偿金事项达成调解协议，用人单位在协议约定期限内不履行的，劳动者可以持调解协议书依法向人民法院申请支付令。

自劳动争议调解组织收到调解申请之日起15日内未达成调解协议的，当事人可以依法申请仲裁。

四、劳动争议仲裁

（一）劳动争议仲裁概述

劳动争议仲裁是指当事人将劳动争议提交劳动争议仲裁委员会，由其对双方的争议进行处理，并作出具有约束力的裁决，从而解决劳动争议。

劳动争议仲裁具有公正性、及时性和强制性的特点。

劳动争议仲裁是人民法院受理劳动争议案件的前提条件，如果不经过劳动争议仲裁委员会的仲裁，法院是不予受理的。

（二）劳动争议仲裁机构

1.劳动争议仲裁机构组成

劳动争议仲裁机构包括劳动（人事）争议仲裁委员会及其办事机构、仲裁庭以及仲裁员。劳动争议仲裁委员会由劳动行政部门代表、工会代表和企业方面代表组成，其组成人员应当是单数。

2.劳动争议仲裁案件管辖

劳动争议由劳动合同履行地或者用人单位所在地的劳动争议仲裁委员会管辖；双方当事人分别向劳动合同履行地和用人单位所在地的劳动争议仲裁委员会申请仲裁的，由劳动合同履行地的劳动争议仲裁委员会管辖。

3.劳动争议仲裁案件受理范围

该范围包括：因确认劳动关系发生的争议；因订立、履行、变更、解除和终止劳动合同发生的争议；因除名、辞退和辞职、离职发生的争议；因工作时间、休息休假、社会保险、福利、培训以及劳动保护发生的争议；因劳动报酬、工伤医疗费、经济补偿或者赔偿金等发生的争议；法律、法规规定的其他劳动争议。

（三）劳动争议仲裁的程序

1.劳动争议申请仲裁的时效

劳动争议申请仲裁的时效期间为1年，自当事人知道或者应当知道其权利被侵害之日起计算。当事人申请劳动争议仲裁后，可以自行和解。达成和解协议的，可以撤回仲裁申请。

2.劳动争议申请仲裁的程序

（1）申请和受理。申请人申请仲裁，应当提交书面仲裁申请，并按照被申请人人数提交副本。书写仲裁申请确有困难的，可以口头申请，由劳动争议仲裁委员会记入笔录，经申请人签名或盖章确认。

（2）开庭准备。开庭准备包括向被申请人送达申请书、向申请人送达答辩书、组成仲裁庭并通知当事人仲裁庭组成情况、告知当事人提出回避申请的权利以及将开庭日期、地点书面通知双方当事人。

（3）审理。开庭审理时，仲裁员应当听取申请人的陈述和被申请人的答辩，主持庭审调查、质证和辩论，征询当事人最后意见，并进行调解。

（4）裁决。劳动争议仲裁委员会裁决劳动争议案件实行仲裁庭制，仲裁庭由3名仲裁员组成，设首席仲裁员；简单劳动争议案件可以由1名仲裁员独任仲裁。

仲裁庭在作出裁决前，应当先行调解。调解达成协议的，仲裁庭应当制作调解书，调解书经双方当事人签收后，发生法律效力。调解不成或者调解书送达前，一方当事人反悔的，仲裁庭应当及时作出裁决。仲裁庭裁决劳动争议案件，应当自劳动争议仲裁委员会受理仲裁申请之日起45日内结束。自收到仲裁裁决书之日起15日内不起诉的，裁决书发生法律效力。

五、劳动争议诉讼

劳动争议诉讼是指劳动争议当事人不服劳动争议仲裁委员会的裁决，在规定的期限内向人民法院起诉，人民法院依照民事诉讼程序，依法对劳动争议案件进行审理的活动。

劳动争议诉讼是解决劳动争议的最终程序。

用人单位所在地或者劳动合同履行地的基层人民法院享有对劳动争议的诉讼管辖权。在我国，劳动争议案件适用民事诉讼的简易程序审理，一般案件适用普通一审程序审理，实行二审终审制。法院审理的对象主要是劳动权利义务。

第六节　违反劳动合同的法律责任

一、用人单位的法律责任

第一，用人单位直接涉及劳动者切身利益的规章制度违反法律、法规规定的，由劳动行政部门责令改正，给予警告；给劳动者造成损害的，应当承担赔偿责任。

第二，用人单位提供的劳动合同文本未载明《劳动合同法》规定的劳动合同必备条款或者用人单位未将劳动合同文本交付劳动者的，由劳动行政部门责令改正；给劳动者造成损害的，应当承担赔偿责任。

第三，用人单位自用工之日起超过1个月不满1年未与劳动者订立书面劳动合同的，应当向劳动者支付每月2倍的工资。

用人单位违反《劳动合同法》的规定不与劳动者订立无固定期限劳动合同的，自应当订立无固定期限劳动合同之日起向劳动者支付每月2倍的工资。

【案例分析11-5】从2007年9月底开始，深圳华为公司开始实行一项内部调整：包括掌门人任正非在内的所有工作满8年的华为员工，在2008年元旦前，都要先后办理主动辞职手续，再竞聘上岗，与公司重新签订1~3年的劳动合同。全部辞职老员工均可获得公司支付的赔偿。

分析提示：华为的目的是把员工前面的工龄一笔勾销，重新计算工龄，避免出现员工连续工作10年签订无固定期限劳动合同的情况。按照《劳动合同法》的规定，在同一单位工作10年或以上的员工应当签订无固定期限劳动合同。

第四，用人单位违反《劳动合同法》的规定与劳动者约定试用期的，由劳动行政部门责令改正；违法约定的试用期已经履行的，由用人单位以劳动者试用期满月工资为标准，按已经履行的超过法定试用期的期间向劳动者支付赔偿金。

第五，用人单位违反《劳动合同法》的规定，扣押劳动者居民身份证等证件的，由劳动行政部门责令限期退还劳动者本人，并依照有关法律规定给予处罚。

用人单位违反《劳动合同法》的规定，以担保或者其他名义向劳动者收取财物的，由劳动行政部门责令限期退还劳动者本人，并按每人500元以上2 000元以下的标准处以罚款；给劳动者造成损害的，应当承担赔偿责任。

劳动者依法解除或者终止劳动合同，用人单位扣押劳动者档案或者其他物品的，依照上述规定处罚。

第六，用人单位有下列情形之一的，由劳动行政部门责令限期支付劳动报酬、加班费或者经济补偿；劳动报酬低于当地最低工资标准的，应当支付其差额部分；逾期不支付的，责令用人单位按应付金额50%以上100%以下的标准向劳动者加付赔偿金：

其一，未按照劳动合同的约定或者国家规定及时足额支付劳动者劳动报酬的；

其二，低于当地最低工资标准支付劳动者工资的；

其三，安排加班不支付加班费的；

其四，解除或者终止劳动合同，未依照《劳动合同法》的规定向劳动者支付经济补偿的。

第七，劳动合同依照《劳动合同法》的规定被确认无效，给对方造成损害的，有过错的一方应当承担赔偿责任。

第八，用人单位违反《劳动合同法》的规定解除或者终止劳动合同的，应当依照《劳动合同法》规定的经济补偿标准的2倍向劳动者支付赔偿金。

第九，用人单位违反《劳动合同法》的规定未向劳动者出具解除或者终止劳动合同的书面证明，由劳动行政部门责令改正；给劳动者造成损害的，应当承担赔偿责任。

第十，用人单位招用与其他用人单位尚未解除或者终止劳动合同的劳动者，给其他用人单位造成损失的，应当承担连带赔偿责任。

【案例聚焦11-2】刘某原是A公司的产品质量检验员，2022年入职时与A公司签订了3年期劳动合同。由于A公司效益不好，刘某决定"跳槽"。在2023年的一次招聘会中，B公司的福利、待遇都十分符合刘某的心意，于是他参加了竞聘并顺利地通过了各项考核。

几天以后，刘某向A公司人事部口头提出要求解除劳动关系，未获同意。刘某不以为然，次日依旧去B公司上班，并与B公司签订了3年期劳动合同。B公司不知刘某身有旧约，为其办理了招工录用登记备案手续。

事隔不久，A公司得知刘某已被B公司录用，遂向劳动争议仲裁委员会申请仲裁，理由是B公司与尚未解除劳动关系的刘某签订了劳动合同，并且办理了招工录用手续，给企业造成了经济损失，要求B公司承担连带赔偿责任。对此，B公司深感委屈。

劳动争议仲裁委员会经过调查审理后认为，根据《劳动合同法》的规定，用人单位招用尚未解除合同的劳动者，对原单位造成经济损失的，该用人单位应当依法承担连带赔偿责任，遂依法作出裁决，B公司应当承担连带赔偿责任。

二、劳动者的法律责任

劳动者承担赔偿责任的情形有：

（1）劳动者的过错导致合同无效给用人单位造成损失的。

（2）劳动者违反《劳动合同法》的规定解除劳动合同，或者违反劳动合同中约定的保密义务或者竞业限制，给用人单位造成损失的。

（3）劳动者尚未与用人单位解除或者终止劳动合同，又与其他用人单位建立劳动关系，给其他用人单位造成损失的等。

【知识链接11-4】因劳动者本人原因给用人单位造成经济损失的，用人单位可按照劳动合同的约定要求其赔偿经济损失。经济损失的赔偿可从劳动者本人的工资中扣除，但每月扣除的部分不得超过劳动者当月工资的20%。若扣除后的剩余工资部分低于当月最低工资标准，则按最低工资标准支付。

三、其他主体的法律责任

1.劳务派遣单位的法律责任

劳务派遣单位违反《劳动合同法》规定的，由劳动行政部门和其他有关主管部门责令改正；情节严重的，以每人1 000元以上5 000元以下的标准处以罚款，并由市场监督管理部门吊销营业执照；给被派遣劳动者造成损害的，劳务派遣单位与用工单位承担连带赔偿责任。

2.非法用工单位的法律责任

对不具备合法经营资格的用人单位的违法犯罪行为，依法追究法律责任；劳动者已经付出劳动的，该单位或者其出资人应当依照《劳动合同法》有关规定向劳动者支付劳动报酬、经济补偿、赔偿金；给劳动者造成损害的，应当承担赔偿责任。

3.发包的组织与个人承包经营者的法律责任

个人承包经营违反《劳动合同法》的规定招用劳动者，给劳动者造成损害的，发包的组织与个人承包经营者承担连带赔偿责任。

4.劳动行政部门和其他有关主管部门及其工作人员的法律责任

劳动行政部门和其他有关主管部门及其工作人员玩忽职守、不履行法定职责，或者违法行使职权，给劳动者或者用人单位造成损害的，应当承担赔偿责任；对直接负责的主管人员和其他直接责任人员，依法给予行政处分；构成犯罪的，依法追究刑事责任。

自测题

第十一章单项选择题

第十一章多项选择题

思考题与案例分析

一、简答题

1.劳动合同的法律特征有哪些？

2.劳动合同订立的法律原则是什么？

3.劳动合同的种类有哪些？

4.简述劳动合同的解除。

5.劳务派遣有什么特征？

6.劳动争议仲裁的程序是怎样的？

二、论述题

1.论述劳动合同的内容。

2.论述用人单位应当向劳动者支付经济补偿的情形。

3.论述劳动者承担赔偿责任的情形。

三、案例分析题

1.小刘于2023年9月3日到A公司工作，A公司在同年12月3日才与其订立书面劳动合同。已知小刘月工资为3 000元，A公司已按月足额发放。

问题：因未及时订立书面劳动合同，A公司应向小刘支付的工资补偿是多少？

2.2023年7月31日，A公司录用小王担任出纳，双方口头约定了2年期劳动合同，小王试用期为2个月，月工资为3 500元。该公司在试用期间可随时解除合同，试用期满考核合格，月工资提高至4 000元；如考核不合格，再延长试用期1个月。2023年9月15日，双方签订了书面劳动合同。2023年9月30日，因未通过该公司考核，小王试用期延长1个月。

因A公司连续2个月无故拖欠劳动报酬，2024年6月1日，小王单方面解除了劳动合同并向当地劳动争议仲裁机构申请仲裁，该机构作出终局裁决。

A公司实行标准工时制，当地月最低工资标准为2 000元。

问题：（1）试用期满小王考核不合格，再延长1个月试用期是否合法？

（2）因A公司无故拖欠劳动报酬，小王单方面解除劳动合同，采取的合法方式是什么？

（3）若对劳动争议仲裁机构终局裁决不服，小王是否有权提起诉讼？

3.2018年，湖南某农业发展股份有限公司与季某签订了劳动合同，季某的工作岗位为仓库管理员。2021年12月21日，该公司职工代表大会讨论并通过的修订版《考勤管理制度》规定，职工无正当理由经常旷工，经批评教育无效，一个月内连续旷工时间超过3天，或者一年以内累计旷工超过7天的，该公司有权予以除名并解除劳动合同。季某自2022年5月5日起就未到岗上班。2022年5月12日，该公司在事先告知工会委员会并征得工会委员会同意的情形下，以季某严重违反公司劳动规章制度为由解除与季某的劳动合同，并将"解除劳动合同告知书"送达工会委员会，同时邮寄给了季某。2022年5月，季某向汨罗市劳动人事争议仲裁委员会申请仲裁，要求该公司支付补偿金。汨罗市劳动人事争议仲裁委员会裁决由该公司支付给季某违法解除劳动合同的双倍赔偿金。该公司对裁决不服，向汨罗市人民法院提起诉讼，请求判决该公司不向季某支付违约解约赔偿金。

汨罗市人民法院遂判决该公司不需要向季某支付违法解除合同双倍赔偿金，但需向季某支付失业保险待遇损失11 526元。

问题：（1）该公司解除与季某的劳动合同是否有法律依据？

（2）汨罗市人民法院判决该公司不需要向季某支付违法解除合同双倍赔偿金是否合理？

参考文献

[1]《经济法学》编写组. 经济法学［M］. 3版. 北京：高等教育出版社，2022.

[2] 张守文. 经济法学［M］. 5版. 北京：中国人民大学出版社，2022.

[3] 杨紫烜，徐杰. 经济法［M］. 7版. 北京：北京大学出版社，2015.

[4] 贵立义，林清高. 经济法概论［M］. 9版. 大连：东北财经大学出版社，2020.

[5] 刘映春，缪树蕾. 经济法概论［M］. 4版. 北京：中国人民大学出版社，2023.

[6] 王晓红，张秋华. 经济法概论［M］. 5版. 北京：中国人民大学出版社，2018.

[7] 程延园. 劳动合同法教程［M］. 2版. 北京：首都经济贸易大学出版社，2018.

[8] 马洪. 经济法概论［M］. 7版. 上海：上海财经大学出版社，2017.

[9] 中国注册会计师协会. 经济法［M］. 北京：中国财政经济出版社，2024.

[10] 财政部会计财务评价中心. 经济法［M］. 北京：经济科学出版社，2024.

参考文献

[1] ...
[2] ...
[3] ...
[4] ...
[5] ...
[6] ...
[7] ...
[8] ...
[9] ...
[10] ...